国家社科基金项目（11CDJ009）

本书获得上海交通大学马克思主义学院学术出版基金资助

中国城乡关系重构与城乡形态变迁研究

（1949-1966）

张一平 著

上海交通大学出版社
SHANGHAI JIAO TONG UNIVERSITY PRESS

内容提要

　　本书主要通过考察长江三角洲工业化城市与农村经济的联系,在深化资源配置和空间形态认知的同时,探求城乡格局形成的深层原因和发展路径。

　　本书运用大量档案资料,试图透过当时情境下的当事者,关注长江三角洲内部的利益差异,揭示区域内集体与集体、集体与个体的竞争,总结地方行政主导下的基层政权与生产结合的绩效及其经验,适合相关研究人员与党政干部阅读和参考。

图书在版编目(CIP)数据

中国城乡关系重构与城乡形态变迁研究: 1949—1966/张一平著.—上海:上海
交通大学出版社,2019
ISBN 978 - 7 - 313 - 21408 - 9

Ⅰ.①中… Ⅱ.①张… Ⅲ.①城乡关系-研究-中国-1948—1966
Ⅳ.①C912.8

中国版本图书馆 CIP 数据核字(2019)第 125385 号

中国城乡关系重构与城乡形态变迁研究(1949—1966)

著　　者:	张一平			
出版发行:	上海交通大学出版社	地　　址:	上海市番禺路 951 号	
邮政编码:	200030	电　　话:	021 - 64071208	
印　　制:	上海盛通时代印刷有限公司	经　　销:	全国新华书店	
开　　本:	710mm×1000mm　1/16	印　　张:	16.75	
字　　数:	260 千字			
版　　次:	2019 年 8 月第 1 版	印　　次:	2019 年 8 月第 1 次印刷	
书　　号:	ISBN 978 - 7 - 313 - 21408 - 9/C			
定　　价:	68.00 元			

前　言

本书是国家社科基金项目(11CDJ009)最终成果,由上海交通大学马克思主义学院资助出版。

统筹城乡发展,事关现代化建设大局。中华人民共和国成立初期的经济社会转型奠定了现今城乡发展的制度基础,只有深入考察和了解当初的体制变革是如何发生以及在何种理念中产生的,敢于并善于找出掣肘城乡土地、资本、劳动力诸要素流动及城乡隔阂的症结所在,才能为"三农"问题和城乡一体化提出更加科学合理的解决方式。

从历史角度看,江南在传统与现代交叉、结合方面,特征最为明显。在明清以来的历史时空内,江南道路既独特,又具有代表性。它的某些显著特征,如土地资本化、产业市场化、农村城镇化等,其实是理解近代中国口岸开放与区域崛起的典型案例。近代以上海为中心的长三角城市工商业发展促进了农业商品化和农村中的社会经济分化,城市工业和农副产业构成了双向对流,城镇发展突破了政区划分的局限,其成长与腹地农村经济的发展和需求紧密相连,折射出了现代化发展道路的区域特色。

相对于近代,当代上海和周边地区则是在政府主导下实现城市转型、升级并成为国家的工业基地。通过消费转向生产的投资拉动,国家建立了由农业剩余来为工业化城市提供积累和降低成本的支持模式,形成城市、农村两大经济板块。行政调配强化了要素的条块分割,过去经济中心地和所属地区构成的经济层级随之消失。同时,随着工业化、城市化及长江三角洲一体化的不断推进,中华人民共和国成立初期确立、改革开放后又变革的城乡体制面临许多难题,需要人们深入思考经济空间演进的动力机制。由于长江三角洲地区行政区划和利益格局十分复杂,行政壁垒阻碍了生产要素的流动。如江苏吴江盛泽和浙江嘉兴之间,就因麻溪河污染产生矛盾。2001年11月22日凌晨,嘉兴北部渔民自筹资金100万元,动用推土机、麻袋,自沉28条水泥船截断河流,堵塞盛泽至嘉兴间的航道。而吴江盛泽镇修建了从太湖引入饮用水到盛泽的全程管道,距离管道十里的嘉兴却不能接过来。嘉兴修了直通到海的排污管,盛泽也不能利用,需要重建一条[①]。

　　学者们也在思考对策。上海的朱荣林提出两个方案:①由国务院批准设立长江三角洲经济特别行政区;②学习美国密西西比河管理局,成立长江三角洲经济管理局。沈玉芳更提出,划入江苏和浙江的部分地区,扩大上海的行政边界[②]。而江苏曾设想把分属无锡、泰州和苏州的江阴、靖江和张家港三个县级市合并升格为地级"三江市",但由于市管县(级市)的体制限制,最终不了了之。2001年底靖江、江阴成立两地沿江开发促进会,2002年8月又签订了"江阴靖江开发区靖江园区联合开发备忘录"。2003年2月15日,双方正式签订合作建设江阴经济开发区靖江园区协议,按照市场化机制共同建设沿江经济带,打破行政区域界限,联合开发长江口岸[③]。而20世纪80年代初江苏和浙江的市管县,却恰恰是为了打破城市和农村腹地相隔离的改革。

　　因此,倘若能对上海及其周边地区自近代以来的城乡关系做出科学、全面的回顾与总结,对中华人民共和国奠基时期的城乡生产、分配、交换、消费展开深入分析,不仅可以理解20世纪50—60年代工业化模式与产权观念形成的制度约束,而且对于未来长三角地区的开放合作和协同发展均有较好的借鉴作用。

---

① 新望.苏南模式的终结[M].北京:生活·读书·新知三联书店,2005:382,384,391-392.
② 新望.苏南模式的终结[M].北京:生活·读书·新知三联书店,2005:386.
③ 仲伟志.江南转型:一个记者的十年江浙观察[M].青岛:青岛出版社,2012:45-51.

目　录

第一章

导 论

目前对 1840—1949 年、1949—1978 年、1978 年以来三个时段的城乡关系考察,比较充分地揭示了城乡二元结构的形成与特点、城市工业化对农村的影响、区域城乡社会的变动。本书将进一步关注上海和周边地区的城乡要素流动、地方政府实践与居民社会心理的互动,试图在空间上分三个层次展开,梳理长三角地区的生产要素流动和经济空间构造。

一、学术回顾

中华人民共和国成立初期社会主义经济体制的确立,是当今城乡关系的历史根基。就学术史而言,以往多聚焦于农村土改、合作化、统购统销、人民公社化等制度变革,以及城市社会改造和工业化建设,未能深入展现 20 世纪 50—60 年代城乡经济联系和社会流动的复杂性与多重面相。

对城乡关系的回溯集中于 1949 年前和 1978 年后。改革开放以来的城乡经济研究,论述重心为城乡二元结构的演进、城乡差距、工业化与城乡关系,以及城市化背景下的城乡机制[1][2][3]。对于近代中国城乡关系的研究,无论整体

---

① 周叔莲,郭克莎.中国城乡经济及社会协调发展研究[M].北京:经济管理出版社,1996.
② 中国科学院国情分析研究小组.城市与乡村[R].北京:科学出版社,1994.
③ 郭书田,刘纯彬.失衡的中国[M].石家庄:河北人民出版社,1990.

性考察[①②③]，还是对江南[④⑤⑥]、徽州[⑦]、烟台[⑧]、长江上游[⑨]、广西[⑩]的区域探讨，都反映了工商业发展和城乡形态的深刻变动。

至于这两个时段之间的城乡关系研究，则多着力于体制的建立和影响，国内外的有关论述大致可分为八类：①中国领导人对城乡关系理论与政策的考察[⑪⑫]。②城乡关系史的总体分析[⑬⑭⑮⑯]。③从行政区域调整来考察城乡关系变动[⑰]。④区域研究，如陈明对中华人民共和国成立初期四川城乡关系的研究[⑱]。⑤从制度层面分析城乡二元结构的形成原因和特征[⑲⑳㉑]。⑥分析城乡人口迁移[㉒]。⑦探讨城乡市场、手工棉纺织业发展、苏北农村集市贸易变迁[㉔㉕㉖]。⑧市

① 费孝通.中国士绅[M].北京：生活·读书·新知三联书店,2009.
② 宫玉松.中国近代城乡关系简论[J].文史哲,1994(6)：31-36.
③ 何一民.近代中国城市发展与社会变迁(1840—1949)[M].北京：科学出版社,2004.
④ 张仲礼.东南沿海城市与中国近代化[M].上海：上海人民出版社,1996.
⑤ 戴鞍钢.江浙沪近代经济地理[M].上海：华东师范大学出版社,2014.
⑥ 林刚.长江三角洲近代大工业与小农经济[M].合肥：安徽教育出版社,2000.
⑦ 王瑞成.在乡村和城市之间：人的城市文化史[M].成都：四川大学出版社,2001.
⑧ 赵彬.近代烟台城乡关系研究[D].济南：山东师范大学,2002.
⑨ 隗瀛涛.近代长江上游城乡关系研究[M].成都：天地出版社,2003.
⑩ 方连英.近代广西城乡关系变迁研究[D].桂林：广西师范大学,2006.
⑪ 陈明.新中国建立前后党和国家领导人对新型城乡关系的思考[J].中国市场,2007(11)：110-111.
⑫ 江俊伟.新中国成立以来中共城乡关系政策的演变及其经验研究[J].党史研究与教学,2010(6)：29-38.
⑬ 崔晓黎.新中国城乡关系的经济基础与城市化问题研究[J].中国经济史研究,1997(4)：1-22.
⑭ 刘应杰.中国城乡关系与中国农民工人[M].北京：中国社会科学出版社,2000.
⑮ 张化.建国后城乡关系演变刍议[J].中共党史研究,2000(2)：28-34.
⑯ 武力.1949—2006年城乡关系演变的历史分析[J].中国经济史研究,2007(1)：23-31.
⑰ 施镇平.解放以来的上海行政区划调整及城乡关系变动[J].上海行政学院学报,2005(2)：105-107.
⑱ 陈明.建国初期城乡关系研究(1949—1957)[D].成都：四川大学,2005.
⑲ 李迎生.我国城乡二元社会格局的动态考察[J].中国社会科学,1993(2)：113-126.
⑳ 何家栋,喻希来.城乡二元社会是怎样形成的[J].书屋,2003(5)：4-8.
㉑ 汤水清.论新中国城乡二元社会制度的形成[J].江西社会科学,2006(8)：97-104.
㉒ 高伯文.一九五三年至一九七八年工业化战略的选择与城乡关系[J].中共党史研究,2010(9)：36-44.
㉓ 赵耀辉,刘启明.中国城乡迁移的历史研究：1949—1985[J].中国人口科学,1997(2)：26-35.
㉔ 陈廷煊.1953—1957年农村经济体制的变革和农业生产的发展[J].中国经济史研究,2001(1)：11-20.
㉕ 徐建青.制度变革与手工棉纺织业：1954—1965——兼及统购统销制度下国家与农民的关系[J].中国经济史研究,2009(4)：66-75.
㉖ 马永辉.1949—1966年苏北农村集市贸易变迁[D].北京：中共中央党校,2005.

场系统与行政单位的关联①。

就目前的研究而言,主要存在三种取向。第一种是对政策过程的阐释,如从工业化战略和利益集团角度解释城市偏向,借以了解城乡二元结构形成的路径与特点;第二种是考察城市工业化对农村生产、消费的总体影响;第三种是区域城乡关系的变动。前两种取向侧重于从宏观角度研究户籍、就业、福利等隔阂因素的建立和消除,或立足于经济指标的比较,而对其形成机理、理念缺乏细致探讨,导致理论层面与技术环节的错位。在第三种取向中,对城乡形态的探讨还不深入,忽视了转型中的历史延续和传统改造,尤其是档案等一手资料的挖掘仍不够充分,无法与乡村史研究相媲美。迄今对城乡空间形态与政府行为的考察仍较薄弱,当前的城乡一体化着眼于都市圈与城市群或村镇规划,如长三角城镇体系仅统计到县市一级②③④,对市镇的经济功能和市场贸易的跨区流动尚付阙如,并以经济指标的分布替代了空间关系和社会变迁。

其中戴鞍钢教授的研究对本书具有重要参考价值。他重点考察了中国传统社会转型过程中,以通商口岸为主体的近代城市的崛起,并对近代以来长三角地区的贸易、交通、工业、农业和手工业、商业金融业、人口分布和迁徙进行了深入分析,关注其引发的城乡经济关系的深刻变化⑤。方书生对改革开放前长三角经济空间的演化做了宏观分析,其中最翔实的人口密度、城市等级、交通网络的分析数据主要为 1978 年,他没有利用 20 世纪 50—60 年代的档案资料来分析该时期的要素流动,因而关注的多为计划经济的结果而简略了其过程⑥。邱国盛的研究着重于人口管理。1953 年以后随着社会主义计划经济的建立,中国二元城乡关系结构逐渐成形。但由于"大跃进"的失败及随后的三年自然灾害,大量

① 施坚雅.中国农村的市场和社会结构[M].史建云,徐秀丽,译.北京:中国社会科学出版社,1998.
② 靖学青.长江三角洲地区城市化与城市体系[M].上海:文汇出版社,2005.
③ 郁鸿胜.长三角区域城镇体系空间布局研究[M].上海:上海社会科学院出版社,2008.
④ 沈玉芳.产业结构升级与城镇空间模式协同性研究——以长江三角洲地区为例[M].北京:科学出版社,2009.
⑤ 戴鞍钢.江浙沪近代经济地理[M].上海:华东师范大学出版社,2014.农村方面,李学昌和董建波的著作《近代江南农村经济研究》(华东师范大学出版社 2015 年版)非常扎实细致。海外刘石吉、森正夫、川胜守等对明清时期江南市镇的出色研究,此不赘述。
⑥ 方书生.改革开放前经济空间的重构与绩效(1953—1978)[M]//长江三角洲经济区演进与绩效研究(1842—2012).上海:上海社会科学院出版社,2016.

上海城市人口被精简回乡,使得逐渐固化的城乡关系结构发生强烈震荡,对上海城市和郊区农村产生冲击并引发一系列矛盾冲突[①]。阮清华在《特殊的城乡关系》一文中提到,为了将上海改造成"生产基地",1955 年上海市委提出"紧缩上海"计划,要求大量疏散上海人口,其中数十万人被当成"农民"疏散到江浙皖等周边地区[②]。上海将江浙皖等周边地区都视作农村,使之成为上海这个超大城市疏散人口的安置地,从而形成一种特殊的城乡关系,实际上可视为一种特殊的"中心—边缘"关系。由于城乡隔阂,这类关系延续了很长时间,甚至在上海辖境内人员物资也不能自由流动。崔庆仙等指出,计划经济下上海扩大至十个县,虽然缓解了蔬菜供应,并未解决上海与外地的工农业产品自由流动问题,仍然大量依靠外省计划调拨且有很多障碍[③]。并进来的原江苏十县,经济上的改变并不显著。基于当时上海市区的城市辐射非常有限,条块分割限制了其影响力,上海和市郊农村仍然是城乡隔离的两大块,如市区就业需要市区常住户口。改革开放初期的发展某种程度上不如江苏浙江灵活,更未出现无锡、常熟、江阴那样的全国十强县。

　　总体来看,对乡村社会和城市社区的微观研究越来越成熟。遗憾的是在经济文化重镇长三角地区,对于中华人民共和国成立后城乡要素流动、地方政府实践与居民社会心理的互动着墨不多。重制度之变迁而轻数量之分析,重静态特点概括而轻动态过程描述,诉诸宏观框架的动因分析与阶段划分,未能充分反映城乡民众的日常生活。因此本书以江苏、浙江和上海地区档案等原始文献的解读为基础,试图再现这段复杂的历史,弥补学术界于此问题研究的不足。

二、研究设计

　　笔者曾对中华人民共和国成立初期江南土地制度与农家经济做过细致分析,前期研究中查阅收集了大量原始档案、图书资料,一直期望从江南城乡的整

① 邱国盛.职工精简与 20 世纪 60 年代前期的上海城乡冲突及其协调[J].安徽史学,2011(6):5-11.
② 阮清华.特殊的城乡关系——从 1955—1956 年上海动员农民回乡运动看新中国成立初期上海与周边省份关系[G]//近代史学刊(第 14 辑).北京:社会科学文献出版社,2015.
③ 崔庆仙,等.城乡关系变迁中的大都市政区整合与转型——上海案例[J].人文地理,2012(1):82-86.

体着眼,来展开进一步的深入考察。对上海和周边地区城乡关系进行系统的研究,并从空间上分为三个层次展开,全面梳理长三角地区的生产要素流动和经济空间构造。本书基本史料主要来源于上海市档案馆、江苏省档案馆、浙江省档案馆和苏州、无锡、常州等地方的馆藏档案。中华人民共和国成立后江南地区进行了严密的社会改造和经济重建工作,在此过程中经调查形成的原始资料,涉及城市管理、工业建设、城乡贸易,以及土地、人口、社会关系等诸多方面,是一个有待开发的信息宝库。本书将在历史学的基础上,借鉴经济学、社会学、政治学的分析方法,注重空间的流动性和多维性,力图对城乡关系做出系统的阐述。

本书研究的目标是通过考察长江三角洲工业化城市与农村经济的联系,在深化资源配置和空间形态认知的同时,探求城乡格局形成的深层原因和发展路径。具体包括五个方面:①中国城乡关系的重构,包括传统中国的城乡关系、江南城乡关系的近代嬗变、中国工业化战略与城乡政策、1949—1966年城乡关系演进;②商品、劳动力和资本的要素流动,包括工业品和农副产品的城乡对流、劳动力的吸纳与精简、城乡资金的流动;③市场层级与管理体系的演变,包括国营商业和供销合作社的建立、市镇体系和集市贸易的变迁、集体与个体交易空间的博弈;④城乡人民的收入与消费,包括农民的收入结构与支出分析、城市居民的收入水平与消费质量;⑤城乡分治下的身份塑造和社会心理,包括固化的职业身份、分化的社会心理;最后是结语,透过行政化的城乡治理机制,探讨计划经济的弹性和理性。

总的思路是,从城乡关系重构和生产要素流动入手,分析中华人民共和国成立后的制度嵌入与经济成长的内在因素。在空间上由近及远分三个层次展开,一是上海市与郊区农村的联系,二是上海市与周边长三角地区的经济联系,三是长三角城镇与所属农村的关系。并将作为物的经济要素、作为人的社会关系、作为制度的管理体系结合起来,分别考察工业品、农副产品贸易、城乡差价、居民收入消费和资金、劳动力等资源流向城市带来的社会心理影响,以及行政体制与市场体系的关联。

在具体操作层面,采取规范分析与实证分析相结合,综合运用历史学、地理学、经济学等方法,对上海和苏南浙北地区档案文献、统计年鉴、地方志中的相关数据进行梳理归纳,做出相应的变迁描述和数量分析,以比较1949年前后城乡形态的异同。并在范金民、戴鞍钢、慈鸿飞等学者对江南市场的研究基础上,探讨工业化战略布局与农村农副业的关系,国家商业网络与传统市场贸易的嬗变与结构变动,根据档案来描述市镇体系概况及集市贸易的特征,揭示供销社的多重作用。除定量分析之外,还将选择若干重点,进行微观的个案研究。

城乡体制演进具有很强的实践性,也留下了政府与市场博弈的空间和能动性。因此通过政策的解读、变通与调适所形成的城乡形态要比二元对立的简化叙述复杂得多。笔者尽可能地在史料上挖掘细节,方法上借鉴其他学科,透过当时情境下的当事者,留意长三角内部的利益差异,揭示区域内集体与集体、集体与个体的竞争,总结地方行政主导下的基层政权与生产结合的绩效及其经验。研究难点主要有:工农产品的跨区域流动、农业剩余的估算途径、劳动力流动的职业结构等,特别是连续性统计数据不足的条件下,对城乡市场网络、居民生活水平的数量分析,以及物质和人员双向联系中的城乡身份感知,最大工业城市上海在计划经济下产生的社会心理。鉴于这种复杂性,本书对工业、手工业、农业的产业布局,交通运输、行政治所与城镇分布的空间网络未能详加探讨,这将是笔者以后的工作目标。

第二章

中国城乡关系的重构

　　迄今为止，人们已从社会分工、工商业发展、人口迁移、空间分布、生活方式、文化教育等多个方面来阐述城乡关系。城市首先是经济发展和社会分工的产物，马克思指出某一民族内部的分工首先引起工商业劳动和农业劳动的分离，从而也引起城乡的分离和城乡利益的对立[①]，城乡分离是一切发达的、以商品交换为媒介的分工的基础[②]。同时城市化还是一个人口集中的过程，包括集中点的增加、集中规模的扩大，将分散的人口重组为一种集中居住的模式[③]。特别是农村与城市间的人口迁移，非农人口与农业外经济要素的集聚。从地理上看，城乡关系是城市和农村两种生存空间的区位关系，都市"是一个社会变迁的中心，一个人类行为改变形式的大熔炉"，都市与农村变化的"最重要的动力是各种不同生活形式的接触"[④]。人口增长、产业分工、功能扩散，产生了诸多异质性的空间。进而，城乡之间的社会流动形成了错综复杂的关系结构、社会意识和行为方式，衍生出国家社会、市民农民等多种分析模式。因此，城乡关系反映了权力、资本、土地、人口、资源、技术、知识等要素流动在不同组织单元内的系统化、制度化的过程。

---

① 马克思，恩格斯. 马克思恩格斯全集：第 3 卷[M]. 北京：人民出版社，1974：24 - 25.
② 马克思，恩格斯. 马克思恩格斯全集：第 23 卷[M]. 北京：人民出版社，1972：390.
③ 王挺之. 城市化与现代化的理论思考——论欧洲城市化与现代化的进程[J]. 四川大学学报(哲社版)，2006(6)：115 - 123.
④ 费孝通. 费孝通文集：第 1 卷[M]. 北京：群言出版社，1999：104 - 105，113 - 115.

长期以来,人们比较关注城乡对立的来源及其在不同社会中的表现和最终的消灭等问题①,并形成了一种较为固定的二元思维。一般认为近代中国的城市工商业发展增强了城乡间的经济联系,同时城市对乡村的剥夺又扩大了城乡差距②。农村在卷入大城市近代化的进程中获得了发展的利益,又不得不接受由于经济、政治差异而形成的城乡不平等关系③。城乡之间的对抗性超过了联系性,导致了乡村的残破和城市的畸形发展④。随着当代中国大规模工业化的推进,处于从传统到现代、分裂到统一双重格局的城乡关系又发生了根本性的变动。中华人民共和国成立以后,转变城市功能、解决城乡对立成为重要目标,但基于赶超战略的工业化城市化,带有浓厚的行政主导色彩,而以往的研究也通常将城乡关系的特征简化为政策变动期,将城乡关系划分为若干演变阶段,而对运作机制和要素流动的深入考察较少。

一、传统中国:融合共存的城乡关系

传统中国的城乡之间究竟是彼此分离还是紧密联系,存在政治结构和经济文化的不同视角,涉及对古代中国社会性质的认识。在韦伯看来,中国的城市是皇权的象征,而不是经济活动的自然产物。他强调城市与农村之间的分离状态:"'城市'是没有自治的官僚驻地,而'乡村'则是没有官僚的自治聚落。"⑤费正清则指出传统中国分割为两部分:农村人数众多的农民,以及城镇中有产者和有权势者的家庭⑥。

然而,牟复礼却认为中国的城乡是相互开放的连续统一体,文化上是一致的,乡村成分规定了中国的生活方式,它像一张网,上面挂满了中国的城镇⑦。这意味着传统城市的经济文化资源来自乡村,城乡具有同一性。施坚雅的研究

① 黄苇. 城市与乡村对立的形成、加深和消灭[M]. 上海:上海人民出版社,1958.
② 陈炜. 近代中国城乡关系的二重性:对立与统一[J]. 宁夏大学学报,2008(1):119 - 126.
③ 张忠民. 城乡互动——农村经济与东南沿海城市近代化[G]//张仲礼. 东南沿海城市与中国近代化. 上海:上海人民出版社,1996:478 - 520.
④ 蔡云辉. 论近代中国城乡关系与城市化发展的低速缓进[J]. 社会科学辑刊,2004(2):111 - 116.
⑤ 马克斯·韦伯. 中国宗教[M]. 洪天富,译. 南京:江苏人民出版社,1993:110.
⑥ 费正清. 美国与中国[M]. 张理京,译. 北京:世界知识出版社,2001:16.
⑦ 牟复礼. 元末明初时期南京的变迁[M]//施坚雅. 中华帝国晚期的城市. 北京:中华书局,2000:114.

深化了中国城乡连续统一体内含的网络渠道,以经济活动为标准划分的九大区域则使人们认识到每一区域都拥有本身内在的等级空间体系,城市之间的交流频繁,相互调剂和融合,大城市与中小城市乃至乡村存在着有机的联系①。在《中华帝国晚期的城市》中施坚雅又指出,中国基本的文化裂隙是阶级与职业、地区的文化裂隙,而不是城市与腹地的文化裂隙②。卢汉超从农村中士绅阶层的存在、文化与宗教生活上的传统延续、人口流动等层面论证了晚清的城乡连续体关系③。赵世瑜和吴滔从庙会、民间信仰探讨了城乡关系,认为城乡之间存在着本质上一致的文化,并注意到了城市和乡村的庙会存在着行政上的支配与被支配关系④⑤。

刘石吉认为,中国传统城市主要是行政中心(京城、省城、府、州、县城,或称"古都型""郡县型"),基本上,它是帝国行政体系中的各个环节,由中央政府透过各级行政官僚而紧密控制,是一种城墙都市(walled-city),城墙既有防卫的机能,更是统治权威的象征。城市统治着广大的农村地区,两者存在着城—乡共同体、连续体(urban-rural continuum)的关系,城乡之间没有较明显的社会分工与对立,这不仅表现在经济、政治上,更具有文化上的意义⑥。

其实双方反映的是城乡之间的两种面相,城市固然是财富和权力的聚集地,但以农业文明为基础的传统中国城乡之间的功能体系和社会分化均为有限,社会分工程度也较低,乡村到城市的流动途径往往比较单一。正如马克思在《政治经济学批判》中写道:"现代的历史是乡村城市化,而不像古代那样,是城市乡村化。"⑦

近代被认为是中国城乡分裂的开端。然而通商开埠以前,已有的国内市场网络不容忽视,过去往往被视为停滞或充满危机的明清时期,是我国传统经济发

① 史明正. 美国学者对中国近、现代城市史的研究[C]//北京与中外古都对比研究国际学术研讨会论文集. 北京,1990.
② 施坚雅. 中华帝国晚期的城市[M]. 叶光庭,等译. 北京:中华书局,2000:318-319.
③ Hanchao Lu. Urban Superiority, Modernity and Local Identity: a Think Piece on the Case of the Shanghai, David Faure and Taotao Liu. Town and Country in China: Identity and Perception, Basingstoke: Palgrave, 2002:127.
④ 赵世瑜. 庙会与明清以来的城乡关系[J]. 清史研究,1997(4):12-21.
⑤ 吴滔. 清代苏州地区的村庙和镇庙:从民间信仰透视城乡关系[J]. 中国农史,2004(2):95-101.
⑥ 刘石吉. 传统城市与通商口岸:特征、转型及比较[G]//上海档案史料研究(第四辑). 上海:上海三联书店,2008.
⑦ 马克思,恩格斯. 马克思恩格斯全集:第46卷上册[M]. 北京:人民出版社,1979:480.

展到最高也是最成熟的一个时期。高王凌指出,明中叶到清代中叶的社会经济,其中最重要的一个变化就是跨区域经济交流格局的形成。20世纪以来尤其是近数十年间发生的某些持久性变动,大体均可归因于现代机器工业和都市化的发展所致,而对跨区域经济交流格局,并无根本性的影响。因此,这一事件不仅是近600年中国经济史中的一大成就,而且对今天和将来的中国都有或必有极重大的意义。他还认为,明清时代中国传统经济格局变化的发生,推其缘故,正是江苏长江三角洲地区经济的发展,在其中起到重要的带动作用……江南正是居于中心的和关键的地位[①]。中国经济史的诸多研究者也对明清时期的市场发展给予了高度的评价[②③④⑤⑥⑦⑧]。

　　其实城乡二分法(dichotomy)的观念,是基于"西方自我中心"的理论,是西方工业革命以后城市发展的现象特征。在中国城市发展史上,只有等到19世纪后半叶,近代通商口岸制度建立,港埠城市在沿海沿江兴起,在西方经济势力的濡染下,这些新型城市才基本上具备了近代西方工业革命后城市的特质[⑨]。中国近代以来的乡村城市化,改变了传统城乡的和谐关系,经历了一个涵盖人口规模、结构功能、空间形态、思想文化的急剧变迁过程。在此过程中,城市与乡村逐渐成为体系愈来愈分明的矛盾体,在资源控制、生产方式、生存环境、人口结构、代际关系、思想观念方面存在着紧张关系。

二、江南城乡关系的近代嬗变

　　进入近代以来,城乡关系呈现了对立统一的二重性特征。一方面,工商业发

① 高王凌.经济发展与地区开发——中国传统经济的发展序列[M].北京:海洋出版社,1999:136.
② 李伯重.中国全国市场的形成:1500—1840[J].清华大学学报,1999(4):48-54.
③ 樊树志.明清江南市镇探微[M].上海:复旦大学出版社,1990.
④ 樊树志.江南市镇:传统的变革[M].上海:复旦大学出版社,2005.
⑤ 范金民.明清江南商业的发展[M].南京:南京大学出版社,1998.
⑥ 许檀.明清时期城乡市场网络体系的形成及意义[J].中国社会科学,2000(3):191-202.
⑦ 许檀.明清时期华北的商业城镇与市场层级[J].中国社会科学,2016(11):187-204.
⑧ 张萍.地域环境与市场空间——明清陕西区域市场的历史地理学研究[M].北京:商务印书馆,2006.
⑨ 刘石吉.传统城市与通商口岸:特征、转型及比较[G]//上海档案史料研究(第四辑).上海:上海三联书店,2008.

展推动了农村农副产品的商品化,城乡贸易扩大,人口大规模流动,联系大为加强;另一方面,城乡的社会分工日益精细,提高市场水平的同时也扩大了差异和矛盾,乃至区域城市的分化组合。上海的崛起就是一个最为突出的案例,她从农耕时代居于太湖平原的边缘,借着国际贸易的机遇,由行政地位不高的商业市场一跃变为近代中国的工商业中心。与行政机能为主的城市比较,近代口岸城市在传统时代的行政建置地位均不高;但随着商市的繁荣,经济机能的重要,行政等级和官署的设置有逐渐加强提升的趋势。上海在宋代设镇,元代设县,直到民国初年;清初移设苏松太道署于此(即上海道台),以后又设海关及通商大臣[①]。其最重要的发展契机,当属 19 世纪中期第一次鸦片战争后的开埠,襟长江临东海的位置带来了进出口贸易的蓬勃发展,迅速推动了上海城市的繁荣,并集聚了近代工商业及资本、技术、管理等先进要素,进而将其辐射至周边地区,形成了港口、城市、腹地的发展格局。

其显著的变化是增长迅速的上海工业。1895 年至 1911 年工业产值年均增长率为 9.36%,1911 年至 1925 年增长率为 12.05%,1925 年至 1936 年,时逢世界经济危机,年均增长率仍然达到 6.53%[②]。其工业比重在全国的地位十分显著,1947 年 30 人以上的工厂占全国的 60.4%(见表 2-1)。

表 2-1　20 世纪上半叶上海 30 人以上工厂数占全国的比重

年份	全国工厂数	上海工厂数	上海占全国比重(%)
1911	171	48	28.1
1927	1 374	449	32.7
1933	2 435	1 186	48.7
1947	12 812	7 738	60.4

资料来源:张忠民.近代上海城市发展与城市综合竞争力[M].上海:上海社会科学院出版社,2005:359.

上海工业的崛起,其先进的产业、工业技术和管理人才,直接影响着周边尤

① 刘石吉.传统城市与通商口岸:特征、转型及比较[G]//上海档案史料研究(第四辑).上海:上海三联书店,2008.

② 徐新吾,等.上海近代工业主要行业的概况与统计[G]//上海研究论丛(第 10 辑).上海:上海社会科学院出版社,1995.

其是苏南地区的企业创办,无锡和常州是典型的例子。无锡较大的资本集团如荣氏兄弟的面粉、棉纺集团,薛南溟、薛寿萱父子的缫丝集团,杨宗翰家族的棉纺集团,周舜卿的缫丝集团的创始人以及其他著名企业的创办者,都是先在上海发达,开阔了眼界,然后回到无锡创办新式工业。常州最有名的大成纱厂的前身大纶,最大的股东是长期在沪经商的刘伯青,其他股东多为上海工商业主。常州厚生机器厂的创办,得益于上海求新机器厂的支持,戚墅堰的震华电气机械制造厂的创办资本,也主要来自上海①。

开埠后上海城市工业的兴起,也推动了周边地区农产品和手工业产品的商品化,与世界市场的联系日益密切。资本主义列强加强了对中国市场的干预,对农副产品土产的需求大量增加。上海从 19 世纪 50 年代开始,茶叶出口大多在 5 000 万磅以上,比 1845 年增长 10 多倍。外商茶叶需求的旺盛带来的利润刺激,推动了各地茶叶种植的扩大。如浙江宁波地区,茶树种植面积大约是 21 503 亩(1 亩＝666.6 平方米),余姚、慈溪、奉化、镇海四地年产绿茶 16 154 担,主要就是销往上海。棉花、蚕桑等经济作物也受到推动,种植面积不断扩大。而江浙蚕丝业的推进又与上海缫丝工业的发展密不可分,上海缫丝厂的茧子大多来自江浙的苏南和浙北地区②。毗邻上海的苏南成为商品化程度最高的地区之一,产茧区无锡农村的现金收入甚至达到总收入的 80％左右,经济生活高度商品化,在 20 世纪 30 年代甚至一般农家粮食也购自市场③。长江三角洲广大农村日益卷入以上海为媒介的世界市场,不仅推动了农产品的商业化,也促进了当地人的市场嗅觉和竞争意识。

同时现代交通运输业的发展,大大降低了运输成本,有利于区域内的生产要素流动,提高了工商业的经济效率。上海地理位置优越,水陆交通非常方便,黄浦江、吴淞江、长江三条河流,1908 年和 1909 年沪宁铁路和沪杭铁路通车,20 世纪 40 年代末,当时上海行政辖区内的铁路已有 2 条干线、3 条支线以及 8 条专用线,总长 100 余千米。其后,上海还陆续修建了沪杭、沪苏、沪锡、沪嘉、沪青、

① 戴鞍钢.江浙沪近代经济地理[M].上海:华东师范大学出版社,2014:118-119.
② 戴鞍钢.江浙沪近代经济地理[M].上海:华东师范大学出版社,2014:134,136.
③ 曹幸穗.旧中国苏南农家经济研究[M].北京:中央编译出版社,1996:212.

沪松等公路,上海辖境内的公路已达 280 余千米①。

长三角地区日益便利的交通条件和工商业的繁荣,不仅构成了上海和周边地区密集的城乡商品网络,也给城乡人口迁移带来极大便利,促进了劳动力前所未有的流动。据统计,1929 年上海市 28.5 万多名工业职工中,纺织业有近 20 万人,大多是来自外地的农村女性。此外还有近 3 万名码头工人和 8 万多名人力车夫,也主要来自农村②。其中来自江苏、浙江的又占多数,这一特点延续到了中华人民共和国成立以后。而在苏南地区,从 20 世纪 20 年代至 40 年代,15%～20%的无锡农村劳动力在上海和无锡就业,而他们寄回家乡的现金占农村纯收入的 8%～12%③。同时上海工商业的繁荣和城市职业、人员的多样化需求,构建了一个巨大的消费市场,不仅有百货、五金、布绸、西药等诸多的专业公司,也有饮食店、服装店、理发店、浴室、修理店、旅馆、影院等丰富的服务设施,华洋交错,城乡咸宜。

以上海为中心的近代工业发展和周边地区的商品化,以及市场交易的日益频繁和市场规模的急剧扩大,不仅推动了经济要素的集聚和扩散,也使得相应的市场体系、规则日益成熟,并带来了与资本市场关联的金融业的崛起。上海逐渐成为近代中国的商贸中心和金融中心。如樊卫国所言,上海无论在商品的供给、需求,还是市场主体、资金流动上具有极高的市场集中度,由此形成了全国性的市场制高点④。

传统观点认为,以贫求富,农不如工,工不如商。陈其广总结了近代商业利润高于工业利润的一些原因:①对外进出口贸易限于国内近代工农业商品生产的发展;②外国工业品大量进口使民族工业发展极为困难;③人口与主要生产资料土地的供求比例关系失衡造成农业剥削率高,农民生活困苦;④交通运输的不发达限制了商品在各级各类市场之间的流动而使价格形成机制不合理;⑤工农业生产发展水平所造成的总供给和总需求之间的不平衡;⑥近代中国战乱

①　张忠民.近代上海城市发展与城市综合竞争力[M].上海:上海社会科学院出版社,2005:20-21.
②　戴鞍钢.江浙沪近代经济地理[M].上海:华东师范大学出版社,2014:219.
③　戴鞍钢.江浙沪近代经济地理[M].上海:华东师范大学出版社,2014:221.
④　樊卫国.激活与生长——上海现代经济兴起之若干分析[M].上海:上海人民出版社,2002:154.

频繁①。

近代的商业发展快于工业发展,尤其是上海的消费行业发展突出,成为1949年后变消费城市为生产城市的重要改造缘由。在费孝通看来,即便是上海也属于一个工业不发达的都市,拥有仅次于纽约和伦敦的人口,却不能自给自足而要靠来自乡村的收入。功能上只是一个县城,一个依靠别人的消费者,而不是一个现代型的高度发展的都市。甚至认为近百年来,中国的城市和大的镇没有建立一个坚实的生产基础,只是外国商品的分发地②。樊卫国认为,近代上海存在着过度商业化和有限工业化③。社会资本过多集中于流通领域,影响了向生产领域渗透。解决城乡矛盾的办法是城乡在生产和消费上的互补,而根本问题是如何将都市和城镇转变成可以维持自己的生产中心而不用去剥削乡村。因此,变消费的城市为生产的城市,成为中国实现工业化、转变旧城乡关系的重心。

三、中国工业化战略与城乡政策

1949年通过"农村包围城市"资源动员获得的革命胜利,中共建立了强有力的大一统中央政府,工作重心转向恢复和发展生产力。1949年3月5日毛泽东在中共七届二中全会提出,党的工作重点由乡村移到了城市④。同年12月4日毛泽东在中共中央政治局会议"关于土地改革和财经工作"讲话中又强调,从有城市的时候起,城市就是中心。城市的手工业、工业,对于农业来说是一种进步。工业生产价值,在工商关系中是中心⑤。以城市为中心的大规模有计划的工业建设成为国家目标,根本原因在于中国城市的工业基础异常薄弱,成为落后于人的重要象征。

其时有学者对此进行了细致探讨。1949年5月邵荃麟在《群众》杂志论述

---

① 陈其广.百年工农产品比价与农村经济[M].北京:社会科学文献出版社,2003:247.
② 费孝通.中国士绅[M].北京:三联书店,2009:86,98,100.
③ 樊卫国.激活与生长——上海现代经济兴起之若干分析[M].上海:上海人民出版社,2002:307.
④ 毛泽东.毛泽东著作选读:下册[M].北京:人民出版社,1986:654.
⑤ 毛泽东.毛泽东文集:第6卷[M].北京:人民出版社,1999:25.

城乡关系及南方的任务①。首先他从革命阶段和工作重心的变化出发,分析了从以农村包围城市到以城市领导农村的转变,从乡村回到城市不是单纯的搬家和地理上的转移,或是过去革命要依靠农民,今后有了城市就不需要农民了。他从全国新形势下政权巩固的角度出发,指出要想经济上独立自主,就必须恢复和发展生产,否则将不能够维持政权,就会站不住脚,就要失败。

进而他以阶级斗争的视角分析了城市工作的重要性,斗争对象是帝国主义和大资产阶级,斗争的进行是在工业生产的领域上,斗争的形式是生产的建设与组织,主要的力量在于工人阶级,并强调城市领导农村的意义。过去农村破产是由于帝国主义的原料与劳动力索取和商品倾销。今后城市工业发展将刺激农村原料的生产与市场,需要广大的劳动力,提高农民的购买力和农村的生活水准。发展的关键是生产关系和生产技术的变革。农村由个体经济通过合作社制度走向集体化,有赖于电气灌溉与机械耕种才能达到国营集体农场,这要依靠城市工业的发展。同时又认为农村不仅能供给原料和粮食、购买工业品,还有提供外汇、劳动力等作用,因而乐观地认为城乡的关系是相辅相成的,而不是对立的。

从这些论述可以看出,城市领导农村的前提还是先进的工业生产推动农业生产,包括以城市为中心进行全国的文化普及运动,提高农民的文化水平,改进国民卫生。尤其从夺取和巩固政权的角度来看,南方城市解放以后,首要工作就是城市生产的恢复,而不是立即实现农村的土改。“要管理像上海那样一个都市,要比管理千百个农村不知更困难多少倍。”虽然从工农联盟的关系来看,是“城市与乡村,工人与农民,工业与农业密切联结”,但是随着党政队伍的重心转至城市,以及土地改革的前景也是工业化,事实上将要步入城市优先的战略了。

由农村包围城市到城市领导农村的快速工业化,强化了以城市为中心的资源分配,尤其是制度安排的城市偏向及地域差别形成的分化,优先将资源投向城市和厂矿企业。二元的户籍、就业、收入分配、社会保障、公共品供给以及财政体制是城乡不平等的制度根源。城乡差别的本质是产业性质和经济文化水平的差异,乡村的农业生产原始而简单,而城市则集中了工商业等优质的资源。从

① 邵荃麟.论城乡关系:兼及南方的任务[J].群众,第3卷22期,1949-05-26,上海市档案馆藏:D2-0-771-35。

1953 年起实行第一个"五年计划"标志着国家开始对国民经济的全面管理,进而又强化了计划经济体制的职能。同时由于生产的革命化、政治动员型的治理方式和户籍等政策的干预,劳动力等要素无法自由流动和合理配置,影响了农民收入的增加。舒绣文认为,由于国外经济封锁所导致的投资资金匮乏,中国只能利用有限的农业剩余来进行工业投资,从而促成了工农业产品的价格剪刀差。这就是导致粮食的计划性统购统销,进而促成对城乡人口流动进行控制(户籍制)的城乡分割政策出台的主要现实依据。中国城乡分割政策至 1958 年得以制度化,最终促成城乡二元对立格局的正式形成①。

20 世纪 50 年代的城乡论述也带有机械的阶级论色彩。如黄苇认为,城市与乡村间对立的形成、加深和消灭,是城乡关系在人类社会不断向前发展的历史进程中依据生产资料所有制和阶级关系的变化而变化的一个历史过程。城乡对立是生产资料私有的结果,封建社会中乡村从政治上统治城市,城市在经济上榨取乡村。城乡对立在资本主义社会中达到了尖锐的顶点,殖民地、附属国中的城乡对立反映了帝国主义时代的新特征②。但是,一旦以后的城乡建设遇到挫折,容易趋向从生产资料私有和阶级矛盾中寻找根源。

先前的城乡关系研究,多着力于体制的建立和影响,论述重心为城乡二元结构的演进、城乡差距,以及协调发展的对策措施。以下将对城乡人口管理、资金流动、产品交换、资源分配等方面做一个简要探讨,以便从整体上了解中国城乡关系的政策变迁。

(一) 进城与下乡:人口流动的计划管理

工业化目标下的资源需求和生产力条件限制的供需矛盾,使政府更倾向于用行政手段而非市场调剂来控制城市规模,保障工业生产。对此,毛泽东提出了控制城市人口的思想,认为随着农业机械化发展减下来的农业人口,如果都涌到城市会使城市人口过分膨胀③。城市人口的过分集中,同样会引起城市住房、生

---

① Vivienne Shue. Peasant China in Transition: the Dynamics of Development towards Socialism 1949 - 1965. Bekeley: University of California Press, 1980: 78.
② 黄苇. 城市与乡村间对立的形成、加深和消灭[M]. 上海: 上海人民出版社,1958: 1.
③ 毛泽东年谱: 1949—1976[M]. 北京: 中央文献出版社,2013: 260.

活资料供应紧张等问题。而政府财力能够养活的城市人口是有限的。因此，一方面需要优质的人力资源进城，以服务于工业和城市发展。另一方面，又通过疏散非生产人口下乡，应对就业矛盾和物资供应不足，从而人为地形成了生产生活上彼此隔离的两大空间[①]。其中最为关键的措施当属分离城乡人口的户籍制度。

为什么中华人民共和国成立初期要在城乡之间建筑一道高不可攀的城墙？一个非常重要的原因就是十分有限的就业机会与规模庞大的城乡劳动就业之间的矛盾[②]。刘应杰还指出了城乡分离的四个条件：户籍制度、统购统销制度、人民公社制度、劳动就业与福利保障制度[③]。市民农民不仅是职业差别，更是社会身份的区分。据赵耀辉等人的研究，农民迁往城镇政策的变化主要受制于粮食的供求。而粮食短缺是 20 世纪 50 年代中国采用优先发展重工业战略的结果，为此农民提供了廉价农产品，同时又被剥夺了在城市中就业的机会。当时城乡迁移的途径主要是家人团聚、城镇招工、参军、上学等[④]。直至 80 年代，政府非常有效地控制了城乡的人口迁移。当然，限制人口在城乡之间的流动不等于隔绝城乡间的联系。已有的事实也表明城乡间人口的流动当时确实存在[⑤⑥]。不过这种流动是有限的，并且相当一部分是出于支边、灾荒、垦荒等原因前往目标地区。

虽然工业的产值比重较高，但其吸纳的劳动力却较少，高积累低消费也使得城市化的步伐远远落后于工业化。从 20 世纪 60 年代开始，中国的城市化进入了一个相对迟滞的时期。1961 年 1 月到 1963 年 6 月，全国职工减少了 1 887 万人，城镇人口减少了 2 600 万，吃商品粮人数减少了 2 800 万。同时，由于农业剩余非常有限以及农村商品生产和集市贸易的萎缩，镇的人口增长很慢。1953 年全国镇人口为 3 372 万人，1957 年则降为 3 047 万人，1965 年增长为 3 793 万，低

① 张坤.1949—1976 年上海市动员人口外迁与城市规模控制[J].当代中国史研究,2015(3)：40-52.
② 俞德鹏.城乡社会：从隔离走向开放——中国户籍制度与户籍法研究[M].济南：山东人民出版社,2002：19.
③ 刘应杰.中国城乡关系与中国农民工[M].北京：中国社会科学出版社,2000：61-64.
④ 赵耀辉,刘启明.中国城乡迁移的历史研究：1949—1985[J].中国人口科学,1997(2)：26-35.
⑤ 赵入坤.20 世纪五六十年代中国农村劳动力转移述论[J].中共党史研究,2009(1)：42-49.
⑥ 赵入坤.20 世纪五六十年代之交的人口流动与管理[J].当代中国史研究,2015(2)：47-57.

于全国城镇人口的自然增长率。1954 年全国共有建制镇 5 400 个,1957 年则减少为 3 596 个,1963 年进一步减少到 2 877 个[①]。城镇建设尤其是基础设施的滞后,严重制约着国民经济综合效能的发挥。

(二) 城乡建设中的资金投入

为了通过工业化带动包括农业在内的各业现代化,在 20 世纪 80 年代以前,中国投资主要向工业倾斜,相应向城市倾斜。虽然在国家财政收入中农业税所占份额呈现下降趋势,如崔晓黎所指出,1952 年农业只占财政收入的 14.7%,1957 年下降到 9.6%,1952 年农业税收 27 亿元,而当年仅商业税收就达到 41 亿元,是农业税收的 1.5 倍。"一五"期间财政上投入的 600 多项工业项目建设资金为 734 亿元人民币,而同期的农业税收为 150 多亿元。因而他认为农业税收无法支撑当时的大规模工业建设[②]。类似的观点在 50 年代初的报刊上就已出现[③],作为落后生产力的象征,牺牲农业发展工业顺理成章。

与财政对农业的投资相比较,总的趋势是农业为工业提供积累。尽管国家对农业的投资逐步扩大,重工业结构向着有利于农业生产和农业技术改造的方向发展,在调整中增加支农投入,但是这些发展与调整远远达不到农业对工业的需求。由于财政集中资金搞工业化,以及相应的人民公社、统购统销、城乡户籍等制度的确立,加之历史上的城乡差距,导致城乡二元结构形成和凸显的走势。工业化初期农业支援工业的过程中,国家财政的转移支付手段发挥了重要作用[④]。1954—1979 年,农业部门为国家工业化提供的资金约为 4 500 亿元,平均每年为 155 亿元;1979—1994 年,国家仍然以隐蔽的形式从农业部门拿走了 15 000 亿元的资金[⑤]。1978 年以前,农民和乡村对工业化和城市的支持,主要是通过提供农业产品的剩余来为工业化提供积累和降低成本。1978 年改革开放

---

① 武力.中华人民共和国经济史:上卷[M].北京:中国时代经济出版社,2010:467.
② 崔晓黎.新中国城乡关系的经济基础与城市化问题研究[J].中国经济史研究,1997(4):1-22.
③ 据统计,山西省一个七八百人的重工业小厂,在一年中上交给国家的利润,等于 100 万农民所交给国家的农业税。参见《解放日报》,1951 年 8 月 14 日.
④ 董志凯.工业化初期的固定资产投资与城乡关系——对 1950—1980 年代工业建设的反思[J].中国经济史研究,2007(1):12-22.
⑤ 王振亮.城乡空间融合论[M].上海:复旦大学出版社,2000:90.

以来至 2003 年,通过农业剩余来支持工业化和城市的比重越来越低,而通过农民提供廉价的劳动力和乡村资源(资金和土地等)来支持工业化越来越成为主体①。

(三) 城乡之间的产品交换

土地改革以后,国家通过废除地租和建立农民土地私有权获得了征税的合法权利,租税被整合为一体。而赋税和地租关系说到底就是对农产品的竞争关系②。相对固定的收成背后,实际上是一场有得有失的利益博弈。1953 年后国家与农民关系的日趋紧张,本质上源于"一个地租被农民平分完毕的小农经济与雄心勃勃的国家工业化目标之间的矛盾冲突"③。中共中央提出过渡时期总路线后,在互助合作基础上实现公有制的农村经济又与工业化紧密联系起来。由于中国选择了重工业优先发展战略,投资大、周期长以及吸纳农业劳动力有限,因此从农村提取剩余和控制农产品流动的任务很重。而对农产品剩余分配控制的重要手段,就是将市场供求纳入国家体系,并进行商品物资的分类与控制,建立国家对乡村市场的主导。

同时,由于要为优先发展城市工业提供必要的资金、原料和劳动力,国家将农民组织进互助组、合作社和人民公社,割断他们与土地及市场的直接联系。商品粮供给机制的缺失强化了国家对农业生产的干预,无形之中促成了统购统销分配体制的建立。尤其是粮食计划供应,通过国家在粮食上的垄断经营切断了城乡之间的主要市场联系;以动员农民回乡为重要手段,限制农村人口向城市流动,第一次从制度上确立了城乡之间的身份差别;把有无城市正式户籍作为标准,对城乡居民实行差别供应,将绝大多数农村人口排除在计划供应之外,同时又促进了严格的户籍管理制度的产生。这一切,导致了城乡二元社会制度化的

---

① 武力. 1949—2006 年城乡关系演变的历史分析[J]. 中国经济史研究,2007(1): 23 - 31.
② 白凯. 长江下游地区的地租、赋税与农民的反抗斗争: 1840—1950[M]. 林枫,译. 上海: 上海书店出版社,2005: 9.
③ 周其仁. 中国农村改革: 国家和所有权关系的变化——一个经济制度变迁史的回顾[J]. 管理世界,1995(4): 147 - 155.

分离,对于当代中国社会的各个方面都产生了深远的影响①。

(四)经济社会资源的双重分配

马克思指出,城市本身表明了人口、生产工具、资本、享乐和需求的集中,而乡村里看到的却是孤立和分散②。列宁也认为"城市是人民的经济、政治和精神生活的中心,是进步的主要动力"③。当代中国的经济建设也是以城市为中心的,但由于国内受到集中力量搞工业化的有限供给制约,国际上受到冷战环境的制约,城市与乡村的发展呈现出封闭的特点。国家以城市地租形式和极低价格拿走农产品,而以高价向农村销售工业产品,造成巨大的工农产品剪刀差。同时,在生产品与消费品上严加控制,国家重点保障城市的粮食、油、副食乃至耐用品计划供应,乡村则是原料供应和初级市场,自行车、手表等消费品绝少能见,尤其是户籍制度以及户籍制度背后的医疗、教育、财政、福利等制度,不仅使城乡隔离,而且使乡与乡之间、城与城之间的沟通也受到限制。

城市享有较好的公共设施,包括教育和卫生医疗设施,幼儿园到大学的教育设施和教育工作,由国家财政负担,农村主要由农民自我承担。城市人口的成长和受教育有保障,教育的不平等导致城乡人力资源发展不平等,工厂职位可以由子女亲属顶替,农民只能自谋职业。城乡收入分配中的等级制度,干部和普通居民差别较大,特别是政府机关和大型企业主要在城市。1987 年城市居民吃粮,国家补贴 200 亿元,补贴副食品、燃料 300 亿元,公费医疗开支 100 亿元④。城乡消费水平差距一直很大,在 1949—1989 年间,城市居民是农村居民的 2.3～3.2 倍⑤,因此有人说,城市户口价值千金万金,农村户口分文不值⑥。工商业与农业的发展差异,某种程度上形成了乡村文化和都市生活的对立,城乡之间两种不同的物质空间、精神空间,构成了风格迥异的两个生活世界,路遥的小说《人生》就

---

① 汤水清.论新中国城乡二元社会制度的形成——从粮食计划供应制度的视角[J].江西社会科学,2006
　　(8):97-104.
② 马克思,恩格斯.马克思恩格斯全集:第 3 卷[M].北京:人民出版社,1974:57.
③ 列宁.列宁全集:第 23 卷[M].北京:人民出版社,1990:358.
④ 刘纯彬.二元社会结构:分析中国农村工业化城市化的一条思路[J].经济研究参考,1989:171-172.
⑤ 高珮义.中外城市化比较研究[M].天津:南开大学出版社,2004:80-81.
⑥ 刘纯彬.二元社会结构:分析中国农村工业化城市化的一条思路[J].经济研究参考,1989:171-172.

是这种差异的一个鲜明写照。

四、1949—1966 年城乡关系的演进

（一）城乡关系的调整

从 1949—1952 年经济恢复期的城乡关系来看,通过没收官僚资本形成国家资本,在打击投机、统一金融和货币的过程中,掌握经济资源,开始建立国营商业和供销合作社。积极开展城乡物资交流,沟通城乡联系和恢复经济生产,通过城乡物资交流,稳定了民众的生活。因此这段时期人口增加,工农业产值增长,城市经济好转,城市人口比重上升。

而在 1953—1957 年工业化的起步阶段即"一五"计划期间,政府展开了大规模工业建设,重点是苏联援助的 156 个项目和一批工矿企业,扩大了产品需求、就业,扩充了城市的数量和规模,1952 年到 1957 年新增城市 22 个。工业化使得城市的就业岗位大量增加,大量人口从农村流入城市,据统计农村迁往城市 1 500 万人左右,上海的工厂数量和城市规模都在扩大。因而出现了工业大发展带来的粮食原料等供应问题。同时为解决工业化供应问题的统购统销,也显示出国家资源向城市、工厂投入的决心和趋势。由于工业化中资金、粮食等资源的有限性,政府趋向于集中力量支持城市。原先设想的消除城乡对立、城乡差别的目标,逐渐被城乡分治、征用乡村资源支持城市的路径所取代[①]。

1949 年后国家控制的经济成分占据了优势。以上海为例,上海市工业总产值中社会主义经济 1952 年占 27.7%,1957 年占 32.3%;国家资本主义经济 1952 年占 5.6%,1957 年占 67.6%;资本主义经济 1952 年占 66.7%,1957 年占 0.1%;重工业 1952 年占 21.9%,1957 年占 33.7%;轻工业 1952 年占 28.8%,1957 年占 33.3%;纺织工业 1952 年占 49.3%,1957 年占 33.0%[②]。上海市商品零售额中社会主义经济 1952 年占 19.0%,1957 年为 26.7%;国家资本主义

[①] 徐同文,王郡华.城乡经济协调发展概论[M].济南:山东大学出版社,2006:28-29.
[②] 上海市第一个五年计划时期的成就(工业总产值中经济类型的变化),1958-03-14,上海市档案馆档案:B123-3-1571。

及合作化 1952 年占 0.4%,1957 年占 70.2%;资本主义经济 1952 年占 80.6%,1957 年占 3.1%[①]。随着工业化的推进,江苏的工业产值也从 1949 年 42.4%升至 1962 年的 64.9%(见表 2-2)。

表 2-2　1949—1962 年江苏省工农业比重(按 1957 年不变价格计算)(%)

年份	1949	1950	1951	1952	1953	1954	1955	1956	1957	1958	1959	1960	1961	1962
工业	42.4	44.6	45.9	45.4	49.1	50.9	48.7	56.2	55.8	66.3	74.7	77.8	69.3	64.9
农业	57.6	55.4	54.1	54.6	50.9	49.1	51.3	43.8	44.2	33.7	25.3	22.2	30.7	35.1

资料来源:江苏省工农业比重,第 4 页,江苏省档案馆档案:4062-1-59。

　　多种经济成分并存是要素市场存在的基础,而要素市场的存在又是市场机制发挥作用的基础,单一公有制的形成,使市场机制失去多种经济成分并存这个基础。政府用行政手段取代市场机制来进行资源配置,结果计划赶不上变化,市场的调节作用逐渐衰微。资金市场、生产资料市场、劳动力市场、部分生活消费品市场作用缩小。劳动力市场特别是跨地区、跨单位流动受到严格限制。农民普遍转入高级合作社,由于生产资料的公有和不能自由退社,农民除了按国家计划招工、升学以及参军外,被固定于集体经济中。在生产资料市场方面,1950 年只有煤炭、钢材、木材、水泥、纯碱、杂铜、麻袋、机床八种物资在各大区计划调拨。1951 年为 33 种,1952 年为 55 种。1953 年以后,还将工业品中的生产资料划为三类:统配、部管和地方管理。1953 年统配物资 112 种、部管物资 115 种,至 1957 年统配物资 231 种,部管物资 301 种[②]。

　　20 世纪 50 年代经济体制逐步转向以行政管理为主的计划经济,市场机制逐渐从经济运行中被排斥出去。国营商业和供销社垄断农村市场带来三个方面的影响:购销损害农民利益;农副业和兼业受到限制;商业流通体制僵化[③]。使农民缺乏参与权,市场缺少竞争性。受限制的市场参与者不仅是农民个人,延伸到了合作社、社队企业等基层单位,甚至包含地方政府,它们也有自己的利益诉

---

① 上海市第一个五年计划时期的成就(全社会商品零售额中经济成分的变化),1958-03-14,上海市档案馆档案:B123-3-1571。
② 武力.中华人民共和国经济史:上卷[M].北京:中国时代经济出版社,2010:301,303.
③ 武力.中华人民共和国经济史:上卷[M].北京:中国时代经济出版社,2010:306.

求,也会参与市场竞争。陈云指出:"市场管理办法限制了私商的采购和贩运。这些办法使农产品、农业副产品实际上成为由当地供销合作社或国营商业独家采购,而没有另外采购单位的竞争。"①供销社的运作虽然有垄断,但其组织、人员均有漏洞,因而农村的贩卖禁而不绝。

1955 年 7 月 16 日,国务院批转商业部、供销合作总社和中央工商行政管理局联合发布《关于改进初级市场管理过严过死的现象》。1956 年 4 月 3 日,中共中央、国务院在《关于勤俭办社的联合指示》中,要求各地的农业合作"开辟生产门路,发展副业生产,经营多种经营"。1956 年 9 月 12 日,中共中央、国务院发布《关于加强农业生产合作社的生产领导和组织建设的指示》,提出逐步建立社会主义经济领导下的自由市场。1956 年 7 月 21 日,陈云提出:"市场管理办法应该放宽,现在从大城市到小集镇大部分都管得太死,放宽后,害处不大,好处很多。"②同年陈云提出三个主体、三个补充的思想。自由市场形成了双重后果:一是农村经济不同水平、多种类型、家庭经营灵活性与单一公有制和集体生产经营的矛盾;二是农民与国家在占有和消费农业剩余方面的矛盾③。

1957 年底,国务发布《关于改进商业管理体制的规定(草案)》,扩大地方在物资分配、计划管理上的权力,商业价格实行分级管理。撤销全国性专业公司,按地方行政区设立专业局处。将国家在农村的商业基层机构和人员下放给公社,合并商业网点,关闭自由市场。1958 年至 1960 年社会零售商业网点减少142 万余个,占原有网点总数的 73%,人员减少 194 万,占原有人数的 34%。

1959 年 9 月 23 日,中共中央、国务院下达《关于组织农村集市贸易的指示》,提出"农村集市贸易是社会主义统一市场的一个组成部分"。1960 年 11月,中共中央发布《关于农村人民公社当前政策问题的紧急指示信》后,集市贸易开始全面恢复。1961 年 6 月 19 日,中共中央发布《关于改进商业工作的若干规定(试行草案)》(商业四十条),重点解决农副产品收购过头问题。推广农产品收购合同制,分期分批提高若干农产品收购价格。恢复必要的国营商业专业公司和供销合作社,恢复合作商店、合作小组,发挥小商小贩的经营积极性和经营特

---

① 陈云.社会主义改造基本完成以后的新问题[G]//陈云文选:第二卷.北京:人民出版社,1995:4-5.
② 陈云文选:第二卷[M].北京:人民出版社,1995:327.
③ 武力.中华人民共和国经济史:上卷[M].北京:中国时代经济出版社,2010:311.

点。1962 年 9 月 27 日,中共八届十中全会通过《关于商业工作问题的决定》,商品流通分为三个渠道:国营商业、合作社商业和集市贸易。

据 1962 年 9 月底统计,从国营商业、供销社退出的小商小贩共 88 万人,这些人重新组织起合作商店、合作小组,主要经营一些与生活密切的小饮食、小土产、小百货、副食、蔬菜、日用杂品,并从事修理、服务等业务。1964 年底,全国共有小商小贩 247 万人,其中由国营商业归口管理的 134 万人,供销社归口管理的 113 万人;合作商店 160 多万人,合作小组 20 多万人,个体商贩 50 多万人①。

1955 年 12 月 1 日起,为加强流动人口粮食供应的控制,苏浙沪部分地区双方居民往来的粮食供应减少了全国通用粮票的发行量,经上海市粮食局与江苏、浙江两省粮食厅协商达成协议,在部分地区相互通用地方粮票②。

(1) 按规定相互通用对方省、市地方粮票,并按期办理双方所收回对方地方粮票的交换结算工作。

(2) 相互通用地方粮票的地区范围如下。

① 江苏与上海市相互通用地方粮票的地区。江苏 23 个县、7 个市。松江专署的川沙、南汇、奉贤、上海、金山、青浦、嘉定、松江和宝山 9 个县,苏州专署的江阴、无锡、常熟、太仓、宜兴、震泽、吴县、昆山和吴江 9 个县,南通专署的如皋、南通、海门、启东、崇明 5 个县,省辖市南京、无锡、苏州、常州、南通、镇江、扬州 7 个市。

涉及江苏的县包括今天区划中的上海郊区、苏州、无锡下属全部县市、南通的 4 个县,都是农村而且紧靠上海周边,而省辖市则包括今天长三角的主要城市,离上海稍远的南京、常州、南通、镇江、扬州仍可以通用,显示了对这些地区农村的限制以及城乡间的差别。

② 浙江省与上海市通用地方粮票的地区。涉及浙江的是 14 个县、5 个市。嘉兴专署的平湖、嘉兴、嘉善、德清、海宁、海盐、崇德、武康、吴兴和桐乡 10 县,嘉兴和湖州 2 市。舟山专署的嵊泗、岱山、定海、普陀 4 县,省辖市杭州、宁波和温

---

① 当代中国丛书编辑委员会. 当代中国商业[M]. 北京:中国社会科学出版社,1987:93.
② 上海市粮食局关于本市与江苏、浙江两省部分地区相互通用地方粮票的有关规定自 1955 年 12 月 1 日贯彻执行的通知,1955 - 11 - 21,上海市档案馆档案:B6 - 1 - 7 - 274. 主送机关:各区油粮供给站,抄送:中华人民共和国粮食部、上海市人委(财粮贸办公室)、江苏浙江粮食厅、上海市手工业管理局。

州 3 市。地理范围的规则与江苏类似。

③ 江苏浙江互相通用地方粮票的地区。江苏的金山、松江、吴江、宜兴、青浦和震泽 6 县,南京、苏州、无锡 3 市。浙江的平湖、嘉善、嘉兴、吴兴、长兴、桐乡 6 县,杭州、嘉兴、湖州 3 市。

同样以两省接壤地区为准则,江苏地区包含环太湖的松江、无锡、苏州的部分县,比沪苏之间互通范围小,浙江地区少了远离江苏的宁波、舟山下属县和嘉兴专署下属德清、海宁、海盐、崇德、武康等 5 县,多了太湖南岸的长兴。

三省市分别使用江苏省地方粮票、浙江省流动购粮票与浙江省临时流动购粮票、上海市粮票,非上述种类粮票,概不予通用。由此可见,苏浙沪相互通用粮票的地区构成非常有意思的三角关系,考虑了接壤地区的便利,却无法在这个三角洲地带实现全部通用。并以上海与上海腹地的关系为衡量的中心,限制了苏浙沪特定区域外的跨界流动。

(3) 为便于加强对流动人口粮食供应的掌握,粮票背面必须盖粮食部门专用章。

(4) 使用方法如下。

① 为加强城市粮食供应的管理,凡流动人口在上海持江苏、浙江两省相互通用地方粮票地区发出的地方粮票凭以购买粮食时,原则上应同时持寄居户的居民粮食供应证向指定的粮食供应店凭以计量购粮。如船民渔民等无寄居户的,可直接凭粮票向各国营零售店或合作社门市部购买粮食。如附近无国、合营粮店,须向粮食代销店购粮时,必须向所在的区办事处办理介绍证明至指定粮食代销店购买。

② 为加强城市粮食复制品供应的管理,并防止粮食复制品经销店识别粮票困难可能造成错乱起见,凡流动人口在上海持江苏、浙江两省相互通用地方粮票地区发出的地方粮票,需购买必须凭粮票供应的粮食复制品时(如切面、年糕、卷面等),应向区办事处调换上海市粮票后凭以购买,不得以江苏、浙江两省的地方粮票直接购买。

③ 上海市外出的流动人口持上海市粮票在江苏、浙江两省通同地区使用以及江苏和浙江两省外出的流动人口,在相互通用地方粮票的地区凭对方的地方粮票使用时,不论购买粮食或粮食复制品,均直接凭粮票购买。

④ 凭对方的地方粮票供应原粮、薯类或粮食复制品时,均按购买地区规定的折算率供应,省市双方进行结算时,则一律按粮票票面斤额计算。

⑤ 相互通用地方粮票地区的伙食单位,均可接收对方地区的地方粮票。并可按规定手续向指定粮店购买。

(5) 结算办法如下。

① 省、市粮食厅、局每一季度汇总结算一次,结算期内双方所收对方的地方粮票以相互交换处理。交换的时间视所收粮票的数量确定。但在双方结算期以内,应将本期所收对方的地方粮票交换完毕。

② 双方所收对方的地方粮票的交换手续、地点和差额处理方法如下:江苏省所收上海市粮票,由松江专署、苏州专署(包括苏州市)、南通专署(包括南通市)粮食局和省粮食厅(包括南京、无锡、镇江、常州、扬州 5 个市)四个单位集中,分别派员送上海市粮食局点收,并换回各单位发出的江苏省地方粮票。交换的差额一律由差入方分别出具"交换地方粮票差额收据",作为省、市粮食厅、局双方的汇总结算凭证。浙江省所收上海市粮票,由嘉兴专署、舟山专署粮食局和省粮食厅三个单位集中,分别派员送上海市粮食局点收。除嘉兴和舟山两专署粮食局所送粮票,由上海市粮食局按全数出具"交换地方粮票差额收据"外,浙江省粮食厅所送粮票,换回全部浙江省地方粮票。省、市双方交接的差额,一律由差入方出具"交换地方粮票差额收据"。凭以汇总结算。

③ 江苏省和浙江省双方所收对方的地方粮票,由省粮食厅或专署局分别汇交,由双方省粮食厅统一汇总结算。

④ 省、市粮食厅、局双方于每季度终了后 15 日内汇总结算一次。结算时双方换回"交换地方粮票差额收据",汇总结算的差额由差入方出具"交换地方粮票差额结算表"交由差出方上报粮食部划拨粮食(涉及中央政府部门调配)。

(6) 为及时了解情况,凡每个季度的前两个月份,不论有无将所收对方的地方粮票进行交换,省、市双方均应于月份终了后十日内对当月所收对方的地方粮票编制清单,将粮票名称和票面额的合计斤数[①]和总计斤数通知对方。

(7) 各相互通用地方粮票地区对所收对方的地方粮票,均不加盖任何戳记。

---

① 1 斤＝500 克。

但必须对粮票的生别、票名别、票面额进行分类整理,以同类粮票按每一百枚一叠(用纸圈封)。每十叠包一小札,每十小札包一大札,各札均应加贴封签,记明粮票名称、票面额种类、枚数、粮食斤数和封札日期,并加盖封札单位及经手人章,以利双方交换点收。

(8)粮票如有使用期限则在有效期内使用。协议有效期为 1955 年 12 月 1 日到 1956 年 6 月 30 日。

1961 年 9 月 20 日至 10 月 10 日,华东六省一市物资交流会在上海举行,共签订购销合同 2 500 余份,成交总额达 2.4 亿元。1963 年 7 月 15 日至 8 月 2 日,全国三类物资交流大会在上海举行,会议期间共签订购销合同、协议 1.5 万多份,成交金额达 5.09 亿元[①]。无论何种形式,国家对农产品的掌握程度都非常高,从 1958—1965 年全国农副产品的收购比重看也很明显(见表 2 - 3)。

表 2 - 3　1958—1965 年部分农副产品收购情况

年份	食用植物油		肥猪		水产品		棉花	
	收购量/亿斤	占产量比重/%	收购量/万头	占产量比重/%	收购量/万吨	占产量比重/%	收购量/万担	占产量比重/%
1958	24.8	63.1	4 673.2	53.1	202.0	71.9	3 596.1	91.3
1959	29.0	82.4	3 399.8	50.1	243.9	79.0	2 946.5	86.2
1960	15.5	84.7	1 991.3	45.8	231.8	76.3	1 923.7	90.5
1961	11.9	78.3	870.1	26.4	165.6	71.8	1 302.3	81.4
1962	9.7	61.4	1 929.8	44.9	167.9	73.5	1 321.3	88.1
1963	12.8	62.1	4 015.1	51.5	197.2	75.4	2 140.0	89.2
1964	18.9	67.7	6 266.7	59.7	211.3	75.4	3 042.0	91.5
1965	21.2	66.5	7 859.5	64.6	214.2	71.8	4 042.4	96.4

资料来源:中国物价统计资料(1952—1983)[G].北京:中国统计出版社,1984:126 - 128.

三年经济困难时期,农村初级市场处于低谷,1963 年后有所恢复,生产队和社员将多余农副产品拿到市场出售。1963 年 5 月,江苏省供销社召开为期 9 天的系统第二次三类物资交流会,成交额达 781 万元。其中,土产、干鲜果、猪、鱼、禽、蛋等 488 万元,其余为日用工业品、烟、酒。1964 年 9 月召开第三次三类物资交流会,成交额达 2 303 万元。1965 年 10 月,在镇江召开第四次三类物资交流会,成交额达 4 893 万元①。1966—1976 年,系统内物资交流会停止,集市贸易也停办。

限制改造私人商业有两方面考虑:一是变消费为生产,过度商业化妨碍工业化;二是进行产权改造。传统社会对商人的评价向来较低,国家实力弱的时候,容纳或鼓励私营,国家实力强则限制或排斥私营。随着农业国向工业国、新民主主义社会向社会主义社会转变的战略实施,国家形成了由农业剩余来为工业化城市提供积累和降低成本的支持模式,行政调配强化了要素的条块分割,重工轻商造成城市功能单调,缓慢的城市化影响着乡村与城市的市场交流与人口流动,封闭分散导致城市的辐射不足,无法建立经济中心地和所属地区构成的社会经济层级。同时城乡之间的市镇、市场发展缓慢,城乡联系出现断层,经济社会联系被削弱。

在城乡区分和城镇设置方面,也有了新的规定。

1955 年 6 月 9 日国务院全体会议第十一次会议通过《国务院关于设置市、镇建制的决定》,对于各地的设置市、镇建制,作了如下规定②:

> (1) 市,是属于省、自治区、自治州领导的行政单位。聚居人口十万以上的城镇,可以设置市的建制。聚居人口不足十万的城镇,必须是重要工矿基地、省级地方国家机关所在地、规模较大的物资集散地或者边远地区的重要城镇,并确有必要时方可设置市的建制。市的郊区不宜过大。人口在二十万以上的市,如确有分设区的必要,可以设市辖区。人口在二十万以下的市,一般不应设市辖区,已经设了的,除具有特殊情况,经省人民委员会或者自治区自治机关审查批准保留者外,均应撤销,分别设立街道办事处,作为市人民委员会的派出机关,需要设市辖

---

① 江苏省地方志编纂委员会.江苏省志·供销合作社志[M].南京:江苏人民出版社,1994:303.
② 国务院关于设置市、镇建制的决定以及城乡划分的规定,1955 年 9—12 月,上海市档案馆档案:B1-2-1684。

区的,也不应多设。

(2)镇,是属于县、自治县领导的行政单位。县级或者县级以上地方国家机关所在地,可以设置镇的建制。不是县级或者县级以上地方国家机关所在地,必须是聚居人口在两千以上,有相当数量的工商业居民,并确有必要时方可设置镇的建制。少数民族地区……镇以下不再设乡。

(3)工矿基地,规模较大,聚居人口较多,由省领导的,可设置市的建制。工矿基地,规模较小,聚居人口不多,由县领导的,可设置镇的建制。工矿基地,规模小、人口不多,在市的附近,且在经济建设上与市的联系密切的,可划为市辖区。

1955 年 11 月 7 日通过《国务院关于城乡划分标准的规定》[①],城镇标准主要有二:设置市人民委员会的地区和县(旗)以上人民委员会所在地(游牧区流动的行政领导机关除外);常住人口在 2 000 人以上,居民 50% 以上是非农业人口的居民区。工矿企业、铁路站、工商中心、交通要口、中等以上学校、科学研究机关的所在地和职工住宅区等,常住人口虽然不足 2 000,但是在 1 000 以上,而且非农业人口超过 75% 的地区,列为城镇型居民区。具有医疗条件,而且每年来疗养或休息的人数超过当地常住人口 50% 的疗养区,也可列为城镇型居民区。上列城镇和城镇型居民区以外的地区列为乡村。

国务院对聚居人口十万以上的城镇设市做了说明,将十万人口作为一般的设市标准。十万以上人口的城市,情况复杂,经济、文化集中,干部质量要求高,机构编制也要比镇大,放在县的领导之下,是有困难的。因为县的方面,主要是管农村,如果兼管十万以上人口的市改设成的镇,将使县的领导更加无能为力。过去嘉兴、湖州、绍兴、安庆、商丘、信阳、遵义等市曾改过镇,其中五个市的人口还都在十万人以下(见表 2 - 4),但改镇后县领导不了,七个镇又都恢复为省属市[②]。

---

① 国务院关于设置市、镇建制的决定以及城乡划分的规定,1955 年 9 至 12 月,上海市档案馆档案:B1-2-1684。
② 关于聚居人口十万以上的城镇可以设市的规定说明,1955 年,上海市档案馆档案:B1-2-1684。

表2-4 苏浙沪城市按人口分组统计表(1953-06-30)

人口规模	城市及其人口数
3万~5万	金华:4.1万
5万~10万	湖州:5.7万,常熟9.1万,嘉兴6.8万
10万~15万	泰州14.5万,绍兴11.5万
15万~20万	镇江18.1万,温州18.2万,扬州16万,新海连18.8万
20万~25万	南通23万,宁波20.7万
25万~30万	常州26.6万
30万~35万	徐州33.3万
40万~45万	苏州42.4万
50万~60万	无锡51.1万
60万~70万	杭州63.7万
100万~200万	南京100.1万
200万以上	上海662.2万

资料来源:关于聚居人口十万以上的城镇可以设市的规定说明,第7页,上海市档案馆档案:B1-2-1684。

投资驱动型的一个方面是行政机构扩张,国务院建立了一系列垂直管理机构,1954年增加到64个工作部门,条条管理。行政管理方面,横向隔离的苏浙沪地域,纵向分割的有中央管理机构、厂矿单位、供销社、进出口公司等。1958年末,国家职工总数达到4 532万人,其中工业部门职工为2 316万人,分别比1957年末增加了2 081万人和1 568万人。1959年底县以上企业职工减少到1 993万人,1960年又回升至2 144万人,国民经济各部门国家职工总数突破5 000万人[①]。随着三年自然灾害出现了严重的国民经济困难,1961年5月21日至6月12日,中共中央在北京举行工作会议,决定大幅度精简城镇人口。陈云指出:"面前摆着两条路要我们选择:一个是继续挖农民的口粮;一个是城市人口下乡。两条路必须选一条,没有什么别的路可走。我认为只能走压缩城市

① 《中国统计年鉴》(1984):110、114.引自武力主编.中华人民共和国经济史(增订版上卷).北京:中国时代经济出版社,2010:390.

人口这条路。"①1961 年起进行国民经济调整,大规模减少城镇人口,动员部分人员返乡支农,退回粮食自给的自然经济时代。通过人口疏散,使得城镇人口大大减少。1961—1963 年,国家动员了 2 000 万城镇人口回到农村。城镇人口减少了 1 427 万,城市化水平也降低了 2.9%②。

(二) 物资交流的组织

1949 年,长期战乱带来的经济破败、交通中断和城乡阻隔,不利于恢复经济秩序,亟须加以改正。当时,城乡贸易还存在不少障碍。1949 年 8 月 15 日陈云在《目前财经工作中应注意的问题》提到,常州的粮食不让运来上海,赣东北对杭州也是封锁的③。根据东北地区的报告,问题有行政分割、部门繁多、手续复杂等。值得注意的是,几乎在施坚雅调查四川农村市场的同一时期,《东北日报》讨论了国营商业网与行政区域的关系,指出"我们的国营商业网是按行政区域建立起来的。在战争时期城乡分割与我们国营商业毫无基础的情况下,为了迅速发展人民的商业,以便与某些投机商人操纵市场的行为进行有效斗争,这是需要的与应当的"。但这绝不是要使市场也必须按行政区域来进行交易,这样就会违反经济规律脱离市场,使贸易计划脱离市场的供销要求。省县的供销计划是按各行政区域内的人口总数计算出来的,而在拨货作价方面也机械强调行政区域,这样就违反了市场规律,许多货物不是从近处、便宜处来,而是从远处、贵处来。其货物及物价不是根据实际经济中心哈尔滨的情况而定,形成经济区与行政区的矛盾。这样就在省县市之间按行政区域划成许多"豆腐块",分割了把城市作为经济中心的作用,因而组织重复,任务矛盾,其结果不是城乡互助,而是区域封锁或分割,产生了严重的滞流作用④。

因此政府出面干预,组织城乡物资交流,打通经济脉动是非常必要的行为,

① 陈云.动员城市人口下乡[G]//陈云文选(1956—1985):第 3 卷.北京:人民出版社,1986:161.
② 徐同文,王郡华.城乡经济协调发展概论[M].济南:山东大学出版社,2006:30.
③ 中国社会科学院,中央档案馆.1949—1952 中华人民共和国经济档案资料选编:综合卷[M].北京:中国城市经济社会出版社,1990:290.
④ 东北日报社论.克服人为障碍 畅通城乡物资交流[N].1950-09-09,引自中国社会科学院,中央档案馆.1949—1952 中华人民共和国经济档案资料选编:综合卷[M].北京:中国城市经济社会出版社,1990:291.

有利于秩序稳定、经济恢复。1951年4月4日陈云在《一九五一年财经工作要点》中指出,把城乡交流摆在第一位的原因,是中共接收过来的是一个破烂的旧中国,农业经济占主要地位。所谓城乡交流,一是将农产品、土产品收上来,二是将城市工业品销下去。而经过12年的战争,原来的城乡关系基本被打乱了。工业需要原料、粮食,必须提高农业生产,农业发展了才能提高农民的购买力,为工业品提供广阔的销售市场,工业发展也能促进农业的机械化、现代化①。1951年6月1日,吴雪之在《华东贸易部一九五○年工作报告》中指出,沟通城乡关系必须执行贸易自由的政策②。

1951年3月22日,中共中央发布关于召开土产会议加强推销土产的指示,提出在召开土产会议时,要解决的前两个问题均涉及恢复城乡商业网。一是恢复旧有的或开辟新的商业网。由于长期战争所造成的地区和地区间、城市和乡村间长期分割的状态,许多地区的旧商业路线大部分被摧毁,仓库、货栈被破坏。中华人民共和国成立后,新的商业路线又未能及时建立起来,这就使得物资交流受到极大阻碍。所以要求邀请有经验的老商人、老工匠开座谈会,了解大宗土产的种类、数量、质量和季节性,研究历史上物资流转的路线,派遣有老商人和内行参加的商业访问团、土产推销组到产地和销地接洽,找回老线索,开辟新线索,是积极打开销路的一个好办法。二是组织私商下乡进行购销。当时推销滞销的土产品,在大部分地方主要还是依靠私商。因此政府采取的是鼓励私商经营土产品的政策,在税收、运输、贷款等方面给予便利。并把推行贸易合同制度作为推销土产品的最好方法之一③。

城乡物资交流会正是要突破交流不畅的格局,保证淡季不淡,继续贯彻调整商业的政策。以上海市为例,1949—1952年的城乡物资交流可分为三个阶段:①1950年秋季召开了包括13个主要土产行业、400余位代表参加的下乡收购动员大会,提出面向农村的口号,城乡交流政策首次与工商界见面;②1951年春通

① 中国社会科学院,中央档案馆. 1949—1952中华人民共和国经济档案资料选编:综合卷[M].北京:中国城市经济社会出版社,1990:263.
② 中国社会科学院,中央档案馆. 1949—1952中华人民共和国经济档案资料选编:综合卷[M].北京:中国城市经济社会出版社,1990:270.
③ 中国社会科学院,中央档案馆. 1949—1952中华人民共和国经济档案资料选编:综合卷[M].北京:中国城市经济社会出版社,1990:281.

过上海市土产会议,把有关的 47 个行业、5 万户土产商动员起来,接着上海市展览交流大会与华东区土产会议相继召开,运用了各种方式推动与组织私商下乡,并指导他们深购远销;③自 1952 年 5 月华东区城乡物资交流会后,进入了工业品推销与土特产品收购并重的物资交流新阶段,城乡交流的规模大为发展①。

在中华人民共和国成立初期的江苏省,为了促进国民经济的恢复和发展,供销合作社组织农村市场,开展物资交流。交易方式以短距离交流、现货现售为主,辅以短期期货和批发交易。交流物资大多是农副产品、手工业品、小农具、日用小百货等。1951 年 9 月苏南合作总社成立物产交流委员会,组织常熟等县开展物资交流试点。1952 年 4 月至 9 月,苏南各地召开 74 次初级市场物资交流,成交总额达 1 285 万元,其中供销社占 10.6%,国有公司占 24.8%,私营商业占 64.6%②。

1954 年后,由于统购统销政策的实施,以及 1956 年农村小商小贩归口改造等原因,城乡交流的品种、数量、地点、价格受到限制而逐步萎缩。江苏省合作总社 1953 年 1 月成立后,继续组织各级合作社开展初级市场物资交流活动。到 1957 年,江苏省供销社系统共组织初级市场物资交流 150 多次,成交额达 2.43 亿元,其中三类农副土特产品占 45%,其余为工业品、手工业品。

1953 年江苏省合作总社分别在苏州、镇江、扬州三地召开以专区为单位的第一次供销社系统物资交流会。有 422 名代表参加了 3 个专区交流会,包括县市代表 60 人,基层社代表 220 人,外地及公司代表 142 人。签订合同 837 件,交易额达 738 万余元。通过交流解决了此处积压、彼处缺货的问题。系统物资交流会每年举行一到两次,一般在秋收后或春节前召开。主要做法是以乡、区供销社为主召开小型物资交流会,组织农副产品上市交易,开展日用工业品、糖果糕点和农具等销售供应业务③。

从当时组织的过程来看,城乡物资交流主要有以下特征。

第一个特征是政府严密的准备。如 1953 年上海市工商贸易团参加无锡市

---

① 上海市工商行政管理局关于上海三年来城乡物资交流工作总结、土产交流与工商管理的报告,1952年,上海市档案馆档案:B182-1-301-4.
② 江苏省地方志编纂委员会.江苏省志·供销合作社志[M].南京:江苏人民出版社,1994:303.
③ 江苏省地方志编纂委员会.江苏省志·供销合作社志[M].南京:江苏人民出版社,1994:303.

第一次城乡物资交流大会,包括团长 1 人,秘书 2 人,业务组 3 人,总务组 2 人。下面还分为六组:第一组,化学原料工业、皮件业、面粉麸皮业等,正副组长各 1 人,组员 13 人;第二组,针织工业、华洋杂货,正副组长各 1 人,组员 5 人;第三组,棉布业、百货、家用化学品业等,正副组长各 1 人,组员 8 人;第四组,文教用品工业,正副组长各 1 人,组员 12 人;第五组,电工器材工业、五金,正副组长各 1 人,组员 10 人;第六组,木材业、油脂商业、飞花整理业、草席商业,正副组长各 1 人,组员 16 人[①]。上海赴无锡市参加城乡交流会,为了保证合同的如期履行,还拟订了定金制度与罚款制度,并得到大会通过。大会按商品的种类性质划分土特产品、工业品两个交易所,下设 8 个专业小组,并设立样品陈列室,以便看样成交。大会实际交易共 5 天,购销总值达 400 余亿元,完成并超过大会预期计划约 40%[②]。

　　而上海市高桥区城乡物资交流大会在三个时期都有严密的组织[③]。如在第一阶段筹备时期,着重五个方面的工作。①统一干部思想,加强统一领导。联合区委、区政府、税务局、合作社、银行等部门,克服各顾各的做法。②重点调查,掌握材料,做到心中有数。银行合作社调查农村产销情况,工商科税务局调查商业情况,如货物余缺、贷款、平时营业规律等。③成立筹备委员会的机构,建立市场管理、业务交流、宣传三个委员会,秘书、警卫两个处。首先,各委员会各处订出计划,集中研究讨论,再分头进行筹备,最后进行检查。开幕时筹委会结束,以大会主席团领导。④大力开展宣传工作,发动群众,要求做到家喻户晓,利用报告员、宣传员、团员、民校师生、积极分子等,采取做报告、座谈会、流动宣传、黑板报、大字报等多样形式,打破工人、农民、工商界的各种思想顾虑,把物资交流大

---

① 上海市工商业联合会关于参加无锡市 1953 年第一次城乡物资交流大会上海市工商贸易团的名单,1953 年 5 月 25 日印发,上海市档案馆档案:C48 - 2 - 611 - 74。

② 上海市工商业联合会关于上海市工商贸易团参加无锡市城乡物资交流会的总结,1953 - 06 - 10,上海市档案馆档案:C48 - 2 - 611 - 75。

③ 中共上海市高桥区委员会.高桥区乡物资交流大会总结报告,1952 - 10 - 13,上海市档案馆档案:A71 - 2 - 188 - 22。除了华东地区和上海市级的城乡交流,上海郊区也组织了物资交流大会,首先在高桥展开典型试验,然后在其他 8 个区(真如、吴淞、洋泾、大场、江湾、杨思等)陆续开展 9 次交流会。1952 年 9 月 9 日高桥区进入筹备工作,18 日成立筹备委员,10 月 1 日大会开幕,3 日结束。高桥区是城市郊区性质的农村,土特产副产品数量并不多,半工半农多。本地粮食只能供本区吃四个月,大多依靠木匠、泥水匠在外做工维持生活,买卖方便。

会变成共同要求。⑤掌握议价、收购、贷款、税收等重要环节。价格上,议价高了农民吃亏,议价低了工商界无利可图。因此采取先背靠背、后面对面的议价,依据合作社和店员工人的资料,标准高于上海低于平时,一般净利 5%～8%,个别的手工业土特产适当提高。收购上,要求尽量做到收下农民货物,价格使农民不吃亏,除棉花、铜必须国家收购之外,大量组织私商收购。贷款上,掌握满足与控制相结合的原则,不贷给投机商做生意,对手工业的贷款及早满足,因手工业制成成品很慢。税收上,既要保证税收任务的完成,又要尽量做到手续简便,加强发票制,采取坐商三日一结算,行商一日一结算的方法,交流期间一般物价较低,年终所得税适当扣减。场地划分上,参加的工商户按行业编排娱乐场所、展览会,办公地点自行布置,采取层层包干,保证大会节约。

第二阶段是大会期间,做好内外七个方面的准备。①严密控制市场:货物标价,流动摊贩管理,分段专人专管;②收购:防止私商杀价,农民吃亏,农会干部参加收购工作;③委托工作:专人做好批发代销工作,加强本地商与外来商的联系;④宣传鼓动:应用广播进行政治宣传,商情报告;⑤农村继续发动和组织群众参加交流大会,随时收集反馈;⑥警卫工作:加强工人纠察队,维持会场秩序,加强侦察员的活动,防止扒手,特别注意失散小孩的收容;⑦加强会议汇报工作。各委员会每天下午召开会议一次,晚间各委员会向大会主席团汇报情况,共同研究,解决问题,改进工作。第三阶段是大会以后,做好四个方面的收尾工作:广泛收集反映、做好总结、肯定成绩、整理机构。

第二个特征是人员多、规模大,并且十分集中。1952 年外埠来上海市参加交流的人数比 1951 年的 2 740 人增加了六成,成交金额比 1951 年的 6 604 亿增加了 2.6 倍。1951 年成交的商品绝大部分为土产品,1952 年则变为土产品占64.12%,工业品占 35.88%,成交商品种类工业品为 70 余种,土产品则由百余种增为 594 种。1951 年协议多(上海与各地签订协议履行金额只占 16.6%),1952 年现货多,合同部分至 1952 年 9 月已履行了 70%。上海市赴外埠参加交流,1951 年观光性质居多,实际交流少,1952 年 6 至 9 月四个月内,参加了远近154 个地区,由高级市场深入边远如遵义、南宁,偏僻如亳县、奔牛等初级市场。交流人数多至 2 062 人(其中 9 月份即占一半),购销总值近 4 000 亿元。1950—1952 年,上海社会商品流转金额逐年增加,1950 年为 565 925 亿元,1951 年为

864 509亿元,增加了52%,1952年1至8月为519 299亿元,较上年同期增加7%,三年来上海城乡交流发展迅速①。高桥区乡物资交流大会参加的农民达33 092人,加上工人、学生、教员、工作人员近4万人,占全区总人口的57%。参加交流的工商户212户,大会工作人员(干部和群众)、市场管理委员会42人,业务交流委员会56人,宣传委员358人,警卫处41人,秘书处209人,共706人②。

上海代表团1953年参加无锡市城乡物资交流会,成交购销总值达428 494.71万元,占大会购销总值的10%,其中购入106 936.58万元,销出321 558.13万元。买进品种十分丰富:干面筋、茭白、梓油、男女青年袜、下脚花、粉丝、黑枣、新蜜枣、虾米等。国营购进2 787.5万元,私营工业23 731.44万元,私营商业80 417.64万元。销出以日用品为主,如各类灰布、士林、卡其、百货、化学原料、日光灯、灯泡、桐油、糖、文教用品、纸等。其中国营占35 514.15万元,公私合营占30 534.73万元,私营工业占165 336.3万元,私营商业占90 172.95万元③。高桥区乡物资交流大会三天的购销总额就有135 086.68万元,场内外销售金额119 224.7万元,收购金额11 401.6万元,委托代销金额4 460.38万元。销售情况以9月份为100%,这三天的营业额就达到19.16%,相等于9月份全月营业额的五分之一。如百货业三天营业额比平时超过5倍,个别的小户竟有比平时超过20至25倍的,竹器业的营业额比平时超过近20倍,银行贷款2.1亿元④。

第三个特征是与政治宣传工作紧密结合。例如上海市高桥区乡物资交流大会能够启发农民的政治认识,鼓舞其生产积极性。农民看到了拖拉机、新式农具,提高了生产信心。互助组购买打稻机和移苗器等,向农民展示了合作化的优势。妇女通过参观婚姻法展览会,意识到应该和封建思想做斗争。沪剧《刘胡兰》《好媳妇》则树立了学习榜样。提高合作社的威信,展示合作社的东西便宜规范,对比出私商的不老实。发动店员工人提供各种资料,防止老板投机取巧。提

---

① 上海市工商行政管理局关于上海三年来城乡物资交流工作总结、土产交流与工商管理的报告,1952年,上海市档案馆档案:B182-1-301-4。
② 中共上海市高桥区委员会.高桥区乡物资交流大会总结报告,1952-10-13,上海市档案馆档案:A71-2-188-22。
③ 上海市工商业联合会关于上海市工商贸易团参加无锡市城乡物资交流会的总结,1953-06-10,上海市档案馆档案:C48-2-611-75。
④ 中共上海市高桥区委员会.高桥区乡物资交流大会总结报告,1952-10-13,上海市档案馆档案:A71-2-188-22。

高干部思想认识,懂得搞好商业的政治意义,参加交流的干部,有的忙得每天只睡五六个钟头,有的脸上晒脱掉皮,没有叫苦①。

第四个特征是形式丰富并和文娱活动相结合。苏南常州专区城乡物资交流大会既有市场交易,又有文娱活动。不仅设有交易所、集场部、门售部、零批零售商场、收购处(附设 25 个收购站),还设立招待处、休息室、茶水站、医疗急救站,组织园游会。时间 6 天,参加代表 6 876 人,交易额达 8 503 895 万元②。高桥区乡物资交流大会推动了文娱体育的开展,农村业余剧团互相观摩,交流经验,提高了政治业务水平,看过了农村业余剧团的演出,看到各种体育活动以后,很多农村青年准备组织剧团和各种球队,因此为开展农村文娱体育活动提供了有力的推动。还有各种演员(沪剧、京剧演员)共 1 342 人,展品(漫画、挂图、照片、实物、模型)380 件,参观四种展览会的观众达 23 669 人次,各种戏剧观众30 093 人次③。

中华人民共和国成立初期的城乡交流对于城市经济产生了积极效应。①扭转了工商业歇多开少的局面。1950 年商业歇业户数为 7 887 家,开歇相抵,歇多于开 868 家,至 1951 年开业为 21 329 户,开多于歇 17 263 户。特别是一些中间环节的批发商,自转手、转口作用削弱后,便纷纷另谋新的发展,1951 年转业户数较 1950 年增加近五倍(3 378 户比 412 户)。其中与城乡交流有关的土产行业发展多于萎缩,如 13 个主要的土产行业 1950 年 6 月为 7 625 户,1951 年同期增至 10 026 户,1952 年增至 13 106 户,两年半来增加了七成,其中猪、竹两业增加1 至 1.8 倍,海北桂、糖、杂粮油饼、瓷器四业增加五至八成。②营业额递增。1951 年上海市私营经济营业额比 1950 年的 408 313 亿元增加了 48%。1952 年1 至 8 月,则为 519 299 亿元,较 1951 年同期增加了 70%,1952 年下半年公私商业营业额 7 月份超过 1951 年同期 15%,如永安、先施等五大公司 8 月份营业额比上年同期增加一成。31 个土产行业发展多于萎缩,1951 年较 1950 年增加了

① 中共上海市高桥区委员会.高桥区乡物资交流大会总结报告,1952－10－13,上海市档案馆档案:A71－2－188－22。
② 苏南常州专区城乡物资交流大会总结,1952－09－22,江苏省档案馆档案:3064－短－7。
③ 中共上海市高桥区委员会.高桥区乡物资交流大会总结报告,1952－10－13,上海市档案馆档案:A71－2－188－22。

49%,其中增加1至4倍的有草柴、蛋、鸡鸭、竹、国产颜料、烟业等九业。③运输量增加,水陆运输总吨位1952年上半年比1951年同期增加了26.85%,较1951年下半年增加了22.95%。第四是税收增加。1951年上海税收总额为86 893亿元,较1950年增加79.58%,1952年上半年为50 373亿元,较1951年同期增加了32%。

城乡交流对改变上海经济面貌作用显著,主要表现在以下三个方面。

(1) 部分解决了原料与销路问题。中华人民共和国成立初期的封锁轰炸与禁运,使得原来进口的原料一度发生困难,影响了若干行业的生产。自城乡交流大力开展后,发现赣、浙、湘数省所产的竹浆可以代替进口的木浆,川康所产的月石可以代替绷砂,重要的在于产地数百万依靠制造迷信纸为生的工人与家属有了新的出路,维持了上海市搪瓷、玻璃、热水瓶、医疗器械等112家工厂的生产与6 000多名工人的生活。1952年曾向西南购进硫磺700吨,改善了当地16万采矿工人的生活。此外又扩大了工业品的销路,1952年华东物资交流大会中,推销了工业品5 544亿元。从而使一度呈现萎缩的工业生产顿时活跃起来,特别是滞销品占了很大的比重,因而使停工(如剪刀业400余家工厂)或准备停工的(如手帕、瓶胆等业)企业得以立即恢复生产,内衣、织造、针织等业亦都承接了大批期货,顺利地渡过了淡季。上海代表团参加了1953年无锡城乡交流会后,为上海市部分商业解决了资源困难的问题,因而鼓舞了行业经营的积极性。如蔬菜业购进10 700担(1担=50千克)茭白,价值35 100万元,又如海北桂业购进黑枣7万斤(1斤=0.5千克),价值超过10 000.7万元。交流大会给上海部分工业品打开了出路,电工器材业的电池、电珠,文教用品业的普通钢笔、墨汁、蜡纸等,之前销路不畅,但通过这次大会获得适当的解决。电珠销出12万只,钢笔、白金笔销出了800打,部分滞销的药品也有了一定交易,解决了成品积压,活泼了资金周转。还替上海市部分工业解决了原料供应,如味精厂购进的302担干面筋,价值2亿元。也活跃了无锡资金的周转①。

(2) 刺激、指导了生产。1949年以来凡适合人民需要的工业品都告畅销,金笔产业增加了四倍,纸张增加了五倍(均超过历史产量),其他如运动器具、玩具、

---

① 上海市工商业联合会关于上海市工商贸易团参加无锡市城乡物资交流会的总结,1953-06-10,上海市档案馆档案:C48-2-611-75。

乐器、搪瓷、热水瓶、肥皂、橡胶及面粉等工业获得迅速发展,属于高级消费品的雪茄烟、呢帽等因社会风气转变,营业一蹶不振。通过交流上海市牙刷业接受了东北代表团的意见,以赛璐珞代替干骨头柄,订购了55万枝。上海市内衣工业产品规格不一、式样各异,颜色配方各守秘密,交流后尺码取得一致,并公开了技术。针织业交流后,规定了十种统一规格,从而促使自由、散漫的私营企业生产逐渐被纳入了计划的轨道,百货公司与内衣业签订了长期合同,其他如棉纺、麻纺、面粉、橡胶、金笔、火柴、卷烟等行业生产亦逐步走向计划化。

(3)城乡交流中,伴随着私营商业的改造和国营经济的不断壮大。首先,零售商与厂商径赴产地收购土特产与原料,引起了商业体系与交易制度的变化。商业的消长表现为运销业务的显著好转与批发商、原料商的部分萎缩,如上海市南货业进货改变了以往须经过中小城市的中间商二三十道转手,再如以往华北、东北采购宁波草席和江西瓷器要经过上海市,交流后产销见面,上海市转口桥梁作用遂告消失。其次,在政府的指导与工商界自我整肃的结合下,促进了封建陋规的改革,先后有20个行业46种陋规一扫而空。同时不断地发现商业新路线与新的经营种类,自销比重逐步上升,牙行日趋没落。最后,国有贸易积极带头参加了各次交流,三年来公私贸易比重发生了重大的变化,国有经济比重逐步上升。1949年下半年国营商业营业额仅占7.52%,1950年便激增至33.44%,1951年下半年又上升至38.18%,1952年上半年增至45.28%。

随着城乡交流的发展,城市人民的生活也有了显著的提高。生活水平的提高集中表现在劳动人民各个节日副食品消费量的增加。以猪肉为例,1950年中秋节生猪供应量是6 412头,1951年增加了32%。副食品每月平均销量,猪1951年比1950年增加17%,鱼增加58%,蛋增加1倍多,一般市民生活也获得了改善。由于城乡交流的发展,保证了上海市500万市民粮食与副食品的供应。食品价格稳步下降。如以1950年12月指数为基期,1951年中秋节副食品分类物价指数为92.24%,国庆节为85.77%,1952年春节为96.96%,端午节降为85.77%。许多小土产都进入了大公司和大商店的柜窗,如粗瓷代替了细瓷,茅台酒代替了洋酒,瓯柑、广柑代替了花旗桔,消费的品种增多了而且价廉。一般市民都能吃到苹果、葡萄等水果。

城乡交流不单纯是一个买卖问题,也不仅仅是起到"货畅其流、物尽其用"的作用,而是改造城市经济强有力的经济因素。上海的私营经济,管理上往往感到鞭长莫及,行业之间彼此壁垒森严,互不通气。各擅其所谓"业务秘密",因而"怕翻家底""尔虞我诈"的投机特别盛行,这样便形成浓厚的寄生性与剥削性,而不是为生产者与消费者服务。自土产交流、城乡交流开展后,就像一股激流不但冲倒旧经济的堤防,同时将上海经济引向新民主主义经济潮流,使它们迅速改变自己的面貌进入新流。1951年土产合理交流时上海市批发商叫喊"这下要完蛋了",因为产销见面、合理交流拆穿了过去的"西洋镜"。城乡交流会对于私营经济是引向国家计划范围的一种方式。除了统购包销的产品以外,轻工业品在淡旺季物资交流会中通过价格及合同的指导作用使其生产进一步正常化。使政府与国有经济摸清底细便于掌握,结合经济需要,鼓励其积极性,限止其盲目性,使私营经济在国有经济计划领导下发挥其从属的配合作用。城乡交流是开展公私、合私、公合、公公、私私间交流的一个大规模运动,对于私商是一堂新民主主义教育的大课,也是组织群众参加经济工作的运动,从而加强了党与群众的联系。

城乡物资交流在恢复经济秩序方面效果显著,但也存在以下一些问题。

(1)由于时间短促等因素,存在组织上的疏漏。上海市为了参加无锡市城乡交流会,匆促组织交流代表团,但由于时间紧迫,未能及时组成比较广泛的代表参加,当时报名的有六七十人,但集体赴锡时仅有27人。大会开幕后陆续报到,实际参加者108人。包括3个国营单位:中国百货公司上海公司、中国化学原料公司上海分公司、西南贸易公司上海土产推销处,3个公司合营单位:永星化工厂、明星化工厂、亚浦耳灯泡厂,2个合作社:武汉市合作总社驻沪工作组、江宁区革命家属生产工业社,以及26个私营单位。其中国营中百公司及武汉市合作总社驻沪工作组,未向上海团报到而参加了大会直属团。加上部分行业未按规定期限办好报名手续,影响了团的组织工作和计划汇总工作。代表性不够广泛,很多系个别厂商来参加。主要有34个单位108人,3个公私合营企业4人,2个合作社2人,3个国营单位4人,13个私营商业36人,13个私营工业企业62人①。

(2)存在合同未履行的情况。根据上海代表团参加华东区交流大会签订合

---

① 上海市工商业联合会关于上海市工商贸易团参加无锡市城乡物资交流会的总结,1953-06-10,上海市档案馆档案:C48-2-611-75。

同的情况统计,合同金额达 103 156 878 万元,合同份数 2 575 份,履行金额占总额的 71.93%。其中 1952 年 6—12 月到期金额为 88 751 606 万元,履行金额为 74 198 420 万元,履行 83.6%。国营公私合营合作社履行金额 45 818 288 万元,占到期合同金额的 83%,私营工业履行 16 883 071 万元,占到期合同金额的 95.62%,私营商业履行 11 497 061 万元,占到期合同的 72.35%。未履行原因,既有双方同意取消的,也有品质规格不符、生产或运输脱期、灾害减产、对方无货、产量估计不足、对方未提货、价格问题等[①]。部分未履行合同,是因为会期通知太匆促,使同业措手不及,不能及时参加。运输公司出具运费收据时间太长,要 7 到 10 天,不能与提货单同时寄出,使收款时间受到影响,同时也影响货物品质,如糖果日期过久,容易变质。上海糖果质量好坏相差太远(见表 2-5)[②]。

表 2-5 1952 年水果商业城乡交流合同履行情况

名称	成交量	成交金额	已履行			未履行			备注
			数量	金额	百分比	数量	金额	百分比	
白沙枇杷	60 000 斤	9 000 万元	50 068 斤	8 760 万元	83.45%	9 932 斤	1 796 万元	16.55%	产地落令卖方无法交齐
水蜜桃	100 000 斤	9 000 万元	35 220 斤	3 763 万元	35.22%	64 780 斤	7 150 万元	64.78%	产地落令卖方无法交齐
红蕉	12 000 斤	2 400 万元	12 000 斤	2 280 万元	100%				
梨	500 000 斤	3 亿元	117 820 斤	12 132 万元	23.56%	382 180 斤	17 868 万元	76.44%	产地落令卖方无法交齐
合计		50 400 万元		26 935 万元	53.44%		23 465 万元	46.56%	

注:1. 另有青蕉苹一份合同尚未到期。
　　2. 参加外埠交流大会成交的合同仅有华北的一份栗子合同正在履行中。
资料来源:水果商业城乡交流业务工作总结,1952-10-24,上海市档案馆档案:C48-2-448-37。

(3)高桥区是以集场为主要形式,把所有前来参加交流的工商户以及手工业品、流动摊贩都搬到一个广场上,集中按行业排列,形成临时市场,没有利用原

① 上海代表团参加华东区交流大会签订合同未履行原因情况分析表,1952-12-16,上海市档案馆档案:B182-1-301。
② 上海市工商业联合会关于各业参加城乡物资交流业务工作总结,1952 年 10 月,上海市档案馆档案:C48-2-445。

有市场,搬运动静大①。上海去外地交流人员,有的是乘机出去玩一玩,看不上小厂,不太关心成交与否。干部对城乡交流在新民主主义社会的地位理解不够,存在重生产轻商业或重交流不重生产的思想,以及重经济、忽视政治的倾向②。

第四,公私关系处理不够恰当。百货公司向来不做零售生意,合作社的营业额占总数的 23.07%,私商占 76.93%。宽严不当,对大饼油条的分量斤斤计较,合作社卖水果、糖果,挤掉了小摊贩,对复杂的百货、南货等行业,因业务不熟,重点掌握不够。合作社控制广播器,宣传合作社价钱便宜,私商价钱高,私商反映:"通过物资交流,看出我们的末路。"工商界有几种思想:一是不感兴趣,市场并不呆滞,怕三个月生意三天做完,不到季节农民没有钱买,因此不积极;二是依靠贷款想捞一把,生意要独做,不许外地工商户来;三是少数商人叫苦埋怨,有的是因为计划不周,生意比往常大了很多,货物积压下来,资金不能周转③。

---

① 中共上海市高桥区委员会.高桥区乡物资交流大会总结报告,1952-10-13,上海市档案馆档案:A71-2-188-22。

② 中共上海市郊区工作委员会关于召开物资交流情况报告,1952年,上海市档案馆档案:A71-2-188-33。

③ 中共上海市高桥区委员会.高桥区乡物资交流大会总结报告,1952-10-13,上海市档案馆档案:A71-2-188-22。

第三章

城乡之间的要素流动

中华人民共和国成立以后,随着国家工业化的推动、国营商业的建立和城乡管理体制的变革,上海与郊县及周边地区的工农产品流通、城乡劳动力的流动,以及城乡资金的流动,其方式和途径都发生了巨变。

一、工业品和农副产品的流通

随着土地改革和集体化的推进,政府逐步掌握了农村的产品、购销和价格,以保证城市的需要,同时将日用工业品和化肥农药、技术装备等生产资料销往农村。工业要通过农业提取大量积累,上海的农副产品主要来自江浙等周边地区,由于工农产业的技术构成和劳动复杂程度不同,工农产品存在着城乡差价。

(一) 农副产品的购销

中华人民共和国成立之初,经济形势十分严峻,投机倒把、通货膨胀此起彼伏,市场极为混乱。当时为稳定物价、稳住社会秩序,政府强力介入,采取了统一财政、物资调拨和资金管理的有力手段,快刀斩乱麻地解决了国民党政府时期的难题。在国民经济恢复期间,国家还没有建立高度统一的商业体系,因此农副产品和日用工业品仍以私商经营为主,大多属于自由市场的流通,购销价格由市场决定。

但是随着国民经济的逐步恢复,国家宏观控制的能力不断增强。一方面,政府建立了国有粮食经营和管理系统,逐步收紧对粮食的集中统一管理。另一方面,私营粮食企业仍属合法经营。国内市场存在五种经济成分的商业,即社会主义国营商业、半社会主义的合作社商业、民族资本主义商业、个体商业和国家资本主义商业,而私营商业购销是农产品流通的主渠道。此后,国家组建和发展国营商业、合作社商业,国合商业在农产品流通中的经营比重逐步上升。

然而,这种自由购销是以国家干预为基础的。例如,运用粮食储备控制市场,1950—1952年国家向市场抛售的粮食占市场交易量的30%～40%,此外,还运用粮食销售的批零差价和地区差价来维持市场的正常运转①。1949—1952年,国家实施"公私兼顾、劳资两利、城乡互助、内外交流"的经济政策,积极开展城乡物资交流,活跃市场流通。到1952年底,国营商业经营比重从14.1%上升至19.1%,合作社商业从10.3%上升至23.5%,国家资本主义及合作化商业从0.1%上升至0.2%,私营商业则从75.5%下降至52.7%②。

1953年10月16日,中共中央政治局扩大会议通过了《中共中央关于粮食统购统销的决议》。国家为了掌握农副产品,加快对私营工商业进行社会主义改造,对茶叶、烤烟、大麻等重要农产品及出口物资进行统一收购,规定只准国营专业公司或委托供销合作社收购。1954年9月4日,政务院发布《关于棉花计划收购的命令》,1955年对生猪实行派养派购政策。随着农业社会主义改造和粮食统购统销、棉花棉布计划收购,农业被纳入了计划管理的体制。1957年8月17日,国务院发布《关于国家计划收购(统购)和统一收购的农产品和其他物资不准进入自由市场的规定》,明确提出:凡属国家规定计划收购的农产品,如粮食、油料、棉花,一律不开放市场,全部由国家计划收购。国家计划收购任务完成以后,农民自己留用的部分,如果要出卖的时候,不准在市场上出售,必须卖给国家的收购商店。

到1958年,农副产品基本都由国营商业独家收购。1961年1月15日,中

---

① 徐柏园.半个世纪来我国农产品流通体制变迁[J].北京社会科学,2000(1):127-133.
② 纪良纲,刘东英.中国农村商品流通体制研究[M].北京:冶金工业出版社,2006:2.

共中央发布《关于目前农产品收购工作中的几个政策问题的规定》,明确提出三类物资的收购政策,一类物资(粮食、棉花、食油)实行统购统销,二类物资(其他重要农产品)实行合同派购政策,三类物资(统购派购以外的农副产品)实行议价政策。1962年底国务院公布了一个目录,共34类100种左右的产品[1]。

　　以上海为例,其工业生产和居民生活需要的大量农副产品,长期依靠全国各地支援,上海郊区生产的农副食品除农民自用以外,可调市的数量有限。中华人民共和国成立初期,苏北年产猪200万头左右,一半运销上海,占上海市场销量的60%～70%。1952年起上海国营公司承担猪肉出口任务,货源主要来自江苏,全年运销生猪增至178万头,1954年调往上海218万头,占上海调入量的73.7%,占江苏收购量的71.4%[2]。"一五"计划时期,市场物价比较稳定。粮食收获正常年份全市销售量150万吨左右,其中郊区调市量30万～40万吨,其余80%～90%由市外调入。同期,上海食油年销量为5万吨左右,而生产量仅为2万～3万吨,基本靠市外调入。猪肉年销量7万吨,郊区调市量2万吨,70%～80%靠各地支援。水果、干果、南北货等由供销社按国家计划调拨,一般品种直接到各地采购。1957年上海国营、合作社商业购进和调入的农副产品合计为18.51亿元,其中市外调入15.11亿元,分别比1952年增加58.9%和58.7%,年均增长7.6%。调入的农产品总值占同期收购调入合计的81.6%[3]。

　　1958—1960年,由于上海郊县范围扩大和农业生产的发展,粮、棉、油、猪、禽、蛋、菜、水产品等的产量和调市量比1957年都有不同程度的增加,但后几年受农村所有制过渡过快和自然灾害的影响,生产极不稳定。1965年上海农副产品收购调入总值18.42亿元,达到1957年的水平,其中郊区收购6.02亿元,比1957年增长77.1%,平均每年增长7.4%。调入总值12.40亿元,比1957年下降18%[4]。若干年份的具体数字见表3-1和表3-2。

---

① 纪良纲,刘东英.中国农村商品流通体制研究[M].北京:冶金工业出版社,2006:6-7.
② 江苏省地方志编纂委员会.江苏省志·商业志[M].南京:江苏人民出版社,1999:77-78.
　江苏养猪历史悠久,质量均佳,商品率高,生猪销往省外的传统流向主要为上海和浙江杭嘉湖一带。
③ 祝兆松.上海计划志[M].上海:上海社会科学院出版社,2001:228.
④ 祝兆松.上海计划志[M].上海:上海社会科学院出版社,2001:229.

表3-1　上海市国营和供销合作商业若干年份农副产品购调总值表　单位：亿元

年份	合计	郊区收购	市外调入	调入占比/%
1952	11.65	2.13	9.52	81.7
1957	18.51	3.40	15.11	81.6
1962	12.12	4.17	7.95	65.6
1965	18.42	6.02	12.40	67.3

资料来源：祝兆松.上海计划志[M].上海：上海社会科学院出版社,2001：229.

表3-2　上海市国营和供销社商业若干年份主要农副产品收购、调入量表

单位：万吨

年份	粮食		食用植物油		猪和猪肉		鲜蛋		水产品		鲜菜	
	调入	收购	调入	收购	调入	收购	调入	收购	调入	收购	调入	收购
1952					10.57	1.08	1.78	0.07	9.07	0.86	15.95	25.80
1957			5.34		9.23	2.37	4.93	0.38	12.45	3.42	11.75	64.70
1965	133.6	44.65	2.40	4.92	11.69	5.80	3.52	0.40	10.36	12.42	8.80	117.2

资料来源：祝兆松.上海计划志[M].上海：上海社会科学院出版社,2001：230.

实行农产品计划供应,将农产品流通直接纳入国民经济计划,甚至使用凭票供应,实质上否定了农产品的商品交换性质,无法进行自由交易。在计划经济阶段,国家重点向重工业投资,轻工业和消费品则发展不足,工厂增长、农业恢复带来的需求无法得到满足。政府用行政手段取代市场机制进行高度集中的资源配置,带有明显的强制性色彩。"大跃进"和"人民公社化"运动,使国民经济遭到严重困难,政府不得不进行经济调整。1961年起,政府逐步改进了商品购销方式,调整商业流通体制。但是1966年后又把个体经济、集市贸易当作资本主义来批判,取消集市贸易,限制商品流通,导致货源紧缺,流通渠道单一,商业网点减少,严重影响了农村市场的发展。

1. 跨区合作与协商

以下从跨区合作、供需紧张、蔬菜供应三方面对农副产品市场展开叙述。首先来看外地农副产品调入上海的分年数据(见表3-3)。

表 3-3　1957—1960 年农副土特产品从上海市外调入分大区、分省市总值表

单位：万元

分省市	一、二、三类合计				五大类农副土特产品			
	1957	1958	1959	1960	1957	1958	1959	1960
总　计	165 632	164 702	161 255	101 844	52 334	57 482	34 750	29 455
华东区	91 300	82 795	71 020	43 427	42 888	39 437	22 088	16 000
江　苏	40 867	35 127	12 161	8 573	21 268	16 217	4 701	3 281
浙　江	19 168	17 005	14 923	14 675	10 552	11 102	9 051	6 512
安　徽	8 359	14 302	11 888	4 529	5 777	7 474	2 748	1 349
福　建	1 937	2 176	3 256	3 410	1 209	1 378	2 139	1 793
山　东	13 332	8 764	18 760	4 790	2 170	1 635	1 297	1 476
江　西	7 637	5 421	10 032	7 450	1 912	1 631	2 152	1 589
华北区	12 864	12 634	10 550	5 203	1 261	2 624	2 190	1 257
东北区	2 507	3 068	3 830	2 762	929	1 894	1 478	961
中南区	31 045	42 198	52 850	28 621	4 528	11 188	5 657	6 895
西南区	17 457	14 987	18 251	15 553	2 077	1 580	2 885	3 818
西北区	6 262	7 920	2 729	2 885	445	472	441	524
西　藏				206	287	11		

注：① 农村土特产品的口径：主食品(粮油)、棉花、食糖、烤烟、副食品、水产品、土特产品、废品、药材。
② 五大类农副土特产品的口径：副食品类、水产类、土特产品类、废品类、药材类。
资料来源：上海市三类物资交流办公室编.1957—1960 年上海市工业品调出市外与农副产品市外调入资料(修正本)，第 4 页，1961-09-10，上海市档案馆档案：B123-4-881。

可见上海对外地的农副产品的需求较大，尤以华东为巨。由于采取行政方式调拨，在中间环节上也会产生矛盾。兹以 1961 年 11 月上海市禽类蛋品公司与浙江嘉兴专区调沪鲜蛋调拨价格的异议为例，做一详述。当时浙江省商业厅提出鸡蛋带包装统货每百斤由 110 元调整为 118 元，鸭蛋每百斤由 105 元调整为 115.5 元。上海方面认为浙江价格偏高，提出了以下意见。

(1)中央核定嘉兴调上海鲜蛋为销地交货，一切费用伤耗利润以核算至销地交货环节为基础，其中调拨费用项中央已做了适当调高，1960 年调拨费用占鲜蛋收购价的 14.06%，1961 年已占 16.47%，增加了 17.1%，浙江省厅提出的资料中费用项 1961 年比 1960 年要增加 42.8%以上，调拨利润与伤耗也做了调

高,偏高了一些。

(2)浙江省嘉兴专区调上海鲜蛋交货地点规定为上海车厢船面,实际上均在产地中转站仓库交接,而价格结算仍按中央规定上海交货调拨价格计算,从中转站到上海的运杂费用由上海禽类公司自理。为此,浙江提出的调整调拨价格的理由之一是:产地收购面扩大增加运输困难,包装物料不足,仓储和运输中的自然损耗和运杂费用有所增加,这与实际执行情况有所出入。

(3)关于鲜蛋调拨利润和伤耗率,1960年的物价会议曾有过规定,其中基层收购至县级市场全年2%,县级市场至中转点或直达销地本着就低不就高的原则协商确定。根据1961年第二季度嘉兴专区调上海鲜蛋验收实际资料伤耗率是1.75%(臭蛋0.79%,缺斤0.96%),由于贬值损失实际由销地担负,所以销地交货伤耗率要求8%是比较高的,上海认为中央规定的6%差不多,产地交货上海认为最高不得超过4%比较合理。

(4)对浙江嘉兴专区调沪的鲜蛋调拨价格问题,拟按实际执行情况尽可能争取合理。上海建议产地交货鲜蛋带包装每百斤成本鸡蛋为108.56元,鸭蛋为106.20元(按浙江省厅上报资料核算),为了便利起见,将中央下达调拨价格的交货地点改为产地仓库交货,调拨价格不变,仍按鸡蛋每百斤110元,鸭蛋每百斤105元结算,如果必须按销地交货核价,上海同意根据农副产品调拨作价原则,合理调整为鲜鸡蛋带包装销地交货每百斤113元,鲜鸭蛋带包装销地交货每百斤110.60元。

按产地交货核算鲜蛋调拨价格,鸡蛋每担85元,鸭蛋每担83元。基层代购费为6%(5.10元和4.98元),基层—县—站运费为3.60元,基层—县—站装卸搬运费为0.65元,基层—县—站利息为0.4%(0.39元和0.38元)。加上包装费、保管费,算下来鸡蛋每百斤为98.79元,鸭蛋每百斤为96.65元。另外加上2%的经营费用、3%的利润、4%的伤耗,调拨总成本为鸡蛋每百斤108.56元,鸭蛋每百斤106.20元。按销地核算主要多了中转地到上海的运费1.04元、装卸搬运费0.74元,加上2%的经营费用、3%的利润、6%的伤耗,调拨总成本就变为鸡蛋每百斤113元,鸭蛋110.60元[①]。由此可见,上海方面认为约定的销地交

---

① 上海市禽类蛋品公司关于浙江嘉兴专区调沪鲜蛋调拨价格意见的报告,报给上海市第二商业局,抄送中央商业部物价局,1961-11-18,上海市档案馆档案:B98-1-963-61。

货事实上是中转地交货,浙江在承担额外支出的情况下提价,超出了上海的承受范围。

在捕鱼方面,上海与毗邻的江浙也存在冲突。青浦与昆山、吴江、嘉兴、松江、嘉定均有大量交界的水面。1956 年渔业合作化以后,渔业生产从捕捞逐步走上养殖生产。1958 年初两个月,青浦县渔民与邻县渔民之间发生纠纷 10 余起,小的吵吵闹闹,大的破坏渔具、夺走鱼虾,甚至斗殴、绑人、夺抢①。

而外省水产品来沪投售则遇到了行政界线的影响。上海市曾规定,凡外省集体生产的水产品,无公社以上单位自产自销证的一律征收 10% 的行商税,如果是毗邻地区,短途运输凭生产大队一级证明可以免征行商税。吴江县人委认为,该县水产品来青浦投售为历史习惯,可作为短途运输处理。青浦方面的意见为:江苏的吴江、昆山、吴县等集体生产的水产品,来青浦向水产公司投售,可凭大队证明由收购单位报支 5% 的产品税,不征收 10% 的行商税。浙江的嘉善、嘉兴、吴兴三县集体生产的水产品,准备根据江苏情况办理。1964 年 5 月 16 日上海市水产局、税务局、工商局联合发《关于外省水产品运市郊销售征税问题复函》,同意将江苏的吴江、昆山、吴县,浙江的嘉善、嘉兴、吴兴等县,划为毗邻地区,售予国营商业部分的水产品,凭大队证明,属于自产自销的可免征临时商业税②。

同样上海需求也受到外地自身情况或利益约束。上海不少原料来自江浙。1957 年 9 月,上海请江苏、浙江在 1958 年度调拨基建所需 7 亿块砖、2 300 万片瓦,其中江苏 4 亿块砖、1 500 万片瓦,浙江嘉善专区 3 亿块砖、800 万片瓦③。1956 年 11 月 12 日上海市农业局发函给上海市人民委员会,其下属的牛奶公司牧场开工,由于台风影响建工局无法供应青砖,因此派人到宜兴、苏州、嘉兴、嘉善等地购买。当时向农业合作社订购八五青砖 23 万块,并已订立合同,交付预付款项。但是嘉善县砖瓦专业公司称:"11 月 2 日接到通知,青砖禁止出口,需

① 中共青浦县委关于解决发展水产事业中交界处水面利用问题的请示,1958-02-28,上海市档案馆档案:B45-2-284-93。
② 青浦关于外省水产品来青投售的征税问题与吴江县协商情况汇报及今后意见报告,报给上海市税务局、水产局、工商局,1964-04-15,上海市档案馆档案:B125-2-430-1。
③ 上海市人民委员会关于请江苏省、浙江省为上海市 1958 年度基建工程生产砖 7 亿块、瓦 2 300 万片的函,1957-09-23,上海市档案馆档案:A54-2-83-113。

市人委证明才准运输出口",发函请上海市人委出具证明。11月23日上海市人委办公厅发函给农业局和建筑工程局,请该两局会同研究,并请建筑工程局与浙江省人委进行协商,对于上海各单位在浙江自行采购的砖瓦,在既定合约的情况下,是否可以放行①。

　　江苏武进手工业生产合作社供销部与上海市建筑材料公司办理代购八五砖,将近一年。但在订立1957年下半年度合约2 600万块八五砖时,上海公司的王同志"不正视"实际情况,致使合约无法签订。①武进方面有统一对外代购代销的铅印甲、乙、丙三方合约,然而王同志要用上海统一合约。武进方面提出根据双方合约修订另一种合约,以解决矛盾。②地点:王同志提出大船可航河道为交货地点,武进方面认为只要在木帆船可运之处,不能拒绝验收(实质为运输成本问题)。③交货时间:王同志提出需分上、中、下三旬订出具体数字交货,否则作为违约论处。武进方面不能同意,如分月订数,尚可控制。④规格质量:武进八五砖优点是坚固耐压,缺点是某些部分略低于江苏省统一标准,原先验收并无问题。但王同志不承认以往实际情况,表示没有研究之必要。武进手工业生产合作社与上海的合约没有订立,但与各农业社已签订合约,并付款要求很急。该社要上海方面在23日前答复,25日前订立合约。如不同意或不再需要,将另行考虑在上海各地销售②。

　　鉴于这种难以避免的利益矛盾,苏浙沪地方政府之间进行了协调。1961年,上海市第一、第二商业局、水产局与浙江省商业厅、水产厅,就协作关系进行商谈,达成了《关于进一步活跃上海市与浙江省城乡之间三类物资交流的协议(草案)》③。

　　一、总则
　　协议条款适用于三类农副土特产品和三类工业品的相互交流(双方省、

---

① 上海市人民委员会办公厅关于上海牛奶公司第七牧场在嘉善、嘉兴已购青砖23万准予装运出口的函,1956-11-23,上海市档案馆档案:A54-2-10-53。

② 江苏省武进县手工业生产合作社联合社关于下半年代购合约中上海市建筑材料公司对条文的片面争执提请正视并请有关部门协助解决,1957-07-19,上海市档案馆档案:A54-2-83-110。

③ 关于进一步活跃上海市与浙江省城乡之间三类物资交流的协议(草案),1961-07-10,上海市档案馆档案:B98-4-1466-1。

市规定的计划管理商品在外)。浙江支援上海的三类农副土特产品包括：副食品、水产品、土产品、手工业品和手工艺品等,上海支援的三类工业品包括百货、针织、文化、五金交电(包括农业用特种原材料的小工具、零件、配件等)、科学用品、劳防用品等。

先在双方省市一级和宁波、嘉兴两专区试行。试行时间暂定为1961年3季度。

二、农副土特产品进城方面

1. 协作范围

三类农副土特产品,凡是上海有需要,浙江生产有可能的,积极组织生产,支持供应,并在规格质量上尽量适合上海市的需要。

恢复加工协作关系。在不影响国家既定计划,生产上又有可能的前提下,浙江省及有关地区负责联系生产单位,承接上海市的各种来料加工业务(产业的城乡、中心-外围对接)。

2. 交流方法

(1) 对于生产比较稳定、产区比较集中、产量大、需要面广的商品,由专区商业部门与上海市商定季节指标,分配产区县商业部门执行。

(2) 对于上市比较集中、季节性强的商品,少数鲜活商品如部分小水果、小水产,可以定产区、定数量或定比例,分别由产区商业部门调拨供应,也可双方组织联购,或委托集市贸易服务部收购或代购。

(3) 对于生产潜力较大或产量很不稳定的产品,可以采取定产区,分别定幅度或定比例的办法。

(4) 对于产区分散、产量零星的产品,或大宗产品的分散产区,经过专区一级商业部门介绍以后,直接向基层商业部门采购。

(5) 为了维持和恢复原有产销协作关系,对于商业部门不经营的零星产品,在不影响当地生产安排的情况下,经专区一级商业部门介绍,直接向生产者挂钩采购。

(6) 对泥螺、田螺、苜菜、螺蛳、园蛤、梅蛤、海蟹、青蟹、牡蛎、蚶子、黄鳝、甲鱼12种小水产品,毗邻地区的生产者,历史上有直接运销上海习惯的,为了减少环节,保证商品质量,可以允许生产者继续向上海运销。

3. 合同的签订及执行(地方政府的协作与竞争)

省及专区主要是协商计划,签订协议,分配指标,购销合同一般由产区县与上海市有关商业部门签订。签订以后,严肃信守,积极组织执行。有些商品如果收购超额,经双方协商同意,继续供应,如果供应地区因生产减少或其他客观原因,不能完成合同,经双方协商,调整供应地区或调整计划指标,其中产区有消费习惯的产品,遭受严重减产时,原则上先安排产区销售,再协商外调。

4. 价格

销区的产地市场参与收购或直接与生产单位挂钩采购时,均应服从当时市场管理机构的管理与指导,严格按照规定的价格或议价标准进行收购,不得随意抬级抬价、压级压价。

对于调拨价格,凡是按照国家牌价收购的,按规定的调拨作价办法办理,随行就市收购的,按收购价加必要的经营管理费用和合理的利润。

三、工业品下乡方面

1. 协作范围

三类工业品,凡是适合农村销售的,根据可能,上海市积极组织供应浙江省的需要,对于浙江省还不能生产的或生产数量不足的,优先照顾,花色品种力争多样。为了更好地安排人民生活,对于二类商品,根据双方需要与可能按季商定一个金额限度,在此范围内,以同类商品,同等数量进行品种调剂。

按照生产资料与生活资料并重的精神,上海市对于浙江省需要的三类工农业生产资料如零件配件、工具、简易农副产品加工机械、劳防用品等,根据可能,尽量给予照顾,上海市商业部门供应有困难的,尽可能协助浙江省组织带料加工。

恢复加工协作关系,在不影响国家既定计划,生产上又有可能的前提下,上海市指定一个机构,负责联系生产单位,承接浙江省的各种来料加工业务。

2. 交流方法

本着工业品多下乡、农副产品多进城的精神,且有利于双方市场的安排,双方商定三类农副产品与三类工业品对流在金额上的比例为1∶2.5至

1∶3，即浙江省供应上海市三类点名农副土特产品1万元，上海市供应浙江省三类工业品2.5万至3万元。双方交流的三类工业品，原则上按相等金额交流。以上均按季结算一次，如有差额，双方进行协商，研究处理办法。一方如有超交，另一方也应增加供应，至于专区供应上海市的专区自行处理的三类商品的对流比例，可参照上述比例，由专区与上海市另行协商拟定。

在上述比例范围内，按季进行品种衔接，并按以下办法供应。

（1）按双方商定的供应数量，由上海市分配各有关单位调拨供应。

（2）专区的县以上商业企业向上海市有关中央站设立的专业批发商店选购商品，中央站不经营而市公司有可能供应的，由上述批发商店协助解决。

（3）允许专区的县以上商业企业向城隍庙选购一定金额的三类工业品。

（4）对于上海商业部门不经营和不收购或非全部收购的手工业品，在不影响上海市生产安排和市场供应的前提下，经过介绍，允许专区的县以上商业部门以规定的价格，向生产单位直接采购。

（5）浙江省所需要的边角废料，上海市历史上有供应关系的，经过摸底排队，根据可能，由上海市废品公司组织供应。

四、附则

（1）本协议为上海市与浙江省的协议，宁波、嘉兴两专区还应根据本协议精神，商订具体协议或实施办法，分别报有关上级单位备案。

（2）本协议在试行过程中，如双方管理体制发生变化，可以随时协商修订或充实协议条款。并及时总结经验，创造条件，全面推广。

此协议和当时许多的经济规章、通知、办法等政策类指令相似，通过叠床架屋的行政关系来协调经济关系，获得各方同意或认可要经过许多部门，甚至需要盖很多公章，因此它与普通市场的契约不一样，需要在特定的环境中考察。与此同时留下的还有当时的座谈纪要，可资参考①。

---

① 关于讨论建立地区间三类农副土特产品与工业品固定协作关系的座谈纪要，1961－06－28，上海市档案馆档案：B98－4－1466－9。

1961年6月28日,上海市财贸办公室的部分代表和嘉兴专署财贸部门有关同志,在浙江湖州就建立三类物资固定协作关系问题进行了协商。

双方对于建立三类农副土特产品与工业品固定协作关系表示了迫切的愿望,认为建立这种关系,对于进一步促进两地工农业生产发展,安排城乡人民生活,改进城乡关系,都有重大的作用和意义。

一、关于农副土特产品的协作方式问题

嘉兴代表同意根据两地的传统关系,积极提供给上海市各种农副土特产品。

(一)三类产品在安排当地市场供应之外,根据需要和可能,商定地点和数量(或比例),通过订立购销合同的形式,分别以下列方式进行采购调拨。

(1)按合同指标,由专区一级分配到县,由县或公社供销部门组织采购就地调拨,或直接运销上海指定的经营单位。

(2)由上海委托产地商业部门代购代运。

(3)由上海派员在指定地区直接参与农村集市收购。

(4)双方参加联购,按商定的比例或数量分配货源。

此外上海方面提出:

(1)对有些产品划定一个或几个产区,其上市产品除安排当地市场外,其余均供应上海需要,不受合同数量的限制。嘉兴方面表示,目前还不适宜采取这个办法。

(2)对某些产量零星,产区又较分散的产品,经专区同意介绍到县,委托产地基层供销部门收购(或代购)。嘉兴方面意见,此类产品一般不可能外调,即使有多余可以外调,也须通过计划方式进行采购。

(3)主要城镇工业、手工业生产的工艺品、特产,在商定计划范围内,由上海直接与生产单位挂钩订约采购。嘉兴方面意见,此类产品统一通过二级站收购调拨(涉及地区对农产品的控制权和利益,可能还涉及嘉兴对浙江、对中央任务的完成)。

(二)中央制定的三类商品中,属于浙江省规定管理的二类和三类点名产品,嘉兴地区应按照省下达的计划指标,积极采取措施,完成调拨任务。

　　在完成调拨计划后,对超额收购的分成部分,根据优先照顾上海的精神,由双方协商并报经供方上级同意后,适当增加调拨数量。

　　(三)农副产品的购销合同,按年度商定计划指标,分季衔接平衡,年终进行结算。执行过程中,收购如有超额,经双方协商同意后,可以继续供货;如由于生产或上市量减少,完成合同数确有困难,或因市场价格过高,购销价格发生倒挂,也可以经双方协商,调整计划指标。

　　供销合同根据不同商品统一由上海各专业公司分别与专区、县或基层商业部门,按照商定(或分配)的计划指标,具体签订。

　　(四)为了有利于平衡地区价格水平,稳定市场,销方在产地自行收购或参加联购,均应服从产地市场管理机构的管理与指导,按照规定的价格或议价标准进行收购,不得任意抬高或压低价格。

　　(五)上海方面同意在可能条件下,对供货地区或生产单位,在生产工具和生产技术方面,给予必要的支援。如排灌机具的零配件、运输工具零配件、渔业生产工具配件、山林生产工具、防护用品等,产区提出要货计划,销方根据可能协助解决。

　　二、关于工业品协作方式问题

　　上海代表表示,根据嘉兴地区需要,结合上海生产可能,积极提供适销嘉兴地区的三类工业品。

　　(一)双方根据目前条件,在上海方面对省分配的三类工业品,以及嘉兴专区执行省下达的三类农副产品计划数之外,商定农副土特产品与工业品相互对流的金额比例(具体比例另订)按照分大类金额和主要品种(有些品种可以具体分规格)签订年度合同,分季平衡衔接。上海方面或设立专业商店,按合同对嘉兴地区调拨或由专区自行选购,也可以由专区将计划分配到县,由县直接与上海签订品种合约,按品种调拨或直接到上海选购。

　　对于嘉兴专区要求支援某些二类和二类半商品,上海方面同意根据可能适当予以照顾,对中央实行差额调拨的商品,嘉兴专区要求选择若干品种与上海按同类商品、同等数量,进行品种调换,上海方面同意考虑这个问题。

　　(二)嘉兴专区各县历来与上海某些厂、坊有直接购销和加工复制关系的,嘉兴方面要求恢复这种业务关系。上海方面同意在可能条件下,协助各县逐渐恢复旧关系。如并厂或原厂转业而各县又是急需的,也可尽力协助安排其他厂、坊建立新关系。但具体业务关系,须通过市贸易信托公司办理。

(三)上海某些工厂曾经供应嘉兴地区各县一部分下脚及边角废料等,嘉兴地区要求恢复这种供应关系。上海方面认为,原有供应关系有很大变化,须经过调查摸底弄清情况后,在现有条件许可下,再行安排供应。

上海市代表　　焦瀛洲

嘉兴专区代表　梁彬如

1961 年 6 月 28 日于湖州

2. 供应紧张问题

由于上海需求量大,毗邻地区的供应往往不能满足。1956 年 3 月中华供销社上海办事处反映,农业合作化迅速开展后,野生药材的货源出现困难。主要因农民忙于办社、积肥、生产,无暇挖掘。同时价格太低,江苏农民一个劳动日最高收入 2.6 元,最低 0.8 元,致使对当地野生药材采集不感兴趣[1]。

1955 年 9 月 28、29 日,乘商务部姚依林副部长在沪期间召开江浙五办主任会议,讨论了旺季市场安排、副食品供应,以及对私营商业进行社会主义改造规划三个问题[2]。兹摘录前两个问题。

一、旺季市场安排

江浙农业生产丰收,江苏粮食产量 260 亿斤,比上年 230 亿斤增加 12%,棉花 430 万担,比上年 237 万担增加 87%。浙江 152 亿斤,比上年 141 亿斤增加 8%,棉花 60 万担,比上年 45 万担增加 30%。据估计江苏购买力增加 40% 左右,浙江 8%。

江苏 9 月 30 日前后,每日收购棉花七八万担,轧花车不够,堆放场地不

---

[1] 中华供销社上海办事处. 农业合作化后我处业务的新情况,1956-03-05,上海档案馆档案:B100-1-38。

[2] 宋季文. 关于江苏、浙江上海市人委第五办公室主任会议的情况报告,1955 年 10 月,上海市档案馆档案:B6-2-5-1。

够,麻包不够,籽棉大量积压,曾发生火烧事故大小 300 余起。为此江苏用按棉价预付 15% 定金的办法,鼓励农民自轧皮棉。10 月中旬以来,每日收购量降低 4 万担左右。至 10 月底苏南棉花卖出数量达总产量 50%,苏北 35%。浙江经济作物上市量与上年同期相比,棉花增加 4.4 倍,麻增加 3.3 倍,烟叶增加 2.2 倍。市场供应方面:江苏 10 月上、中两旬,百货销出 3 070 万元,完成月度计划的 79%,产棉区均超过月度计划。农民购买力增加,大量购买夏布、帐纱、草帽、凉席等。棉布、呢绒、灯芯绒、卫生衫、糖及缝衣针等,江浙两省均发生不同程度的脱销。江苏省双轮铧犁 9 000 部卖出,杀虫药六六六、小农具等亦供不应求。此外,苏浙水网和产稻地区船只、水车、风车与农业生产关系非常密切,需要相当数量的杉木、桐油、麻皮,货源缺乏,困难很大。

为了解决江浙困难,遵照上海局指示,除由上海中央站库存量抽调外,适当压缩上海市的货源,同时得到姚依林副部长的支持,适当减少对华北、西北的调拨,以支持江浙两省农村的供应。此次江浙提出向上海要货 94 种,除棉毛织品中的骆驼绒、毛巾被、枕巾、绒童毯,日用百货中的全胶鞋、布胶鞋,文教用品中的墨水、复写纸,布匹中的 16 磅粗布和妃色府绸等 20 种商品未能满足需要外,其余布匹中大路货 42 种,毛巾被、被单、袜子,棉毛衫裤、手套、竹壳水瓶、雪花膏、电池、白糖等 32 种当令热销货,均全部满足要求。

修建船只、水车的杉木,已决定将上海 14 寸以下适合农民需要的 23 000 立方米全部调给江苏,桐油系外销物资,姚副部长同意将此问题带回与外贸部门研究解决。

由于收购数量集中,农村市场货币大量增加,如江苏省市场正常货币流通量是 2.1 亿元左右,现在统计达 3 亿。估计 11 月中旬可能达到 3.8 亿元。9 月下旬银行各收付项目结算以后,净付出现金 7 000 万元,超过江苏 1949 年来的最高纪录。因此稳定市场,加强供应工作争取货币回笼是目前极为重要的问题。我们决定将农民可要可不要的,又是上海中央站库存较多的商品,如玻璃器皿、钢精器皿、各种香皂、胶木用品、各种家用常备药、直接染料等,分别开列清单,交江浙两省带回研究,调往农村。这样既可使农村货币及时回笼,又可推销商品,使商业工作能够更好地为城市工业生产服务。

二、副食品供应问题

各地副食品供应都很紧张,其中猪肉更为突出。每日供应量,上海为2 000头(2月财经会议规定平均每日3 500头),南京300头,杭州40头,上半年供应量虽少,但由于咸肉、牛肉等货源较多,尚可弥补一部分不足,3季度以来咸肉已经脱销,其他荤食品到货亦减少,猪肉供应压力增加。居民半夜排队买肉,已成普遍现象。此外,冻肉出口修订计划为70 268吨,至三季度末,完成38 000吨,占年计划的55%,年底估计只能完成6万吨左右。产生紧张的原因,主要是过去农村饲料缺乏,猪源减少,最近又由于三定到户,大多数地区是见猪留粮,农民买不到小猪,即不愿出卖肥猪,加上农村丰收,农民自宰自食增加,影响肥猪上市。此外,其他荤食品鸡鸭蛋,上海销售量仅及上年的十分之一左右,牛肉存量不够三天供应,市场供应全靠外地当日到货,缺乏调剂力量。杭州、南京、无锡、苏州等地情况亦都相仿。蔬菜,秋季供应充沛,9月以来,由于久旱不雨,供应减少,又因灌溉成本增加,大白菜、青菜、萝卜等价格,各地比上年同期均上涨五成至一倍左右。

甚至将解决副食品供应问题,视为商业部门当前一项重大的政治任务!

(1) 通过对农民派养派购掌握货源。

(2) 加强外销供应。

(3) 沪宁杭都已实行猪肉的组织供应。

(4) 加强牛羊鸡鸭蛋的收购工作及渔业生产,特别在大城市的郊区增加蔬菜生产。

社会主义改造以后,严格的计划管理、人口流动限制,使得历史上的长途贩运不再兴盛,上海市场更多地依赖江浙。而苏浙沪的市场调剂,还需得到中央的同意和行政部门的协助。

1956年8月上海又请江苏、浙江两省协助解决上海市场供应紧张问题①。

---

① 关于请江苏、浙江两省协助解决上海市场供应紧张和脱销商品的报告,1956-08-29,上海市档案馆档案:B100-1-38。

从 1956 年上半年起特别是第 3 季度中,部分商品的供应出现了紧张和脱销的情况,并且日趋严重。如江苏的稻草、蒲包、芦菲、陶器、夏布等,浙江的毛竹、木柴、卫生纸、草席、稻草、油纸等。毛竹,4 月份起到货开始不够分配,发展到建筑工地不能及时施工,影响基本建设进度。部分手工业生产社停工待料,从而使市民所需竹器供应不足,竹器手工业工人的生活也受到一定影响。工厂所需毛竹做的材料、用具、包装和郊区农民搭棚、建立拖拉机站所需毛竹也不能得到满足,影响到工农业生产。台风袭击后,供应更为紧张,现尚有部分民房待料修理。上海市民必不可少的温州卫生纸,3 月份曾脱销半个月,5、6 月间再度脱销 42 天。在脱销期间,不得已抽派大批干部到天津、西安、四川等地采购各种品质很差的土报纸、表芯纸、机制山芋纸等代替供应,引起广大市民不满,人民代表、政协委员都有反映。草席,6 月份即有部分品种规格脱销,为了缓和市场供应,不得已在出口商品中借用了 5 万余条,但尚未能归还,影响出口任务。稻草,5 月份货源即感不足,8 月份更为严重,抢修民房所需稻草不能及时供应,草绳生产社也停工待料。木柴、木炭,库存仅够 1 个月的供应,8 月份进货计划仅完成 7%。

以上脱销和紧张的情况,9 月份以后有增无减。毛竹需要量尚缺 20%,木炭 20.4%,稻草 92.5%,卫生纸 44.5%,草席 83.5%。很多合同产地不能执行,增加了困难。

货源困难原因:①各方面需求的增长非常迅速,生产远跟不上。②对市场需求的发展,缺乏预见性,没有在生产季节以前和产地研究安排生产。有的订了合同缺乏检查,等到市场紧张,一方面生产已成定局,另一方面产地正值农忙,无暇顾及。③农业合作化高潮中,部分地区曾一度只重视粮食和主要经济作物的生产,有意无意地把副业生产放松了。例如,浙江宁波、台州等地种植席草,被认为是"走资本主义道路",甚至动员农民减产。宁波席草 1954 年种植面积为 35 000 亩,1955 年减到 13 000 亩。④部分商品供应面扩大,货源分配过于分散。如温州卫生纸过去一向主销上海,之后由于生产救灾,曾向各地试销,这样就扩大了供应面,销到北京、天津、江苏等地,减少了供应上海的数量。⑤少数产地对中央关于农副产品农村支持城市的方针贯彻得不够,当本地需要时就强调自身需要,不肯外调。

对此,上海提出以下意见。

（1）对副业生产进行全面安排,适当地扩大耕种面积,根据季节及时调配劳动力帮助解决副业生产中的困难,以促使各种副业生产的恢复和发展。

（2）产地应认真贯彻中央关于农副产品农村支持城市的方针,及时予以调拨,并按照历史上商品流转规律,避免过于分散,甚至相向倒流。

（3）体积大、搬运不便的商品,应建立一些必要的运输规定,便利商品流转。浙江温州海运管理局将卫生纸改为陆运,不但大大增加了运费,而且时间很长,不能及时接济上海市场的需要。针对宜兴陶器,江苏内河局规定只在上海停船1天,但陶器搬运不便,上海码头工人又少,往往遭到罚款,增加成本。这些问题,均需研究解决。

（4）绝大部分的小土产是分散的,适宜于分散经营,如果集中起来,不但经营不方便,而且会降低品质,减少品种,影响农民副业收入。如1956年枇杷品质很差,南浔蟠桃市上绝迹。因此,应允许合营商下乡采购,并提供一些便利,来满足市场对品种多样性的要求,补充社会主义商业经营上的不足。

当时温州卫生纸全年销量65万条左右,占温州产量84万条的83.7%,占上海卫生纸总销量的80%以上。由于生产增长赶不上需求的增长,加之某段时期部分地区忽视了副业生产,某些城乡原有产销协作关系被人为割裂,上海市场供应仍有紧张趋势。猪肉库存只有两天销量,有些居民在深夜两三点钟就到菜场排队挤购。鱼鲜每日上市量仅2 200担左右,只有上年同期供应量的半数。毛鸡长期供应不足,鲜蛋8月份供应量只有7月份的七成。卫生纸毛竹脱销。薄荷油、金丝草帽、十字花台布、檀香扇等土特产品,因农村副业劳动力未能妥善安排,影响出口①。鉴于此,上海提出了以下要求。

（1）增加上海不足商品的供应量并要求及时均衡地组织调运。

（2）恢复原有产销关系,并协助和支持上海地区的下乡采购工作。许多农副产品,由于品种繁多,生产分散,不可能全部由国合部门有计划地加以统一购运,有些商品必须利用原有商业人员的经验和产销关系,组织采运。目前部分产销仍以老规章管理市场,对合营商下乡采购,强调手续,甚至不让他们下乡采购。

---

① 关于请江苏、浙江两省协助解决上海市场供应紧张和脱销商品的报告,1956-08-29,上海市档案馆档案:B100-1-38。

（3）订立长期供销合同，加强产销的计划性。

（4）力争价格稳定。一些产品价格偏低，适当提高是合理的。有一些是由于流转环节增加，层层加价，如江阴的装沙蒲包，过去是上海土产经营处直接向当地订购，每只 0.17 元，现在要由县社调到苏州批发站，再调到省社驻上海批发站，再交给土产经营处，价格上涨了 20% 以上。水产品过去产销直接见面，现在改由水产公司调拨。上海和产地水产公司都加上了利润和费用，以致 1956 年 1—5 月河鱼的批发价格上涨 8.08%。对此提出：提高收购价格以后，适当压缩商业利润和改善流转环节，不应提高销售价格。如温州卫生纸（甲级）产地收购价每条 4.05 元，生产利润很少，产地调拨价 5.38 元，上海批发价 6.9 元，进销差价达 70%（见表 3-4～表 3-6）。

表 3-4　浙江、江苏主要农产品 1956 年上半年供应情况表

	产　区	单位	1956 年上半年供应量	1955 年同期供应量	增或减/%
毛竹	浙江临安专区	根	2 750 000	313 568	777
木柴	金华、温州专区	担	466 950	455 917	2.42
木炭	嘉兴、湖州专区	担	566 740	602 296	−5.91
稻草	江苏松江专区	担	1 220 000		
蒲包	江苏宝应等县	只	4 000 000		
夏布	江苏震泽县	匹	15 632		
草席	宁波、台州、温州、苏州专区	条	754 159	454 057	66.09
芦菲	宝应、盐城	张	900 000		
油纸	杭州	张	900 000	30 090	2 891.00
卫生纸	温州、金华专区	条	265 946	253 877	4.75
其中:温州卫生纸		条	168 055	140 895	19.28
陶器	江苏宜兴				
大缸		个	27 272		
坛		个	83 282	268 730	210 827
钵					
罐					

资料来源：关于请江苏、浙江两省协助解决上海市场供应紧张和脱销商品的报告，1956-08-29，上海市档案馆档案：B100-1-38。

表 3-5　浙江、江苏农副产品 1956 年下半年及 1957 年供应计划表

品名	产区	单位	1955 年供应量实绩	1956 年			1957 年计划需要量	备注
				上半年供应量	下半年供应量	9—12 月货源缺少量		
毛竹	浙江	支	420	2 750 000	2 600 000	5 317 500	7 200 000	合同 170 万支,估计有把握的货源有 100 万支
厘竹	浙江	件	300 000	280 000	105 000		600 000	合同 10 万件,但须在 11、12 月交货,目前已脱销
什竹	浙江	件	120 000	100 000	100 000		240 000	合同 10 万件,9、10 月交 2 万件,11、12 月交 8 万件
笆条	浙江	捆	100 000	35 000	100 000		200 000	合同 10 万捆,9、10 月交 2 万捆
芦菲	江苏	张		900 000	2 200 000	1 030 000	4 000 000	合同 100 万张,估计货源不能满足
油纸	浙江	张		900 000	1 150 000		2 800 000	加工原料供应有问题
木柴	浙江	担	3 266 100	1 640 000	1 600 000		3 500 000	要浙江保证合同执行
木炭	浙江	担	1 040 000	563 700	666 300		1 500 000	要求浙江保证执行
蒲包	江苏	只	7 000 000	4 000 000	5 500 000		10 000 000	要江苏保证合同执行
草片	浙江	张		564 706	1 100 000		1 800 000	供销计划衔接,目前农忙,不能满足,要求恢复生产保证供应
竹片	江浙	片		2 481 296	3 000 000	1 500 000	6 000 000	10—12 月合同尚未衔接,要求两省满足尚缺数量
竹笠	浙江	筒		7 257	9 000		18 000	供销计划衔接,目前农忙不能满足,要求恢复生产保证供应

（续表）

品名	产区	单位	1955 年供应量实绩	1956 年			1957 年计划需要量	备注
				上半年供应量	下半年供应量	9—12 月货源缺少量		
淘米箩	浙江	个		20 010	30 000		60 000	供销计划衔接,目前农忙不能满足,要求恢复生产保证供应
竹扫帚	江浙	把		128 782	600 000	200 000	1 200 000	要浙江支持
串绳	江苏	担		2 838	6 000		15 000	要江苏保证执行合同
黄蜡(蜂蜡)	江浙	担		26	1 200	800	24 000	要江苏、浙江支持
蜂蜜	江浙	担				2 100	24 000	要江苏、浙江支持
稻草	江浙	担	2 630 000	1 220 000	1 340 000	1 200 000	2 500 000	要江苏、浙江安排运输大力支持货源
棕线	浙江	担		1 500		1 200	6 000	要求浙江支持
草袋	江苏	只		210 281	560 000		1 000 000	要江苏保证合同执行
紫花笋	浙江	件					20 000	
卫生纸	浙江	条	368 068	284 389	377 944	168 314	720 000	
其中:温州纸		条	288 310	168 055	278 021		550 000	合同数 70 000 条
杂牌纸		条	79 758	116 334	99 923		170 000	合同数 25 000 条
坑边纸		块	46 256	75 200	95 325	17 932	240 000	合同货源 55 000 块
元书纸		件	2 947	1 746	1 331	142	6 000	合同货源 800 件
桑皮纸		件		1 519	1 370	595	4 800	400 件
洋纸		张	827 800	1 992 510	1 993 000	1 503 000	3 600 000	
草席	浙江	条	286 840	599 693	262 974	228 646	1 200 000	
其中:宁席			144 210	392 560	130 761			合同数 76 000 条

（续表）

品名	产区	单位	1955年供应量实绩	1956年			1957年计划需要量	备注
				上半年供应量	下半年供应量	9—12月货源缺少量		
台席			83 149	103 531	79 846			17 950
温州席				3 085	30 000			
东阳席			48 037	75 940	20 000			
苏席	江苏		11 444	49 484	2 702			
枕席	江浙		61 582	424 048	360 000	296 700	700 000	
粗枕席				301 433	450 000	450 000		
儿篮席				18 907	35 000	35 000		
朴长					10 000	10 000		
菜碗	江苏	只		261 707	2 792 614	12 314		合同数 153 740 只
饭碗	江苏						3 500 000	1 241 975 只

资料来源：关于请江苏、浙江两省协助解决上海市场供应紧张和脱销商品的报告,1956-08-29,上海市档案馆档案：B100-1-38。

表3-6 浙江、江苏农副产品1956年下半年及1957年供应计划表

品名	产区	单位	1955年供应量实绩	1956年			1957年计划需要量	备注
				上半年供应量	下半年需要量	9—12月货源缺少量		
菜锅	浙江	只		68 242	353 276		500 000	合同货源 295 042
饭锅	浙江	只		7 284	41 748		60 000	合同货源 98 531
大缸	江苏	只					70 000	合同货源 6 611
砂锅		只						合同货源 108 300
介坛		只						合同货源 4 367
钵头		只					300 000	
枇杷	江浙	担	26 350	54 392			60 000	浙江 5 万担,江苏 1 万担
杨梅	江浙	担	14 779	50 596			27 000	浙江 2 万担,江苏 7 000 担

（续表）

品名	产区	单位	1955 年供应量实绩	1956 年			1957 年计划需要量	备注
				上半年供应量	下半年需要量	9—12 月货源缺少量		
青梅	江浙	担	11 974	2 770			10 000	浙江 7 000 担,江苏 3 000 担
桃子	江浙	担	88 130	48 036			67 000	浙江 7 000 担,江苏 6 万担
西瓜	江浙	担	820 745	409 712			360 000	浙江 30 万担,江苏 6 万担
橘柑	浙江	担	213 461	73 377	136 260		140 000	浙江合同 96 000 担要求保证执行
小瓜	浙江	担	202 014	176 000			10 000	要求明年浙江供应
生梨	浙江	担	132 161	25 824			10 000	要求明年浙江供应
李子	江浙	担	11 651	14 011			20 000	要求明年浙江供应
甘蔗	浙江	担	286 712	112 796	990		100 000	要求明年浙江供应
花红	浙江	担	25 587				6 000	浙江 1 000 担,江苏 5 000 担
樱桃	浙江	担	535	188			2 000	要求浙江供应
栗子	浙江	担	29 718	23 510	31 061		5 000	要求明年浙江供应
山核桃	浙江	担	3 299	548	6 500	4 000	10 000	下半年合同有 2 500 担,尚缺 4 000 担,明年需要 1 万担,要求浙江解决 8 000 担
香榧子	浙江	担	1 483	74	800	300	11 000	下半年合同 500 担,尚缺 300 担,明年 11 000 担,要求浙江解决 5 000 担

（续表）

品名	产区	单位	1955年供应量实绩	1956年			1957年计划需要量	备注
				上半年供应量	下半年需要量	9—12月货源缺少量		
蜜枣	浙江	担	8 100	2 058	5 578		8 000	要求明年浙江供应
芡实	江苏	担	317	410	350		1 000	要求明年江苏供应
黑瓜子	江苏	担	2 529	637	15 340		10 000	要求明年江苏供应
藕粉	江浙	担		1 300	2 500	1 000	7 500	今年有1 500担，尚缺1 000担，明年要求苏浙各解决3 750担
废橡胶		吨	1 681	725.71	1 514.29	1 332.42	2 900	
废塑胶		吨		0.02	24.98	24.98	25	

　　资料来源：关于请江苏、浙江两省协助解决上海市场供应紧张和脱销商品的报告,1956 - 08 - 29,上海市档案馆档案：B100 - 1 - 38。

　　3. 蔬菜供应

　　上海市场的蔬菜供应主要来自郊区和江苏、浙江两省。根据1954年的统计，当时全年供应的品种来自外地的比例为：竹毛笋100％，水芹100％，大白菜60％，青菜31.82％，萝卜61.35％，茭白95.77％，雪菜90.84％，芋艿76.9％，山芋94.06％[①]。离市区较近的青浦、嘉定所生产的青菜、萝卜、雪菜历来均运销上海，当地仅供应3％。而浙江所产竹毛笋根据省供销社年度统计,运销上海的占总产量的67.9％，运销杭州市的占1.22％，当地需要量占29.92％，其他省占0.95％。可见浙江市场的蔬菜大部分销往上海，上海蔬菜供应的稳定与否也受江苏、浙江的影响较大。如上海市芋艿供应量80％依靠浙江省，但由于一些原因在供销关系上发生了新的变化：①各地农作物普遍丰收，由于农民收入提高，因此对副食品（特别是蔬菜）的需求量有所增加。②各地有关经营单位加强对副食品的经营。因此

――――――――――

　① 关于江苏、浙江两省生产的蔬菜与上海市场的供应关系,1955年,上海市档案馆档案：B6 - 2 - 43 - 74。当时郊区各县尚属江苏管辖，所以蔬菜供应的外地比例极高，但仍可视为农村货源。

对上海市市场供应,在货源组织对私安排等方面产生了以下几个问题。

首先是货源分配方面。江浙两省省社经营的基本方式大致如下：浙江省社对几种主要商品(冬笋、竹毛笋之类)由生产者提出数字,由省社平衡计划统一安排县社具体执行。而江苏省社抱着根本不管的态度,因此在货源分配上产生不合理现象,如浙江省吴兴县老菱的总产量为 18 万担,其公私比重划分为：合作社 40%,私商 60%,其中供应上海供销社的数量仅 1 万担,尚未正式签订合同。江苏常熟县萝卜的总产量为 23 万担,与上海供销社订有 9 000 担合同,其余的大部分售给无锡、常州、昆山等地(这些地区均为萝卜产地)。同时,某些商品出现供应紧张时发生争购现象,如南京在无锡采购茭白,无锡在太仓采购芋艿,常熟、无锡、苏州在苏北如皋采购大白菜等情况。另外,邻县(青浦、嘉定)对蔬菜工作根本不管理,放任农民自留,因此对上海市场在滞销时冲击很大。而畅销时发生场外交易,农民与小贩直接进行黑市交易,因此影响较大。

其次是对私安排方面。产地划分公私比重上有过于照顾私商倾向,如 1954 年浙江地区的冬笋其比重为合作社 40%、私商 60%,1955 年常熟萝卜几乎全部由私商承担,吴兴老菱私商比重也占了绝对优势。由于上述情况,因此大部分货源流向各地,扩大了推销面。这样导致农民直接与小贩发生关系,1955 年上海供销社掌握的冬笋价格为 28 元,而产地私商与上海摊贩直接挂钩进行黑市交易,价格为 38 元,同时产地商与上海未接受改造的私商单位进行挂钩,扩大业务,每人每月可获利 80 余元,因而影响了全面对私改造。

再次是邻县产生的问题。①生产方面,根据青浦、嘉定两县七个重点乡的了解,雪菜种植面积为 7 400 亩,每亩按照 40 担计算,为 266 000 担;青菜 11 637 亩,每亩按 50 担计算,为 581 850 担;萝卜 8 109 亩,每亩按 30 担计算,为 243 270 担。按照上述生产情况,没有与上海市郊区的生产及市场需要衔接起来,因此供过于求。②调运方面,当地合作社根本未掌握由农民自雇用、小船或帆船装运、来沪装运数量的多少,完全根据市场价格来支配,显得盲目无计划,因此往往出现市场忽多忽少的现象,难以平衡供应。③价格方面,邻县价格不能以上海价格作为依据。如 1955 年嘉定县与上海签订了 1 万担洋葱合约,要求上海市场售价尽可能适应产地收购价格。结果由于产地没有很好地控制价格,仅完成 70 担数量,大部分货源通过农民流入小商小贩手中,造成场外黑市交易,价格一直不稳定,影响了市场正常供应。

最后是运输方面。由于蔬菜的特性(鲜货极易腐烂),因此不可能完全按照运输部门规章办事,但事实上在运输过程中没有得到任何照顾,因此往往发生不能及时运出的情况。如无锡茭白部分积压在站上,因而遭受不少损失;又如上海供销社在1954年春节前后到吴江县采购大青菜,由于湖州航运所不能及时运出,致使1 500担大青菜遭受变质的严重损失。

由于上述问题的存在,无论货源分配、对私安排,还是促进对农业改造等方面都存在不利影响。因此上海方面提出几点要求:①货源分配方面,采取产销结合的办法,产地由省社负责,由各县将季度生产情况按季上报。同时销地的季度要货数量亦按时上报省社,再由省社召开产销两地平衡会议,原则上先满足上海市场供应,再分配中小城市,具体经营单位为各县社。要求分配的品种为:冬笋、竹毛笋、青菜、萝卜、大白菜、雪菜、茭白、冬瓜、洋山芋、洋葱、芋艿、山芋、老菱等商品。②对私安排方面,为了加强对私营商业的社会主义改造,建议几种主要品种的货源,凡划给私商部分,由当地合作社及时与行政部门联系,按照省社分配的数字,凡私商所占的比重部分应先满足上海供应需要,与合作社同类品种其所收取的费用不得高于当地合作社与上海市社所确定的费用标准。③邻县蔬菜的管理问题,为了有利于邻县农业改造,促进互助合作运动蓬勃开展,按照邻县蔬菜生产情况及历来的流转方向,认为邻县的生产、组织供应、价格掌握需要受上海市指导。④运输方面,建议运输部门在装运蔬菜时,应考虑蔬菜的特点,及时组织运送,灵活掌握,必要时不受"五日车皮"计划的限制。

1955年11月上海市又提出请江苏支援蔬菜的要求。1955年10月份总供应蔬菜983 078担,比1954年同期减少9.5%,其中郊区菜供应数为627 846担,比1954年同期增加9.75%,外地菜供应数为355 232担,比1954年同期减少31%。其中,大白菜供应数为44 405担,与1954年同期相比减少29%;大青菜281 664担,比1954年同期增加29.06%;萝卜117 527担,比1954年同期减少38.41%;雪菜44 705担,比1954年同期减少26.68%[①]。由于南方久旱北方久

---

① 上海市郊区供销合作社.关于上海市蔬菜供销情况和要求江苏省支持货源的报告,报送上海市人民委员会第五办公室,1955-11-12,上海市档案馆档案:B6-2-43-71。

雨,蔬菜减产严重,1955 年冬到 1956 年春货源紧张。为了保证蔬菜供应,上海供销社在原有 20 余名采购员的基础上,增加 19 名采购员到青浦、嘉定、常熟、吴江、崇明等县进行采购。同时要求上海市方面与江苏省人民委员会联系,要其责成有关部门从以下地区调给上海蔬菜。具体要求如表 3-7 所示。

表 3-7　上海要求供给蔬菜的地区、品种、数量

地区	品名	要求数量/市担	1955 年 11 月	1955 年 12 月	1956 年 1 月
青浦	青菜	30 万	5 万	15 万	10 万
青浦	萝卜	14 万	4 万	7 万	3 万
青浦	雪菜	18 万	6 万	8 万	4 万
嘉定	青菜	20 万	4 万	12 万	4 万
嘉定	萝卜	11 万	3 万	6 万	2 万
嘉定	雪菜	27 万	8 万	11 万	8 万
常熟	萝卜	10 万	5 万	5 万	
吴江	雪菜	10 万	1 万	6 万	3 万
吴江	青菜	5 万		2 万	3 万
崇明	大白菜	15 万	3 万	6 万	6 万

资料来源:上海市郊区供销合作社.关于上海市蔬菜供销情况和要求江苏省支持货源的报告,1955-11-12,上海市档案馆档案:B6-2-43-71。

　　这个矛盾显示了计划经济下的农产品市场受行政管辖范围的限制。因此 1958 年江苏十个县被划入上海,对上海扩大郊县腹地,保障自己的农业供应有积极意义,而且从表 3-7 中可以看出,青浦、嘉定正是上海第一批所划入三个县中的两个。但是市区与郊县仍然存在壁垒,人员被限制向市区流动。同时,沪苏边界的经济交流无法完全克服这种行政区隔。

　　1956 年 4 月,中国蔬菜公司上海市公司向上海市人民委员会、上海市第一商业局汇报了与浙江方面关于毛笋合同的矛盾。具体情形如下,1956 年 3 月 7 日浙江省供销合作社以(1956)浙合食字第 1709 号通过市人委、市第一商业局转致蔬菜公司的公函,反映上海蔬菜公司“不遵守合同规定精神的问题”,上海方面进行了研究,并对经过情况做了报告[①]。

----

① 中国蔬菜公司上海市公司:关于与浙江供销合作社签订竹毛笋合同过程中的情况报告,1956-04-07,上海市档案馆档案:B6-2-264-91。

1956年2月7日浙江省供销社召开余杭、上虞等十几个竹毛笋产区县(市)社的春毛笋产销会议,上海蔬菜公司亦应邀指定罗顺根为出席代表。在会议进行的第三天,浙江省供销社即提出了要上海对浙地所产的竹毛笋采取"包下来"的办法和立即签订合同的要求。上海蔬菜公司考虑到浙江某些地区的运输条件较差,蔬菜发运存在困难,如1955年因运输不及时造成竹毛笋大量发生腐烂变质,为避免重蹈覆辙,因此提出了对运输条件较差的上虞、诸暨地区的竹毛笋不予收购的意见。因此双方意见不能一致,未达成协议。后于2月17日,上海蔬菜公司再次派人前往浙江省社副食品处进行协商研究。为了解决浙江竹毛笋产地推销和保证对上海市民的蔬菜供应,上海蔬菜公司即予同意酌量收购上虞、诸暨等地区所产的竹毛笋。双方意见取得协调后,于是又进入研究合同条款的议程,经斟酌结果,最后由上海方面代表罗顺根在合约草稿上签了字。当时罗顺根曾声明,合约中的若干条款尚待与公司领导进行研究,必要时需再进行修改,并在合同草稿上规定双方盖章有效。

嗣后,嘉兴县社、宁波专区等地对合同所规定的若干条款,先后提出修正意见。同时罗顺根返沪进行研究后,认为在某些地方有必要加以修正,于是公司领导责成鲜菜批发商店再度和浙江省社进行研究和修改。经与该社副食品处食品科陈亚雄科长反复研究和协商后,在1956年3月9日达成修改竹毛笋代购合同协议书的草稿,并由双方代表署名签章。为了慎重起见,于3月2日以沪蔬鲜菜夏(56)字第046号正式公函通知浙江省社,除正式提出修改合同中若干条款外,最后还表示"因目前竹毛笋旺季将届,在合同尚未正式签订前,我店建议各个产地仍可进行收购,如尚需我店推销,当尽力协助"。

这是上海蔬菜公司的陈述,并认为浙江省社所述与当时事实有出入,因此将情况上报。

1956年江苏松江专区也提到与上海方面的蔬菜供应问题。松江专区蔬菜种植面积较广,产量较丰,且种类繁多,除满足当地市场少量消费外,供应上海市场是历年来供求关系的定律。但据松江蔬菜采购供应站和川沙县供销社等有关单位的反映,在蔬菜供应问题上与上海市蔬菜公司之间关系很不协调。由于这一问题的存在,对蔬菜的市场供应、采购和供货单位的经济核算,以及农民的利益均有一定的影响①。

此外,在价格和手续费方面也容易发生矛盾。1956 年 10 月下旬江苏南通如皋供销社俞经理来沪商谈黄芽菜经营问题,上海公司曾提出组织代销,11 月底达成正式合同。上海公司的意见为:①经营方式如果统一以结价收购方式进行,对商品质量、扩大销售是不利的,并且要增加农民 8% 的负担,上海方面认为仍以组织代销方式进行较为妥善。②根据沪地市场销售情况和商品一般规格,随时确定最后价格,如因到货过多,市场滞销跌至最低价格时,根据农民自愿原则,由上海公司负责收购。③计划内农民运沪销售的黄芽菜到达上海市场后,如延至三天尚未销售,可根据农民自愿原则由上海公司负责收购。

在降低手续费问题上,上海方面认为经营黄芽菜业务需要劳动力很强,并且需要大量储藏设备和杠篮等用具,费用很大,所以上海公司提出很难统一降低,并提出两点要求:①产地发货必须依照合同第十条规定,一面由上海公司按旬按日提出要货计划参考,一面由如皋供销社根据计划负责平衡发货,以免造成忽多忽少、积压、脱销等损失。②1956 年上海市郊区和邻县同样扩大黄芽菜种植面积,上市量 30 余万担,大部分在 12 月份上市,为了减轻市场压力,对于如皋供销社应在 12 月上交的 11 万担,希望动员农民推迟一部分,到 1957 年 1 月再行交货②。

(二) 工业品的流动

1953 年开始实行国民经济"一五"计划,供销社通过购销活动,与农业生产合作社建立供销合同关系,引导农民走合作道路。农业生产资料,从铁、木、竹各种农具到化肥、农药的销售基本都由供销合作社来完成。随着国家工业建设发展,农用生产资料供应增长迅速,1957 年化肥施用量为 37.3 万吨,比 1952 年的 7.8 万吨增加 3.8 倍;农药 14.9 万吨,比 1952 年增长 8.9 倍;农用柴油 12.9 万

① 江苏省松江专员公署商业科为建议召开蔬菜供应问题召开有关单位会议函,1956-08-13,发给上海市第一商业局,上海市档案馆档案:B6-2-264-96。
② 上海市蔬菜公司关于黄芽菜验收结价和降低手续费问题的复函(答复如皋县供销社),1956 年 11 月,上海市档案馆档案:B6-2-264-76。原标题为"关于请求联系解决上海蔬菜公司代表朱海根同志拖延签订春笋合同的报告",有误,不是关于春笋问题的文件。具体日期模糊不清,另外文件显示,12 月 3 日上海市人委第五办公室收到此文,12 月 5 日批示。

吨,比 1952 年增长 11.9 倍。1957 年全国农村农用大中型拖拉机 14 674 台,联合收割机 1 789 台,农用载重汽车 4 084 辆,分别比 1952 年增长 10.2 倍、5.3 倍、13.6 倍①。

而据中华供销社上海办事处的报告,随着农业合作化的发展,农村市场扩大,农业机器的需要迫切,化肥供不应求。①1956 年 1 月代购额比 1955 年下半年总额增加 28 倍,有些品种不能满足,如验尿表、温度计、堆肥测定计、保温箱等。②农业机器、大小五金的品种和数量亦大为增加,如抽水机、发动机、修理农具用的车床、刨床、汽车轮胎等。③农村为修建房屋和打井需要,对洋钉、铅丝需求增加。洋钉 1 月代购数比 1955 年下半年总数增加 17 倍。各单位委托代购洋钉为 15 万斤,钢、铅丝为 115 万斤。④农民生活改善,要求学文化,对文具、日用百货的需求增加,如金笔、钢笔、墨水、袜子、钟表、自行车等。自行车 1 月代购数为 300 辆,缝纫机为 450 台,2 月河南省即采购缝纫机 700 多台。另外农村医药卫生事业的发展增加了中药材的需求。

1953—1957 年农村主要的生产、生活资料等工业品,由国营、供销社计划分配销售或奖售,集市贸易只剩下社员自留地、家庭副业和社、队完成统、派购任务后的剩余产品。1958 年,取消自留地,大办集体食堂,农贸市场也被关闭。1961年冬,为贯彻《人民公社工作条例》(《六十条》),允许农民个人发展家庭副业,农贸市场恢复开放。日用工业品主要通过供销社渠道到达农民手中,供销社成为农民日常生活不可或缺的经济组织。由于物资紧缺,无法满足日常生活需要,只能以凭证定量、限量和不定量的办法供应②。工业品中的生产资料被划分为三类:统配物资、部管物资、地方管理的物资。其中前两类物资 1953 年为 227 种(统配 112 种,部管 115 种),1957 年增加为 532 种(统配 231 种,部管 301 种)③。

据统计,1957—1960 年上海市调往外地的工业品总值逐年增长,分别为441 689 万元、575 578 万元、628 529 万元、622 784 万元(见表 3-8),其中华东地区分别占 33.41%、36.42%、31.50%、30.06%。

---

① 陈廷煊.1953—1957 年农村经济体制的变革和农业生产的发展[J].中国经济史研究,2001(1):11-20.

② 纪良纲,刘东英.中国农村商品流通体制研究[M].北京:冶金工业出版社,2006:8.

③ 武力.中华人民共和国经济史:增订版上卷[M].北京:中国时代经济出版社,2010:303.

表 3-8　1957—1960 年上海市工业品调出市外分大区、分省市总值表

单位：万元

分省市	合　计				其中三类商品			
	1957	1958	1959	1960	1957	1958	1959	1960
总计	441 689	575 578	628 529	622 784	97 330	147 068	215 878	284 285
华东区	147 553	209 647	197 991	187 186	21 482	35 189	51 898	65 242
江　苏	44 591	61 864	47 067	43 754	5 917	10 440	13 391	15 189
浙　江	33 333	42 579	40 149	32 840	3 990	5 989	9 083	9 300
安　徽	22 403	30 650	33 280	30 650	3 679	4 690	9 009	9 459
福　建	16 820	26 719	32 154	28 688	1 929	2 941	5 706	8 642
山　东	14 069	24 767	20 471	26 007	3 875	8 003	9 108	15 099
江　西	16 337	21 068	24 870	25 247	2 092	3 126	5 601	7 553
华北区	50 260	58 408	85 328	82 914	11 311	15 644	32 871	38 938
东北区	37 278	37 555	55 849	67 925	8 561	10 214	20 995	32 235
中南区	96 505	129 813	126 575	109 834	14 882	25 852	34 304	43 298
西南区	47 712	72 669	71 989	67 670	8 875	14 267	19 474	32 906
西北区	38 152	30 094	48 241	54 213	8 336	6 509	15 690	22 084
西　藏			2 241	3 856			331	623
其　他	24 229	39 392	40 315	49 186	23 883	39 392	40 315	49 186

资料来源：上海市 1957—1960 工业品调出市外与农副土特产品市外调入统计资料，第 4 页，1961-09-10，上海市档案馆档案：B102-1-158。

而这一时期，上海市调出的工业品和调入的农副土特产品的比例也在逐年增加，1957—1960 年分别为 2.7：1、3.5：1、3.9：1、6.1：1（见表 3-9）。

表 3-9　1957—1960 年上海市工业品调出市外和农副土特产品市外调入比例变化情况表

分省市	工业品调出市外和农副土特产品市外调入比例				三类工业品调出市外和三类农副土特产品市外调入比例			
	1957	1958	1959	1960	1957	1958	1959	1960
总计	2.7：1	3.5：1	3.9：1	6.1：1	7.2：1	9.2：1	16：1	27：1
华东区	1.6：1	2.5：1	2.8：1	4.3：1	2.2：1	3.6：1	6.5：1	11：1
华北区	3.9：1	4.6：1	8.1：1	16：1	2.7：1	7.1：1	20：1	53：1

（续表）

分省市	工业品调出市外和农副土特产品市外调入比例				三类工业品调出市外和三类农副土特产品市外调入比例			
	1957	1958	1959	1960	1957	1958	1959	1960
东北区	15：1	12：1	15：1	25：1	15：1	6.2：1	28：1	70：1
中南区	3：1	3.1：1	2.4：1	3.8：1	9.2：1	14：1	19：1	19：1
西南区	2.7：1	4.8：1	3.9：1	4.4：1	14：1	43：1	30：1	29：1
西北区	6.1：1	3.8：1	18：1	19：1	50：1	22：1	61：1	105：1

注：1960 年西北区三类工业品调出农产品调入比例原为 10：1，疑为表格印刷错误，现经计算更正为 105：1。

资料来源：上海市 1957—1960 工业品调出市外与农副土特产品市外调入统计资料，第 8 页，1961 - 09 - 10，上海市档案馆档案：B102 - 1 - 158。

随着工业生产能力增强，上海市对郊区农村投入了大量的工业物资（见表 3 - 10），20 世纪 50 年代便开始推广施用化肥。1952—1957 年全郊区年平均使用化肥 0.5 万吨，平均每亩耕地施 0.86 公斤。1958—1960 年平均每年使用 1.91 万吨，每亩耕地施 3.5 公斤。1961—1970 年平均年用量为 5.68 万吨，亩平均用量为 10.43 公斤[①]。

表 3 - 10　上海市若干年份轻、重工业及其构成情况表(%)

年份	轻工业比重	其　　中		重工业比重
		以农产品为原料	以非农产品为原料	
1949	88.2	86.2	13.8	11.8
1952	79.1	83.1	16.9	20.8
1957	68.7	70.7	29.3	31.3
1962	59.5	60.9	39.1	40.5
1965	56.6	61.7	38.3	43.4

资料来源：祝兆松.上海计划志[M].上海：上海社会科学院出版社,2001：180.

1952 年上海工业品收购和调入的资源为 28.41 亿元。调往市外工业品 18.39 亿元，占上海日用工业品收购和调入总值的 64.7%，其余主要安排上海市

---

① 祝兆松.上海计划志[M].上海：上海社会科学院出版社,2001：165.

的市场供应。"一五"期间,随着对私改造的完成,上海日用工业品市场逐步形成以国营商业为主导的计划经济管理体制,上海第一商业局下属9个国营商业采购供应站负责收购上海地区的日用工业品,并按照国家计划向全国各地调拨供应。9个采购供应站与全市5 000多家工厂建立业务关系,采购总值占工业对口行业总产值的90%。1957年上海工业品调往市外45.73亿元,比1952年增长1.5倍,每年平均增长20%,占收购总值的74.1%。1958—1960年,商业部门提出"生产什么收购什么,生产多少收购多少",盲目"大购大销"的结果是品种减少和质量下降。经过调整,1962年调往市外的工业品为39.47亿元,比1957年下降13.7%(见表3-11)。1962年以后通过改进,1965年工业品收购和调拨分别比1962年增长10%和19.9%,又呈上升的趋势[1]。

表3-11　上海市国营、供销合作社商业若干年份工业产品购、调总值表

单位: 亿元

年份	合计	其　　中		工业品调往市外	工业品调出占资源合计/%
		工业品收购	工业品市外调入		
1952	28.41	23.84	4.57	18.39	64.7
1957	61.68	54.41	7.27	45.73	74.1
1962	55.26	51.87	3.39	39.47	71.4
1965	63.53	57.01	6.52	47.33	74.5

资料来源: 祝兆松.上海计划志[M].上海:上海社会科学院出版社,2001:231.

(三) 工农产品的城乡差价

工农产品的城乡差价,包括两个层面的含义。一是工业产品和农业产品之间的差价,受产品的属性、成本和技术含量等影响,主要指两者间的不平等、不合理的交换关系,即工农产品间脱离了实际价值比的价格,从而压低农民的收入从农业提取积累。二是工业品和农业产品在城镇的销价与在农村的销价之差额,主要是指地区差价。像浙江省桐庐县工农业品有批发零售、城乡、地区、品质四

---

[1] 祝兆松.上海计划志[M].上海:上海社会科学院出版社,2001:230.

个差价①。本书则主要从第二个层面即空间差异来论述城乡差价的情况。

上海市郊区各县县境内,由于交通方便,工业品在县城和乡村之间历来是城乡一价。而市县之间除手表、照相机等少数商品市县一价外,其余则有市县地区差价。其中一部分不够合理,具体情况如下②。

首先,现行市县地区差率基本合理,能补偿各项费用,并且有适当利润的商品,不扩大差价。有些商品运杂费或者损耗较大而差率较小,应该适当扩大差价;运杂费或者损耗少而差率较大,应该适当缩小。部分过去有差价,目前取消了的,应该适当恢复。其次,市区和各县之间的地区差率,原则上各个县可以一致,各县的批零差率也可以一致。再次,嘉定、宝山、上海、川沙四县靠近市区的部分地区(即原来的东郊、西郊、北郊),由于离市区很近,目前的工业品价格凡是原来执行市区价格的,仍旧按照市区价格执行;闵行区目前执行上海县价格的,仍旧执行上海县的价格。最后,各县的县城和乡村之间,一般工业品历来没有城乡差价的,原则上维持现状,不予变动。大部分商品销售价格保持不动,小部分有升有降。其中百货、文化用品的零售价格平均下降0.35%,消费者全年可以少支出13万元,药品的零售价格上升1.5%,消费者增加支出24.7万元。升降相抵,郊区各县工业品零售价格水平微升0.11%,全年提价金额共为12万元,按照郊县人口平均分摊计算,平均每人每年约增加支出0.04元,影响不大。

地区差价的调整主要体现在批发环节,对基层供销社经营的影响不大。个别如金山县在糖烟酒方面,由于基层社的转批业务比重较大,超过商业部、供销总社联合通知不得超过30%的规定,因而要担负这一部分的调拨差率。

1958年8月,杭州市工商局被并入杭县后缺乏城乡差价处理经验,发函咨询上海市并入上海、宝山、嘉定等县后的解决办法③,上海市工商局就城乡差价安排问题发了复函,当时划入的江苏三县工业品价格与上海市有一定地区差价。一般零售价在4角以下的价格与上海市一致,4角以上至一元左右,差价1～3

① 桐庐县关于工农业产品四大差价的调查报告,1962-11-19,浙江省档案馆档案:J126-6-186。

② 上海市供销合作社关于贯彻执行工业品城乡差价情况的报告,1963-11-07,上海市档案馆档案:B102-1-185-33。

③ 上海市工商行政管理局关于上海市嘉定县等后城乡差价安排问题的复函,1958-08-09,上海市档案馆档案:B182-1-1076-82。

分,1元以上的差率在1%～1.5%。未划入以前,在接壤点的某些价格上存在一些矛盾,划入以后,上海、嘉定、宝山三县价格还维持原状。当时上海方面打算采取工业品市内一片价,即将划入的三县价格与市区持平,这样做可减少江苏邻县的矛盾,市内的矛盾也消除了。但是原来嘉定、宝山、上海三县粮食、食油、猪肉等价格较低,与上海市差价较大,接壤点的矛盾也很突出。初步意见为,原三县价格原则上基本不动,但与市区接壤点价格的衔接还在研究中①。

1963年全国物价委员会对城乡差价有详细规定,包括食盐、煤炭、煤油、农业生产资料、工业品等的差价。一般工业品包括布匹、百货、针棉织品、文教用品、日用五金、化工、电料等商品,认为距离县城很近的农村,可以与县城同价,不加城乡差价。一般农村应当根据县城的批发价格,加上合理的运杂费,再根据不同种类的商品和距离县城的不同路程,酌情加收0.5%～1.5%的综合差率(包括管理费用、损耗、利息和利润四项),即为农村集镇的批发价格,批发价格再加上批零差率,即为农村的零售价格。当时各县一般工业品的城乡差价符合规定的不做调整。没有城乡差价的地区,应按上述规定调整,凡是小于上述规定的地区,应按规定补足;凡是略大于或略小于上述规定的地区,可不作变动。这次调整一般采取不动县城价格,提高农村价格的办法,按照经济区划和合理的流转路线计算。接壤地区的零售价格必须互相衔接,安排合理,书报、杂志等继续实行全国统一价格,并要求争取在1963年4月底以前调整完毕②。

1963年5月,上海市人民委员会批转了市计划委员会的报告,下发给各区、县人委、计委、市人委财贸办公室、第一商业局、第二商业局、供销合作社,强调调整工业品的城乡差价是关系到工农联盟、城乡交流的一件大事,必须慎重进行。调整时,应该注意毗邻地区的衔接,有关部门要加强检查,防止发生价格上的混乱现象③。该报告反映的详情如下。

当时上海市郊区各县县境内,由于交通方便,工业品的销售价格在县城和乡

---

① 上海市工商行政管理局关于上海市嘉定县等后城乡差价安排问题的复函,1958-08-09,上海市档案馆档案:B182-1-1076-82。
② 全国物价委员会关于调整工业品城乡差价的几项规定,1963-02-15,上海市档案馆档案:B123-5-1688-1。
③ 上海市人民委员会批转经济计划委员会关于调整工业品市县之间地区差价的请示报告,1963-05-03,上海市档案馆档案:B30-2-21。

村之间,历来是城乡一价,没有城乡差价。而市区和各县之间则有县市地区差价,纱布、丝绸、服装鞋帽等商品的市县地区差率为 0.7%,针棉织品为 0.7%~2%,呢绒类为 1%,药品、五金类为 1%~2%,交电类为 1%~5%,石油类为 2.5%~5%,罐头类为 2%。大部分商品的市县差价是合理的,小部分不够合理。如拉链票夹,市区零售价每只 1.6 元,奉贤县 1.72 元,相差 0.12 元,运杂费和经营费只要 2 分,差价偏大。玻璃,市区批发价每箱 36 元,松江县 36.72 元,差价 0.72 元,每箱运杂费要 1.55 元,加上经营费、损耗、利息,商业部门每箱要亏 1.27 元,差价偏小。此外,百货、文化等商品市县之间的地区差率也不完全合理,加上各县之间在批发价格和零售价格之间的差率(批零差率)有大有小,以致县和县之间的销售价格互不衔接①。因而上海市计划委员会提出了如下具体意见。

(1) 现行市县地区差率基本合理,能够补偿各项费用,并且有适当利润的商品,不扩大差价。有些商品,如玻璃、电灯泡、药品(水剂)、磁制电器品等,运杂费或者损耗较大而差率较小,应该适当扩大差价;有些商品,如卡普隆袜、尼龙袜、帆布裤带、人丹等,运杂费或者损耗小而差率较大,应该适当缩小差价。部分肉禽罐头过去有差价,目前取消的,应当适当恢复差价。

(2) 地区差率和批零差率原则上可以一致。目前各县的地区差率不一致的,可以在价格总水平稳定的原则下加以统一;批零差率不一致的,可以参照市区同类商品的批零差率合理调整。

(3) 嘉定、宝山、上海、川沙四县靠近市区的部分地区,由于离市区很近,目前的工业品价格凡是原来执行市区价格的,仍旧按照市区价格执行;闵行区执行上海县价格的,仍旧执行。

(4) 各县的县城和乡村之间,一般工业品历来没有城乡差价的,原则上维持现状,不予变动。

(5) 凡是由市区调往各县的工业品,各县都应该按照上述意见调整销售价格,并应在五、六两月分期分批调整完毕。各县商品的市县地区差率和批零差率

---

① 上海市计划委员会.关于调整工业品市县之间地区差价的请示报告,1963-04-17,上海市档案馆档案:B30-2-21。

由市级商业部门具体安排就绪后另行下达。

总体来看,大部分不变,小部分商品的价格有升有降。其中百货、文化用品的零售价格平均下降 0.35%,消费者全年可以减少支出 13 万元;药品的零售价格平均上升 1.5%,消费者全年增加支出约 24.7 万元(其他如灯泡、磁制品等影响极小)。升降相抵,郊区各县工业品零售价格水平微升 0.11%,全年提交金额共为 12 万元,按照郊县人口平均分摊计算,平均每人每年约增加支出 4 分,影响不大,具体调整如表 3-12、表 3-13 所示。

表 3-12　纺织、针织等工业品市县差价调整表

商品类别	目前差率	调整意见
纱布、丝绸及服装鞋帽类	0.7%	
针棉织品	0.7%	卡普隆、尼龙袜子目前为 1%,帆布裤带目前为 2%,均缩小为 0.7%
呢绒	1%	
五金类	1%~2%	玻璃由 2%扩大为 5%
交电类	1%~5%	电灯泡、日光灯管由 1.5%扩大为 2%,瓷制品由 1.5%扩大为 5%
药品类	1%~2%	针、片,粉剂保持 1%,水剂、大包装针剂由 1%扩大为 2%,人丹由 2%缩小为 1%
石油类	2.5%~5%	
医疗器械	2%	家庭用品由 1%扩大为 2%
罐头	2%	肉、禽罐头取消差价的,恢复差价 2%

注:崇明县的纱布、丝绸差率为 1%,无变动。
资料来源:上海市计划委员会.关于调整工业品市县之间地区差价的请示报告,1963-4-17,上海市档案馆档案:B30-2-21。

表 3-13　百货、文化用品市县差价调整表

商品名称	目前差率	调整后差率
手表、挂表、照相机、秒表	市县同价	不动
唱片(每张)	0.03 元	0.02 元
家用及工业用缝纫机(整车每架)	4 元	不动

（续表）

商 品 名 称	目前差率	调整后差率
煤油灯、各种玻璃灯座、灯罩	1%～10%	8%
玻璃杯、玻璃器皿、玻璃奶瓶	4%～5%	5%
竹壳水瓶、瓶胆	1%～5%	4%
搪瓷制品	1.5%～3.8%	3.5%
火柴、洗衣皂、洗衣粉、版纸、粉笔、砚台、石板、石笔、铁哑铃、玻璃台板、床和棚以外的家具	1%～5%	3%
铁壳水瓶、墨水、糨糊、胶水、改正液、褪色灵、墨汁、打印油	1%～4.2%	2.5%
铝制品、镜子、樟脑丸、薄纸、床、棚、麻袋、统一分配纸张	1%～6%	2%
钟、金笔、计算尺、活动铅笔、绘图仪器、计算机、打字机、照相材料	0.8%～2%	1%
胶鞋、香药皂、化妆品、铅笔、毛笔、日记本以及其他日用百货、文化用品等	0.7%～4%	1.5%

资料来源：上海市计划委员会.关于调整工业品市县之间地区差价的请示报告,1963-04-17,上海市档案馆档案：B30-2-21。

对于日常生活必需品食盐的价格,当时政府还专门发文来协调这个问题。如1963年4月轻工业部提出调整食盐城乡差价的意见,认为一方面要尽可能使农村的物价水平保持基本稳定,另一方面又要让供销合作社向农村销售食盐,在合理经营的条件下,能够做到保本或有微利。食盐城乡差价的调整一般采取不动县城价格,提高农村价格的办法。调整食盐城乡差价时,必须按照经济区划和合理的流转路线计算。省内外接壤地区的零售价格必须互相衔接、安排合理。批零差率仍按照1956年商业部规定的11%～13%计算[①]。1963年6月轻工业部函复上海市粮食局,就上海郊县食盐的城乡差价进行指导：①关于食盐销售价格市区高、郊县低的问题,应按主销盐种产销流向变化情况,合理安排地区差价,使国营商业经营食盐有微利。②郊县城乡一价的问题,由于市郊交通比较方便,城乡之间费用差额不大,同意你局仍维持食盐城乡一价的意见。③与邻省接壤地区价格的衔接问题,请江苏、浙江省商业厅在调整城乡差价时互相联系、安

[①] 轻工业部关于调整食盐城乡差价的几点意见的通知,1963-04-12,上海市档案馆档案：B30-2-21。

排合理①。当时价格的安排,上海市区价格由中央掌握调整,郊县及城乡差价的变动由市物价委员会批准执行。

1966年3月,全国物价委员会同商业部、全国供销社、华东局财贸办公室在上海召开了华东和中南各省座谈会,讨论了调整华东和中南东部地区的百货、文化商品和自行车、收音机的地区差价问题。会议明确了调整工业品地区差价,总的方向是在价格上逐步缩小和消灭沿海同内地、城市同农村的差别,以加快内地建设和发展工农业生产,但是缩小地区差价必须根据国民经济发展状况逐步进行。当时调整的原则是:突出重点,在全国集中力量解决西部地区的问题,适当照顾其他地区的僻远农村和山区,对这些地区适当降价,沿海地区的价格一般不动。在华东地区主要是解决地区差价明显不合理的山区和农村的问题,大中城市的价格一般不动,上海、江苏、浙江的城乡价格一般不动,少数商品地区差价偏大的,适当下降,毗邻地区价格不合理的适当衔接。

当时上海市市县地区差价主要存在六个问题②。①部分上海产品的价格,由于安排的市县差价偏大,上海市郊区各县的价格与江浙毗邻地区相比,价格偏高,因此发生脱节或倒挂现象;②部分商品单价较低,市县地区差价体现不出来,但是上海采取硬加一分的办法,扩大了地区差价;③有些商品的地区差价在零售价格上体现不出来,但在批发价格上照加地区差价,实际就缩小了县里的批零差率,挤占了基层社经营零售业务的利润;④从外地调入的商品中,有一部分本市不生产的商品,在市公司已经体现了相当大的利润,但是在调给县里三级批发单位的时候,又在地区差价中加了综合利润,差价偏大;⑤市县地区差价的计价办法烦琐,影响工作效率;⑥全国物、商业部(65)商物联字第400号通知规定了48类百货、文化商品的全国统一批零差率,上海市有21种商品的先行批零差率与规定对照有高有低,其中偏高的有16种。

对此,上海市物价委员会提出了以下安排意见③。

---

① 轻工业部关于安排你市郊县城乡差价意见的复函,(63)轻工盐字第111号,1963-06-25,上海市档案馆档案:B30-2-21。
② 上海市第一商业局、上海市物价委员会.关于调整部分百货、文化用品市县地区差价的通知,1966-04-26,上海市档案馆档案:B30-2-21。
③ 上海市第一商业局、上海市物价委员会.关于调整部分百货、文化用品市县地区差价的通知,1966-04-26,上海市档案馆档案:B30-2-21。

一是市县地区差价安排原则：①玻璃器皿(地区差率5％)、煤油灯罩和灯座、汽灯桅灯罩(8％)，这类商品因为损耗大、运费多，今后一律按地区差率5％计加。②手表包括秒表等，全国一价；照相机、练习本、课业簿等市县同价；自行车、收音机每辆、每台加一元，缝纫机每台加一元五角。这类商品差价，有的因为体积小运费少，有的因为普及教育事业，有的因为批零差率较大，有的因为照顾农民劳动生产、避免到市区购买，差价不宜扩大。③其他百货、文化商品，今后市县地区差率规定为1.5％，超过规定的拉下来。④零售单价比较小，按规定差率达不到地区差价的，市县一价；过去规定硬加一分的办法取消(先适用百货公司系统经营的百货、文化、针棉织品)。⑤地区差价在零售价上体现不出来的，批发价上也不加地区差价(先适用百货公司系统经营的百货、文化、针棉织品)。⑥本市向外地采购的商品，一般仍按照本市产品比质比价安排价格。从主要货源产地来的百货、文化商品(除另有规定者外)，一律按主要产地批发价格加5％地区差率(4％为经营费，1％为运杂费)，作为市区的批发价格。但对打字蜡纸、誊写蜡纸调至本市市区时仍保持现行2％地区差率，从市区再调给县里时则按1.5％地区差率计加。⑦本市现行批零差率低于或高于全国统一规定的，暂时维持现状不动，在今后调整价格水平时，再按全国统一规定执行。但其中皮鞋和布底布鞋今后仍执行本市现行的批零差率不变。市县批零差率应该统一。

这样安排的结果是，88％的商品价格水平可以不动，10％的商品价格水平稍有下降，2％的商品价格水平暂时不提高。按1965年销售量匡算，各县因部分商品地区差价缩小而降价的金额为11.4万元。

二是适当改革批发和零售价格改按定额加差价的办法。百货、文化商品按1.5％市县地区差率，设计的具体加价法为：单价在5角以下的不加地区差价，5角以上的加1分，1元以上的加2分，2元以上的加3分，2.5元以上的加4分，3元以上的加5分，4元以上的加6分，4.5元以上的加7分，5元以上的加8分，6元以上的加9分，6.5元以上的加1角，7元以上的加1.1角，8元以上的加1.2角，8.5元以上的加1.3角，9元以上的加1.4元，10元以上的加1.5角，10元以上的零售价格尾数保留到角，按上述规定照加差价后再四舍五入。

三是调价步骤和执行时间。分类、分批、分期执行，百货、文化用品将于6月内逐批调整完毕,针棉织品于 3 季度内调整完毕。

调整地区差价,影响到地区之间、城乡之间的关系,国家同个人之间的关系,同时也牵涉到有关部门之间的关系。百货、文化类商品的市县地区差价适当调整后,同江苏、浙江毗邻地区的价格基本上衔接起来了。

为解决工业化的资金积累问题,中国不得不加大积累强度、控制消费力度。偏向重工业发展的发展战略,使日常生活品不能适应购买力增长的需求,消费品短缺成为常态。由于基本建设投资规模大,职工数和工资总额迅速增加,1958—1960 年三年投资增长了 1.35 倍,工资总额增长了 1.69 倍,远远超过了同期国民收入 30.2% 的增长率。国营商业三年增加了 253.4 亿元贷款,约有 45% 没有相应的商品库存保证,财政三年累计 169.4 亿元赤字。在商品供应方面,由于自然灾害等影响,农副产品减少 40%,工业品减少 32%[①]。增长的社会购买力与商品供应不足的矛盾,造成商品必须凭票证限量供应。集市贸易的价格大幅猛涨,市价与牌价的差距进一步扩大,不同地区市场的牌价、市价相差很大。1957—1962 年上海凭票证供应的商品占零售额的比重分别为 29.6%、31.1%、32.7%、39%、52.1%、60.9%[②]。商品供需矛盾非常突出。

1957 年,市场上平均 1 元钱实现的社会商品零售额为 8.98 元,1961 年降至 4.83 元。市场上每 1 元钱拥有的国内商业商品库存,1957 年为 5.2 元,1960 年 4.1 元,1961 年 3 元。李先念在 1961 年 9 月就市场与货币流通问题给中央的报告中指出,按照 1∶8 的比例,当时市场货币流通量多了 30 亿～40 亿元,商品可供量与购买力之间有 40 亿～50 亿元的差额。国民经济调整后,市场货币量与商品零售总额之比,1962 年为 1∶5.67,1963 年为 1∶6.72,1964 年末为 1∶8.5,1965 年末为 1∶8.9[③]。当时货币流通有个"4、5、8"理论,即 1 元的流通中货币应有 4 元的农副产品收购额,5 元的商品库存额,8 元的社会商品零售额,才能表明市场货币流通基本正常。

---

① 姚遂.中国金融史[M].北京:高等教育出版社,2007:468.

② 郭令吾.当代中国商业[M].北京:中国社会科学出版社,1987:116.

③ 姚遂.中国金融史[M].北京:高等教育出版社,2007:469,477.

二、城乡劳动力的流动

中华人民共和国成立以后,随着土地改革、农业合作化、人民公社化一系列运动的推进,趋向集体化的生产安排逐渐把农民固定在土地上。同时城市工业的发展需要对劳动力进行重新配置,尤其要通过人力资源的吐故纳新,来适应生产性城市的目标安排。因此,一边是遣送无业人员回乡生产,另一边是城市招收新工人,受教育者和技术人员更为稀缺。出现了一边工厂、基建行业大量使用市内外的专业工、临时工,一边又将家属、青年学生下放至农村的供求结构矛盾。因为粮食等物资供应困难,只能从婚姻、生育、迁移等方面限制城乡的人口增加,包括职工的子女顶替也要求市区常住户口。

(一) 企业招工与城市人口流入

中华人民共和国成立初期,城市劳动力供求矛盾和失业问题突出。农业就业人员占全国劳动力的九成左右,同时城镇中有大量的个体劳动者,1949 年为 724 万,1952 年为 883 万。1949 年企业职工仅有 809 万人,占就业人口的 4.47%,1952 年职工人数达到 1 603 万人,占全部就业人数的 5.73%。尽管经过土地改革和实行扩大就业的政策,但是劳动力过剩仍然十分严重。1952 年底全国人口 54 391 万,城市人口占 11.8%。城乡就业人员占总人口的 51.4%,工人总数为 1 198 万人,占总人口的 2.2%,占就业人口的 4.3%,农业劳动者为 24 164 万人,占总人口的 44.4%,占就业人口的 86.4%。1952 年全国有农业剩余劳动力 4 039 万人,占农业劳动力总数的 16.8%。1952 年底,上海市就业人口数为 194 万,失业人数为 48.4 万,家庭妇女为 95.4 万,二者合计 143.8 万,其中已进行失业无业登记的为 35.6 万,为就业人数的 18.4%[1]。1952 年 7 月上海市人口共计 5 683 556 人,市区人口 4 786 980 人,郊区人口 896 576 人。其中农业人口 357 777 人,工人总数 1 288 898 人,加入工会的有 1 169 282 人。其中私

---

① 武力.中华人民共和国经济史:上卷[M].北京:中国时代经济出版社,2010:456-457.

营企业工人 472 670 人，店员 174 181 人，合计 646 851 人，加入工会者 543 509 人①。

1950 年 7 月，仅登记的失业工人即达 166.4 万，占当时城市职工总数的 21%。失业人口不仅数量大，而且失业者的文化程度和就业能力低。在这种情况下优先发展重工业，不仅无法通过发展劳动密集型工业来提高吸纳富余劳动力的能力，而且提高了对劳动力素质的要求，进一步加剧了城乡劳动力的过剩，从而采取政治性的强制手段，保证资金流向重工业而人口留在农业。同时资金和技术密集型的城市工业不利于吸纳劳动力，高积累下的低工资、低消费妨碍了第三产业发展和扩大就业。消费水平的低下使得需求受到抑制，乃至实行对生活用品的控制和票证经济②。

从 1949 年至 1978 年，中国城镇总人口由 5 765 万增加到 17 245 万。尽管严格限制农村人口进城，可是城市就业的压力始终巨大。1952 年待业人口为 376.7 万，待业率为 13.2%，1957 年待业人口为 200.4 万，待业率为 5.9%③。而费正清主编的《剑桥中华人民共和国史（1949—1965）》认为，到"一五"计划结束时，非农业男性失业总人数达到 1 000 万到 1 600 万④。1963 年 12 月 12 日编印的《群众反映》第 84 期刊登了《上海有很多人迫切要求给予生活出路》一文，提到上海地区要求解决工作、生活问题的来信显著增加，来信的人以被精简的职工为最多，其次是未能升学就业的社会青年，再次是其他各类无业人员。该文引起了毛泽东的关注⑤。

中华人民共和国成立之初上海人口继续保持快速增长趋势。从 1949 年至 1954 年，除 1950 年较之 1949 年略有下降外，其余年份人口数量都呈明显上升趋势。1949 年上海户籍人口为 502.92 万，到了 1954 年户籍人口数量已经达到

---

① 上海市人口统计，1952 年 9 月，上海市档案馆档案：B65-1-158。
② 武力.中华人民共和国经济史：上卷[M].北京：中国时代经济出版社，2010：458.
③ 国家统计局.中国统计年鉴(1986)[G]//武力.中华人民共和国经济史上卷：[M].北京：中国时代经济出版社，2010：458.
④ 费正清，麦克法夸尔，剑桥中华人民共和国史(1949—1965)[M].王建朗，译.上海：上海人民出版社，1990：194.
⑤ 中共中央文献研究室.建国以来毛泽东文稿：第 10 册[M].北京：中央文献出版社，1996：438-439.

了 662.71 万①。另据统计,1951—1954 年,全市迁入 237 余万人,迁出 147 余万人,迁入迁出相抵,净迁入 90 余万人②。

表 3-14   上海市若干年份职工人数统计表   单位:万人

年份	合计	其中		指数
		国有经济单位	城镇集体经济	
1952	141.38	132.64	8.74	100
1957	211.78	174.66	37.12	149.8
1962	233.33	188.20	45.13	165.0
1965	272.13	212.37	59.76	192.5

资料来源:祝兆松.上海计划志[M].上海:上海社会科学院出版社,2001:333.

据统计 1952 年底,上海各区城乡人口共计 5 682 182 人,其中男性 3 086 792 人,女性 2 595 390 人,男女比例为 54.4:44.6,每户平均人口 4.6 人,密度为 8 900 人。其中城区 4 923 793 人,包括黄浦、老闸、邑庙、蓬莱、嵩山、卢湾、徐汇、长宁、普陀、闸北、静安、新成、江宁、北站、虹口、北四川路、提篮桥、榆林、杨浦 19 区。乡区人口 678 666 人,包括新市、江湾、吴淞、大场、新泾、龙华、杨思、洋泾、高桥、真如、水上 11 区,乡区共有 130 个乡,17 个镇。城区人口占 85%③。

根据 1965 年度上海市公安局人口统计年报,1964 年底上海总人口为 10 862 162 人,1965 年 6 月底为 10 909 603 人,增加 47 441 人。1964 年底,城镇地区 6 951 145 人(市区 6 427 917 人,郊区 523 228 人),农村地区 3 911 017 人。1965 年 6 月底,城镇地区 6 973 090 人(市区 6 446 354 人,郊区 526 736 人),农村地区 3 936 513 人。全市总人口中非农业人口 7 159 408 人,其中市区 6 399 155 人,郊区 760 253 人。市区 6 446 354 人中,非农业人口 6 399 155 人,农业人口

① 曹伟.挥别大上海[D].上海:上海师范大学,2011:10.
② 张志超.上海户籍制度研究:1949—1958 年[D].上海:上海师范大学,2015:32.
③ 上海市各区城乡人口数统计表(1952 年 11 月)、上海市基层组织户口及人口密度统计表,1952-12-31。上海市人民政府民政局关于填送 1952 年下半年度上海市各区城乡人口等统计报表的函,1953-01-10,上海市档案馆档案:B1-1-1132-4。

47 199 人①。1965 年底,合计 10 937 937 人,比上年底增加 75 775 人,城镇地区 6 976 979 人(市区 6 430 699 人,郊区 546 280 人),农村地区 3 960 958 人。全市总人口中非农业人口为 7 160 461 人。市区 6 430 699 人中,非农业人口为 6 388 507 人,农业人口为 42 192 人。郊区人口 4 507 228 人,非农业人口为 771 954 人②。

而根据上海全市城镇人口迁移状况统计表,1965 年 1—12 月合计迁入 112 255 人。其中来自外省市专辖以上城市 21 284 人,城镇 27 608 人,农村 11 678 人。来自港澳地区和国外 621 人。来自本市:市区 16 754 人,郊区城镇 16 849 人,郊区农村 8 935 人。来自本县:城镇 3 210 人,农村 5 316 人。迁入类别主要有:调动分配工作 32 224 人,参加农业生产 84 人,支援外地建设及期满返回 236 人,投靠亲友 12 470 人,招收职工 6 018 人,录取学生 19 422 人,培训、实习、调干学习及期满返回 1 959 人,退职、退休、退学、开革回家 3 602 人,复员转业、服兵役 17 882 人,其他 18 358 人③。

据对无锡县 11 个村的调查,1949 年后人口外出逐年增加,1948 年常住人口 3 445 人,在外人口 566 人,占常住人口的 16.42%。1957 年常住人口为 3 962 人,在外人口为 989 人,占常住人口的 24.96%,其中外出劳动力 815 人,占总劳动力的 28.72%。外出人口中的产业工人 370 人,手工业工人 54 人,占外出劳动力的 52.04%,比重较大。主要由于国家经济文化建设的发展,从农村中吸收了一批劳动力。如 1957 年兴建望亭发电厂在农村招工,仅毛村就去了四五人,还有一定数量的职工家属随着迁入城市生活,1957 年外出的家务劳动力达 87 人。

1949 年后由于就业增多,工资提高,物价稳定,在外人口寄钱回乡增多。据对 1957 年无锡 11 个村的调查,在外人口寄回钱款占农村总收入的 24.37%。同时在外人口寄回的收入比重之大,引起调查者的担心。一是职工家属忽视农

---

① 上海市一九六五年上半年度人口统计资料汇编.人口变动情况统计表(一),1965 年 8 月,上海市档案馆档案:B135-1-1315。

② 1965 年度上海市公安局人口统计年报资料汇编(含人口迁移),1966 年 2 月,上海市档案馆档案:B135-1-1315。

③ 1965 年度上海市公安局人口统计年报资料汇编(含人口迁移),1966 年 2 月,上海市档案馆档案:B135-1-1315。

村生产,对社里生产不关心,不积极参加农业劳动,如东吴塘村某工人的青年妻子,一年只做了 11 个工分,另外有一些青年向往城市工厂。二是外出劳动力较多,如白水荡村 187 亩耕田,男劳力不到 10 人,东吴塘村外出劳动力占常住人口劳动力的 46.03%。因此政府开始制止农村人口流入城市,并下放干部参加农业劳动,还动员一部分职工家属还乡生产①。

随着"一五"计划的展开,上海招收的工人迅速增多。其中私招工人的现象也比较常见。根据 1959 年 2 月底和 4 月 29 日后上海市城建局检查时的职工及各种劳动力情况,2 月底总计 9 492 人,固定职工 5 951 人,其中合同工 917 人,家属工 784 人,临时性的社会妇女劳动工 1 120 人,短途运输(小车工和劳动车工)323 人,流动技工 6 人,民工 391 人。检查时 8 579 人,固定职工 5 857 人,合同工 913 人,家属工 835 人,临时工 700 人,短途运输 61 人,民工 213 人。临时工户籍,2 月份时外地户口有 611 人,市区工作的本市各县户口 9 人,在各县工作的当地民工 391 人。检查时,外地户口 2 人,市区工作的本市各县户口 5 人,在各县工作的当地民工 213 人②。泰山化工厂擅自招工 55 人,其中泥木五金工 42 人,辅助工 13 人。华亨染料厂招工 50 人,其中泥木五金工 33 人,辅助工 17 人。新亚药厂招泥木工 12 人③。另外不按正规手续迁入的,如 1960 年底以前从外地流入上海市的自流人口有 677 户 5 850 人(其中男 2 720 人,女 3 130 人),以及持有户口迁移证件未报入常住户口的 677 户 13 593 人(其中男 7 480 人,女 6 113 人),未计入总人口内④。

1962 年末上海郊区全民所有制职工合计 95 926 人,其中工业 4 770 人,基建 3 人,农林水气 4 549 人,交通邮电 3 308 人,商业饮食、服务 40 701 人,城市公用 2 144 人,文教卫生 28 599 人,金融保险 1 952 人,机关团体 9 900 人。1962 年末郊区社办企事业人员合计 41 939 人,其中工业 10 197 人,畜牧 7 576 人,林业

① 无锡农村经济调查分析报告(初稿),1958 年 9 月,江苏省档案馆档案:3133 -永- 172。
② 上海市城建局委员会关于乱招工人和粮食浪费的检查报告,1959 - 05 - 29 印发,上海市档案馆档案:A54 - 2 - 635 - 13。
③ 上海市化工局劳动工资处.关于擅自招工情况的检查处理结果汇报,1961 - 07 - 19,上海市档案馆档案:B76 - 1 - 574 - 43。
④ 上海市劳动局计划处.1961 年本市人口统计年报的若干情况反映,1962 - 05 - 11,上海市档案馆档案:B127 - 1 - 734。

1 564 人,水产 10 002 人,拖拉机电灌 811 人,副业 1 338 人,文教卫生 3 990 人,邮电运输 5 791 人,信用部 467 人,建筑队 137 人,其他 66 人。1962 年末郊区生产大队办企事业人员合计 40 689 人,其中工业 7 493 人,畜牧 20 559 人,果园苗圃 1 136 人,水产 508 人,电灌 2 799 人,副业 3 153 人,文教卫生 2 271 人,运输 2 004 人,建筑 339 人,其他 427 人[①]。

根据上海市各企业招用劳动力情况的检查报告,1958 年以来,随着工农业生产的迅速发展,不少工厂企业出现了劳动力不足的现象。很多单位根据节约用人、提高劳动效率的原则,积极发动群众,千方百计出主意、想办法,挖掘劳动力潜力,尽可能减少从社会上吸收工人。1958 年全市工业总产值比 1957 年增长了 50.2%,生产工人劳动生产率提高了 26.1%。增长的产值 60% 是由提高劳动生产率来实现的,新建扩建单位的人员大部分是从各部门现有职工中调剂解决的。据统计局的材料,1958 年上海市工业系统一共增加了 19.9 万余人,连同补充老工人退休、死亡、职工外调和处理减员因素约 4 万余人在内,1958 年进入工业企业的新工人近 25 万人,这些人员的来源主要为:由于进行社会主义改造把手工业并入工业部门的有 9.9 万人,从国家机关、文教、商业部门调到工业企业的 2.4 万余人,从摊贩、三轮车、拖场车工人转入工厂的 2.3 万人,为了培养后备技术力量而吸收的学徒 4.7 万人,由政府统一安排的复员军人、大专学生、技工学校学生 6 800 人,从社会上招收的临时工、季节工等约 5 万余人[②]。

但是,有些地方用人多了一些,少数单位还有私招滥用的现象。在招用职工家属和里弄妇女方面,还存在严重的自流现象。上海市工业企业还招用了职工家属及里弄妇女劳动力约 10 万人。

(1)多招人,劳动力使用上的浪费。1958 年工业部门从社会上招收的 3.7 万余名学徒,绝大部分被分配在新建、扩建单位,经过短期的培训和实习,多数已经掌握了一定的生产技术。从各部门调剂的人员,除了有些新建单位由于干部对企业管理缺乏经验,新工人操作技术一时还不熟练,定员较宽一些以外,大部

---

① 市委农村工作部精简小组办公室编.1962 年上海市郊区人口资料,1963 - 05 - 11,上海市档案馆档案:A69 - 2 - 82。
② 中共上海市委劳动工资委员会关于转发"中共中央劳动部党组《关于私招农民和挖用在职工人情况的报告》的通知"的函,1959 - 01 - 07,上海市档案馆档案:A11 - 1 - 29 - 1。

分都是当时生产需要的。但在招用临时工和妇女劳动力方面,由于管理制度不够健全,审批手续不够明确,浪费现象比较严重。有些企业看到当时劳动力比较紧张,唯恐今后找不到人,少用多招,迟用早招。特别是开展全民炼钢运动以后,从工厂中抽调了8万多人参加小土群炼钢。很多企业在招用临时工、妇女劳动力去顶替炼钢人员时,存在少抽多补、宽招宽用的现象,炼钢任务完成以后,对这些人也没有及时辞退,而且大部分已参加了直接生产,实际上成为企业的基本人员。有些企业为了解决原材料供应不足和协作关系脱节后部件加工的困难,也招用了一些临时工人,自制焦炭、水泥和一部分产品部件,这在当时是必要的,但在发展多种经营时,未能充分利用现有的劳动力,有的甚至为了完成任务,不计效率,不惜工本,造成劳动力的很大浪费。有些企业为了帮助职工解决家庭的生活困难,在招用劳动力时,优先录用一些本厂职工的家属,有些单位未从生产的实际需要出发,因而增加了一些不必要的人员。

(2) 对招用劳动力缺乏统一管理,存在一定的自流与混乱现象。招工原先要经过市委审查批准,但从1958年第四季度以来,工厂企业自行用人的情况有所发展。对60个工厂的重点调查发现,在已经吸收的8 000多名妇女中,只有50%是经过上级批准的。电讯电器公司接到抽调工人支援新建单位和尖端产品的任务后,未经上级批准就布置各厂要尽快地吸收职工家属和里弄妇女,到一月上旬,该公司实际只调出了25人,而已招用的妇女劳动力却有3 900多人。国棉一厂1958年一共招用了1 100多妇女,其中只有200多人是经过批准的,有的工厂还把用人权力下放给车间、科室,弊端很大。闸北区劳动科管理的生产自救搬运组原来有4 466人,已经被工厂企业吸收分配到车间生产的占15.8%,固定地为一个工厂承担搬运工作的占67.5%,而真正的流动工不过12.4%。这些流动工成批进入企业以后,社会上原来的流动服务工作没有人做,于是又有一批自发的流动工应运而生,其中有些是外地流入。还有极少数单位私自招用农民进城,如第四建筑公司未经批准就从川沙、南汇等地招用了89个农民,当人民公社来信要他们回去时,工地上留住不放,公社就扣发他们的粮票、布票。工地干部则为他们向粮食部门冒领口粮。华丰钢铁厂从昆山挖借了3个竹工并从上海市七一人民公社私招了3个农民,经区委指出后还不肯辞退。这样私招滥用的结果,增加了劳动力管理工作的混乱①。

主要原因在于企业认为"增产必增人,人多好办事",或是"增产是大事,增人是小事",完成上级的产值产量指标成为其考量,忽视了降低成本、提高劳动生产率。少数干部还有严重的本位主义和无组织无纪律行为,滥招滥用。

上海招收的工人来源广泛,以下将对外来建筑工人的来源做一分析。

1955 年 12 月,上海市合计流动建筑工人 6 118 人,家属 6 251 人。其中来自江苏的工人 5 453 人,家属 5 386 人;浙江工人 503 人,家属 631 人;安徽工人 78 人,家属 120 人;山东工人 42 人,家属 66 人;江西工人 31 人,家属 35 人;河南工人 5 人,家属 5 人;湖南工人 1 人,家属 3 人;湖北工人 2 人,家属 2 人;四川工人 2 人,家属 3 人;广西工人 1 人②。

据 1956 年 1 月上海市劳动局关于流动建筑工人外来农民分县人数统计,来自浙江的总计 56 人,其中工人 20 人,家属 36 人。其中闸北区 5 人,嵩山区 51 人,主要来自宁波、绍兴地区。来自安徽 9 人,工人 4 人,家属 5 人,其中江湾区 5 人,嵩山区 4 人。来自山东南部总计 78 人,工人 25 人,家属 53 人,分布于江湾区 4 人,闸北区 2 人,嵩山区 72 人。来自湖南醴陵县 3 人,分布于江湾区。来自江西丰城县 3 人,分布于嵩山区。来自江苏 508 人,其中工人 300 人,家属 208 人。包括后划归上海管辖的上海县 21 人、宝山县 8 人、崇明县 16 人、川沙县 95 人、南汇县 44 人、奉贤县 3 人、嘉定县 8 人。江苏工人在嵩山区最为集中,共有 403 人,其次为闸北区 97 人,江湾区 14 人,大场区 2 人,北四川区、静安区、卢湾区均为 1 人。全市总计 657 人,其中工人 351 人,家属 306 人。江苏最多,其次山东,再次浙江。其他均在 10 人以下。总的分布市区嵩山区最多,达 522 人,闸北区 104 人,江湾区 26 人③。

---

① 中共上海市委劳动工资委员会关于转发"中共中央劳动部党组《关于私招农民和挖用在职工人情况的报告》的通知"的函,1959-01-07,上海市档案馆档案:A11-1-29-1。
② 上海市劳动局调配处填报的上海市流动建筑工人外来农民分县人数统计表,1955 年 12 月,上海市档案馆档案:B25-2-8-43。
③ 上海市劳动局关于流动建筑工人外来农民分县人数统计表,第二批材料,1956 年 1 月,上海市档案馆档案:B127-2-723。

(二) 城镇人口与劳动力的精简

工业化进程中农业劳动力的转移,受到城市需求、城乡生活水平差距的影响,同时人口能否自由流动还受到制度的制约。一方面城市工业发展需要吸纳劳动力,另一方面,计划经济下能否在城市定居受到技能、户籍和国家宏观政策影响,因此中国的城乡人口是正向与逆向流动的结合。尤其是中华人民共和国成立初期百废待兴,清理大量无业人员、整顿社会秩序和恢复国民经济同时进行,涉及上海这个最大城市的人口疏散。后来由于三年自然灾害等各种困难,粮食供给能力减弱,也需要精简城市人口特别是非生产人员。

上海刚一解放,就动员人们回乡生产。据 1949 年后来沪可动员回乡人口统计表,合计人数 396 467 人,其中江苏 281 710 人,占 78%,浙江 82 506 人,占 20.8%,安徽 12 787 人,山东 9 084 人,其他各省 10 380 人[①]。据 1949 年 5 月底上海各郊区人口统计,东昌、江湾、真如、大场、龙华、杨思、吴淞、洋泾、新泾、高桥,总计 963 600 人,1952 年底 844 502 人,减少 119 098 人。1955 年 4 月底 1 202 718 人,增加 358 216 人,六年来总共增加 239 118 人。实有人数 1 252 559 人,其中临时人口 49 841 人,应遣返人数 178 100 人,占实有人数的 14.8%。根据各区 1955 年疏散任务完成情况,郊区人口 1 229 357 人,疏散任务计划 163 213 人,第三季度疏散 52 525 人,第四季度 5 433 人,总计 57 958 人[②]。1950 年到 1954 年回到农村的人口仅 14.57 万人,其中绝大部分是失业工人,大部分是 1950 年城市就业困难和土改开始前回到农村的。1952 年 8 月,政务院召开全国劳动就业会议,提出农村剩余劳动力就地吸收转化,防止盲目流入城市,并制定了《关于解决农村剩余劳动力问题的方针和方法》。1953 年 4 月 17 日,政务院发出"关于劝止农民盲目流入城市的指示"。以后政府又通过生产资料所有制改造、城市粮食定人定量供应、严格户籍管理制度等办法,加强了对城乡之间

---

① 1949 年后来沪可动员回乡人口统计表.1955 年,上海市档案馆档案:B46-2-67-13。说明:1949 年后流入上海市人口主要指有家可归者,不包括游民、镇反对象及移民垦荒人员等。
② 上海市人民政府郊区工作办事处关于各郊区动员回乡人口统计表,第 1 页,上海市档案馆档案:B46-2-67。

人口流动的控制[1]。

据上海市委人口工作领导小组办公室填报的 1961 年减少城镇人口统计，1960 年末上海市城镇人口总数：城镇合计 7 130 147 人，其中城市 6 448 028 人。1961 年上海市普查城镇人口总数：城镇合计 7 154 095 人，城市 6 471 134 人。1961 年 11 月底城镇人口数：城镇合计 7 088 585 人，城市 6 425 654 人。合计减少的城镇人口：城镇 225 398 人，国家职工 103 099 人，调往农村工作 76 180 人；中等学校以上学生 34 104 人，向农村转学 1 872 人；干、军、工家属 27 695 人，其他城镇居民 60 500 人。其中城市减少 180 610 人，国家职工 82 997 人，调往农村工作 58 001 人；中等学校以上学生 24 224 人，向农村转学 290 人；干、军、工家属 21 676 人，其他城镇居民 51 713 人[2]。另外一个统计数据则有出入，1960 年末城镇人口 7 134 548 人，其中市区 6 448 028 人，各县城镇 68 520 人；1961 年末城镇人口 7 088 449 人，其中市区 6 412 096 人，各县城镇 676 353 人；减少 241 456 人，其中职工 105 778 人，学生 34 392 人，职工家属 29 454 人，其他 71 832 人。市区 194 847 人，其中职工 85 327 人，学生 24 433 人，职工家属 23 178 人，其他 61 909 人。县城镇 46 609 人，其中职工 20 451 人，学生 9 959 人，职工家属 62 76 人，其他 9 923 人。精简回到农村人数 132 239 人，其中市区 100 780 人，各县城镇 31 459 人[3]。大致反映职工主要集中于市区。

另据上海市委人口工作领导小组办公室填报的 1961 年 1 月至 10 月减少城镇人口统计，1961 年 1—10 月城镇人口出生 137 610 人，死亡 37 368 人，自然增长 100 242 人。迁入人口 66 753 人。1960 年底上海市市区人口原来统计上报的数字为 6 413 028 人，调整为 6 448 028 人，增加 35 000 人。主要是上海市历年来动员出去支援各地建设，早在 1960 年底以前即已倒流返回上海、长期未准入户的人员，陆续准予报进了常住户口。由于这部分人员实际上早已久居本市，故应

[1] 武力.中华人民共和国经济史：上卷[M].北京：中国时代经济出版社，2010：460.
[2] 中共上海市委人口工作领导小组办公室填报的上海市 1961 年减少城镇人口统计表，1962 年 1 月，上海市档案馆档案：A62-1-8-20。
[3] 1961 年上海市减少城镇人口统计表（年报资料），1962-03-14，上海市档案馆档案：A62-1-8-74。原文注明：1961 年末人口总数与 1960 年末相比净减 46 099 人，比迁出、迁入、出生、死亡统计表中净减 43 213 人多了 2 886 人，这是由于 1961 年下半年核实城镇人口时，纠正虚口、漏口和户口统计差错的缘故。

调整列入 1960 年底市区人口总数之内。1960 年底市郊各县原统计上报的数字为 53 个城镇,620 474 人。后根据国务院关于划分城镇标准的规定进行核实,结果是 71 个城镇,682 119 人,比原来统计上报的数字多了 61 645 人。因此,本次统计上报城镇人数比原来上报的数字多 96 645 人[1]。

而据上海市精减职工统计表,1960 年底上海职工数 2 228 964 人,其中中央直属企业 227 947 人。1961 年 10 月底职工数 2 089 169 人,其中央企 210 088 人。减少职工 199 881 人,央企 29 315 人。其中回农村 73 994 人,央企 7 596 人,转为集体所有制 11 446 人,央企 8 人,退职退休 25 256 人,央企 2 361 人[2]。根据上海市国民经济部门职工增减变化简况,1960 年底人数:2 228 964 人,其中工业 1 327 953 人,基建 128 521 人,交通 130 759 人。1961 年 10 月人数:2 089 169 人,其中工业 1 251 533 人,基建 77 466 人,交通 123 438 人。总人数减少 139 795 人,其中工业减少 76 420 人,基建减少 51 055 人,交通减少 7 321 人。减少的人员中含开除和逮捕、劳教 2 861 人。工业部门职工主要集中于电力、冶金、机械、建筑材料、化工、石油、轻工业、纺织八大行业[3]。

1961 年底上海市常住人口为 237.91 万户,1 058.99 万人。包括在押人犯、劳改、劳教罪犯,但不包括武装、民警。其中,市区 139.18 万户,641.21 万人;郊区 98.73 万户,417.78 万人。如按城乡计算,则城镇 151.82 万户,708.84 万人;农村 86.09 万户,350.15 万人。按从业计算,则非农业人口 722.97 万人,农业人口 336.02 万人。由于贯彻执行压缩城镇人口,支援农业建设的指示,1961 年末全市总人口比 1960 年末减少 8 041 人。其中,城镇人口减少 46 099 人(市区减少 35 932 人,郊区减少 10 167 人),与此相反,农村人口则增加 38 058 人[4]。

---

① 中共上海市委人口工作领导小组办公室填报的 1961 年 1 月至 10 月上海市减少城镇人口统计表,1961 年,上海市档案馆档案:A62-1-8-65。

② 中共上海市委人口工作领导小组办公室填报的 1961 年 1 月至 10 月上海市减少城镇人口统计表,1961 年,上海市档案馆档案:A62-1-8-65。注:1960 年末职工数包括嵊泗公社职工在内。本年 1-10 月减少职工 199 881 人,增加职工 60 086 人,增减相抵净减 139 395 人。减少的 199 881 人中,迁离本市城镇的 99 587 人,离开企业,但未离开本市城镇的 100 294 人。

③ 中共上海市委人口工作领导小组办公室填报的 1961 年 1 月至 10 月上海市减少城镇人口统计表,1961 年,上海市档案馆档案:A62-1-8-65。

④ 上海市劳动局计划处.1961 年本市人口统计年报的若干情况反映,1962-05-11,上海市档案馆档案:B127-1-734。

详见表 3 - 15。

表 3 - 15　1960—1961 年上海城镇人口增减情况表①

		1960 年底人口数	1961 年底人口数	1961 年比 1960 年增减人数
总计		10 597 969	10 589 928	−8 041
城镇人口	合计	7 134 548	7 088 449	−46 099
	市区	6 448 028	6 412 096	−35 932
	郊区	686 520	676 353	−10 167
农村人口		3 463 421	3 501 479	+38 058

资料来源：市委农村工作部精简小组办公室编.1962 年上海市郊区人口资料,1963 - 05 - 11,上海市档案馆档案：A69 - 2 - 82。

1962 年 1 月至 8 月上海市郊区农村接受安置了回乡人员 89 310 人(有劳动力的 76 447 人,随带家属 12 863 人),其中从外省回来的 15 710 人,从市区回来的 35 805 人,郊区各县精减下放的 37 795 人。在有劳动力的 76 447 人中,已经安排参加农业劳动的 72 508 人,畜牧业 262 人,渔业 212 人,林业 98 人,副业 683 人,目前尚有 2 684 人,占回乡人员的 3.5％左右,没有安排落实劳动。奉贤三官公社调查,该社有回乡人员 217 人,思想稳定、劳动积极的 103 人,占 47％;思想基本稳定,劳动一般的 93 人,占 43％;思想不稳定,很少参加或尚未参加劳动的有 21 人,占 10％。最突出的问题表现在口粮的安排上没有完全落实,特别是回乡人员较多的生产队,干部和社员的思想顾虑较大,担心"吃光超产量""降低社员口粮水平②"。

表 3 - 16　1964 年末上海市城镇人口控制情况表

	1963 年末人口	1964 年末人口	增减人口	剔除撤镇后净增
全市城镇	6 989 299	6 934 807	−54 492	+35 609

---

① 1961 年底上海市城镇人口比重为 66.9％。其中郊区 11 个县所属 71 个城镇比重为 16.2％,1961 年底 11 县(多出了嵊泗列岛)城镇人口比 1960 年底减少 10 167 人,但其中 5 个县人口是增加的,具体为上海、川沙、青浦、崇明、嵊泗列岛。11 个县的 71 个城镇中,1960 年底人口为 686 520 人,1961 年底 676 353 人。还包括农业人口 80 742 人,占城镇人口的 11.9％。

② 中共上海市委农村工作部.关于安置回乡人员的情况和意见,1962 - 09 - 14,上海市档案馆档案：A69 - 2 - 82。

（续表）

	1963 年末人口	1964 年末人口	增减人口	剔除撤镇后净增
市区	6 390 036	6 413 509	+23 473	+23 473
各县城镇	599 263	521 298	−77 965	+12 136

　　资料来源：中共上海市委精简小组办公室编制.上海市 1964 年控制城镇人口安置城镇人口所需物资、经费等表格,1964 年,上海市档案馆档案：A62‑1‑32。

　　1964 年上海市城镇合计迁出 189 420 人,其中因撤镇减少 90 101 人,迁入 67 704 人,迁移相抵净减少 121 716 人。出生 95 844 人,死亡 31 355 人,自然增长 64 489 人。迁移和自然增长相抵减少 57 227 人,但是剔除撤镇后净增 32 874 人。全年下农村 57 887 人(其中非城镇常住人口和非国务院规定的城镇人口 5 640 人),其中去新疆生产建设兵团农场的有 31 309 人(上半年 22 034 人,下半年 9 275 人,其中非常住人口及小集镇人口 5 123 人)；去安徽落户的有 3 758 人 (794 户,其中非常住人口 517 人)；去浙江嘉善单独建队 41 人；去市郊农村插队落户 77 人(37 户)；去崇明农场插场 5 056 人；去青年农业建设队 358 人；回乡 14 768 人；劳改犯去农村 2 520 人。上海市 1964 年减少城镇人口安置费用预算：合计 22.3 万人,共计 4 812 万元,人均 215 元[①]。另外上海市对控制城镇人口也拟订了计划表。1962 年末城镇人口为 698.7 万人,预计 1963 年末不变, 1964 年末达到 691.4 万人。1963—1977 年预计控制在 698.7 万人,估计出生人口 174 万人,迁入人口 56 万人,增加 230 万人；而死亡人口为 52 万人,因此重点放在迁出人口,预计为 178 万人,以达到控制城镇人口数量的目标[②]。

　　1965 年 1—12 月上海合计迁出 135 169 人。其中外省市：专辖以上城市 45 050 人,城镇 24 087 人,农村 21 495 人。港澳地区和国外,762 人。本市：市区 11 094 人,郊区城镇 18 358 人,郊区农村 8 312 人。本县：城镇 3 295 人,农村 2 716 人。迁出类别主要有：调动分配工作 48 908 人,参加农业生产 15 832 人,支援外地建设及期满返回 16 591 人,投靠亲友 12 123 人,招收职工 1 952 人,录

① 中共上海市委精简小组办公室.上海市 1964 年控制城镇人口安置城镇人口所需物资、经费等表格, 1964 年,上海市档案馆档案：A62‑1‑32。
② 中共上海市委精简小组办公室.上海市 1964 年控制城镇人口安置城镇人口所需物资、经费等表格, 1964 年,上海市档案馆档案：A62‑1‑32。

取学生 15 903 人,培训、实习、调干学习及期满返回 1 769 人,退职、退休、退学、开革回家 2 185 人,复员转业、服兵役 4 993 人,其他 14 973 人[1]。

1962 年劳动部要求上海市抽调 2 000 余名五金技工和 500 名建筑技工分别支援安徽马鞍山钢铁公司和国防部科委系统的重点建设单位。市劳动局认为,从市区工厂企业内部抽调有困难,而精简下放到郊区农村的四级以上技术工人有 3 400 余人,因此打算从川沙、南汇两县的回乡职工中动员 600 名五金职工、500 名建筑技工[2]。1962 年上海川沙县江镇公社有社员 25 112 人,土地 22 578 亩,平均每人不到一亩,最少的大沟大队第五生产队平均每人只有三分。因此这个公社原来就有半数以上的社员在农村无事时即到外面找工做。1961 年以来,外地和本市企业精减下放到该公社的有 2 844 名职工,使该公社地少人多,生产和生活难以安排的情况更为突出。精减下放的 2 844 名职工中,有各种技术工人 1 847 人,其中泥工 412 人,木工 397 人,五金工 90 人,电工 37 人。多数人因为农活很少,工分做得少,收入不够开支,不少人主要依靠退职金维持日常开支。因此,有的到市区寻找工作,有的搞贩卖活动,目前真正稳定在农业生产岗位上的还不多。最终动员了该公社 21 名工人支援马鞍山钢铁公司[3]。

表 3 - 17　1957—1961 年上海人口自然增长率

	1961	1960	1959	1958	1957
自然变动人数	114 672	130 555	134 415	187 034	233 944
出生人数	152 467	168 288	171 583	221 438	268 479
死亡人数	37 795	37 733	37 168	34 404	34 535
自然增长率/%	17.8	21.5	23.2	30.9	39.6

资料来源:上海市劳动局计划处.1961 年本市人口统计年报的若干情况反映,1962 - 05 - 11,上海市档案馆档案:B127 - 1 - 734。

1961 年上海市人口迁出大于迁入,迁入 192 723 人,其中外省迁入 86 156

---

[1] 1965 年度上海市公安局人口统计年报资料汇编(含人口迁移).1966 年 2 月,上海市档案馆档案:B135 - 1 - 1315。

[2] 中共上海市劳动局委员会.关于从郊区农村动员部分回乡技工支援外地建设的请示报告,1962 - 12 - 22,上海市档案馆档案:A69 - 2 - 82。

[3] 川沙县江镇公社动员部分从企业精减下放的技工支援外地建设的试点工作情况,1962 年 12 月,上海市档案馆档案:A69 - 2 - 82。

人,迁出 335 522 人,其中迁往外省 212 280 人。迁出多于迁入 142 799 人,占 1961 年底人口数的 22.3%。其中城镇人口迁入 109 814 人,迁出 284 658 人,迁出大于迁入 174 844 人[①]。而根据分年龄段统计,1961 年到 1972 年全市城镇人口中每年达到 18 岁的青年要比上年增加 1 万~2 万人。报告估计以后不可能吸收很多人上学(普通高中、中专和大学)读书,同时生产建设的发展主要依靠提高劳动效率,不会招用很多新职工,因此近几年内还要压缩人口、大力精简。如何安排越来越多的新成长的青年,被认为是一个很突出的值得研究的问题。

1962 年末上海郊区 10 个县 1 019 191 户,合计 4 220 180 人,其中男性 2 049 217 人,女性 2 170 963 人,农业人口 3 473 466 人,非农业人口 746 714 人[②]。1961 年末人口数 4 121 743 人,全年增加 98 487 人,1962 年内迁入 163 263 人,迁出 147 815 人,出生 126 552 人,死亡 43 563 人。自然增长率为千分之 20.14。1962 年末郊区农村人民公社 198 个,生产大队 2 951 个,生产小队 29 170 个,参加公社户数 889 825 户,公社农业人口数 3 487 354 人。劳动力资源为 1 724 934 人,公社内外劳动力 1 606 533 人[③]。

表 3-18　上海市郊区历年人口统计表(1953—1962 年)

时期	合计	定量人口		代市供应人口	农业人口
		城镇	乡村		
1953 年 12 月	3 028 898	257 424	40 329		2 731 145
1954 年 12 月	3 063 213	281 673	44 140		2 737 400
1955 年 6 月		298 331	51 742		
1955 年 12 月	3 162 980	301 329	50 667		2 810 984
1956 年 6 月		301 596	61 036		

---

① 上海市劳动局计划处.1961 年本市人口统计年报的若干情况反映,1962-05-11,上海市档案馆档案:B127-1-734。

② 市委农村工作部精简小组办公室.1962 年上海市郊区人口资料,1963-05-11,上海市档案馆档案:A69-2-82。郊区总户数、总人口数的资料来源为上海市公安局 1962 年年报,农业人口数中不包括户口属市区管辖的农业人口数。

③ 市委农村工作部精简小组办公室.1962 年上海市郊区人口资料,1963-05-11,上海市档案馆档案:A69-2-82。公社农业人口数包括公社范围内的居住城镇农业人口和市区农业人口。劳动力资源包括家务劳动者、迷信劳动者等其他劳动力在内。

（续表）

时期	合计	定量人口		代市供应人口	农业人口
		城镇	乡村		
1956 年 12 月	3 235 402	311 503	66 851		2 857 048
1957 年 6 月		316 848	75 847		
1957 年 12 月	3 309 572	325 345	79 408		2 904 819
1958 年 6 月		224 180	75 650	434 103	
1958 年 12 月	3 996 855	241 284	92 423	374 790	3 288 358
1959 年 6 月		264 823	108 082	463 579	
1959 年 12 月	4 126 600	269 524	115 736	510 477	3 230 863
1960 年 6 月		281 047	120 281	417 670	
1960 年 12 月	4 065 410	274 096	125 291	408 592	3 257 431
1961 年 6 月	4 088 816	268 228	134 690	414 359	3 271 539
1961 年 12 月	4 104 477	257 786	119 069	404 320	3 323 302
1962 年 6 月	4 145 874	247 029	112 192	389 794	3 396 859
1962 年 12 月	4 200 721	243 761	100 083	374 322	3 482 555

注：因统计来源不同，1961 年 12 月与 1962 年 12 月人口数与前文略有出入。

资料来源：上海市郊区历年人口统计表（1953—1962 年），上海市档案馆档案 B135 - 1 - 987 - 1067。

据《上海计划志》数据，上海在 1961 年到 1963 年的 3 年中，共精简城镇人口52 万余人。先后批准关、停、并、转全民所有制工业企业 623 户。占 1961 年全民所有制工业总户数的 15%。9 月 18 日至 26 日，上海市五届一次人代会举行，副市长曹荻秋作市人委工作报告，提出六条工作要求，其中第二条为：大力开展多种经营，促进郊区农业经济的全面发展；第三条为：继续减少城镇人口，更加合理地安排各项市政设施；第五条为：认真做好财贸工作，活跃城乡市场，增加对外贸易[1]。

由表 3 - 19 数据可见，农村劳动力越来越多，务农人数趋势基本类似，除了1958 年可能由于大炼钢铁等因素。另外耕地数量减少，相应的是人均耕地越来越少，由 1949 年的 4.63 亩减至 1963 年的 3.35 亩。

---

[1] 祝兆松.上海计划志[M].上海：上海社会科学院出版社，2001：24 - 25.

表 3 - 19 上海若干年份农村劳动力变化情况表

年份	劳动力人数	务农人数	耕地亩数	劳均负担耕地
1949	121.54 万	121.54 万	562.5 万	4.63 亩
1953	130.63 万	130.63 万	581.72 万	4.45 亩
1958	138.29 万	128.56 万	559.36 万	4.35 亩
1963	166.94 万	162.73 万	545.76 万	3.35 亩

资料来源：祝兆松.上海计划志[M].上海：上海社会科学院出版社,2001：168.

1949—1957 年,劳动力资源主要是各类失业人员。到 1956 年累计经过登记的失业人员有 67.2 万人。1950—1957 年初,高中毕业生累计 32.53 万人,其中升入各类学校继续求学的有 22.91 万人,需要安排就业的有 9.62 万人。1958—1960 年,新成长的劳动力资源不多。3 年内全市初、高中毕业生未能升学的共 5.25 万人,大中专技校毕业生 4.38 万人,合计 9.63 万人。但妇女劳动力的资源相当丰富,1957 年非在业、在学的女性适龄人口有 85.14 万人。1958 年以后,大量妇女参加劳动,企业吸收里弄妇女过多,于是 1959 年增加了对工业部门里弄妇女的整顿计划,1961 年和 1962 年上海市开展精简职工工作,编制相应计划①。

1961—1965 年,劳动力资源主要是被精简的职工和新成长的劳动力。20 世纪 60 年代初国民经济调整,上海从 1961 年 7 月至 1962 年底,精简了职工 36.6 万人,其中动员回乡的 18.28 万人。1961—1964 年,劳动力资源共有 46.74 万人。其中 16～25 周岁未能升学的待业社会青年 21.9 万人,被精简后生活困难要求再就业的家庭妇女 17.3 万人,26 岁以上的其他社会劳动力 7.4 万人。

1960 年末,上海市全民所有制单位职工达到 223.43 万人,比 1957 年增加 48.77 万人。吸纳家庭妇女 44.66 万人,1961 年开始精简职工,1961—1966 年先后动员 14.6 万社会青年去农村和外地就业。1963—1965 年就业有所好转,上海全民所有制单位从城镇待业人员中招收 8.3 万余人,并安置了一批妇女青年②。

---

① 祝兆松.上海计划志[M].上海：上海社会科学院出版社,2001：332,338.
② 祝兆松.上海计划志[M].上海：上海社会科学院出版社,2001：339.

　　计划经济体制下上海工人的流动由劳动部门统一调配。市区职工平衡调剂，主要是劳动部门在企业或行业之间进行余缺平衡调剂。另外还有市区与郊县之间的职工流动，1958 年以后上海建立闵行、吴泾、吴淞、高桥等 12 个工业区，大部分职工由市区抽调过去。

　　1949—1957 年人口高速增长，8 年共出生 199.4 万人，死亡 39.4 万人，自然增长达 160 万人。同期人口迁入 358.91 万人，迁出 338.42 万人，净迁入 20.49 万人。1951—1954 年，大批农村劳动力和职工家属流入上海，4 年迁入 219 万人，净迁入 84 万人。1955 年上海又大力动员疏散人口，1955 年和 1956 两年迁出 118.7 万人，净迁出 59.1 万人。1957 年部分职工家属和人员又流回市区，迁入了 38 万人，净迁入 26.1 万人。从人口迁移政策来看，1949—1950 年对人口迁移并无明确限制。1951—1957 年，市内人口迁移到外省市不受限制，外省市人口尤其是农业人口迁入受到限制。1954 年后，市区间人口迁移没有限制，郊县农业人口迁入市区必须经过公安机关批准。1949 年 7 月，华东局发布《关于上海市疏散难民回乡生产的指示》，上海市公安局和民政部门疏散难民 40 余万人。1949 年 9 月上海市民政局发布《申报临时户口通告》，受理临时户口 28.7 万份。1956—1959 年，由于工业化建设形成的劳动力需求，上海又修改了限制流动人口的政策，1957 年暂住人口达 37 万人[①]。1958—1966 年上海的人口增长缓慢（见表 3 - 20），由于三年自然灾害和经济困难，上海动员大批职工及其家属、知青迁出上海。

表 3 - 20　　1950—1966 年上海市人口数量以及迁移情况表　　单位：万人

年份	全市人口	市区人口	郊县人口	迁入人数	迁出人数	机械增长
1950	492.73	417.84	74.89	56.69	62.33	−5.64
1951	552.20	473.70	78.50	100.40	56.62	43.78
1952	572.63	505.76	66.87	43.00	35.21	7.79
1953	615.24	535.26	79.98	48.78	25.55	23.23
1954	662.71	566.93	95.78	45.76	29.67	16.09

---

① 祝兆松.上海计划志[M].上海：上海社会科学院出版社，2001：464,474.

（续表）

年份	全市人口	市区人口	郊县人口	迁入人数	迁出人数	机械增长
1955	623.10	523.74	99.36	26.04	84.73	−58.69
1956	634.94	563.48	71.46	38.25	44.33	−6.08
1957	689.69	609.83	79.86	41.85	13.48	28.37
1958	750.80	578.13	172.67	19.37	51.34	−31.97
1959	1 028.39	587.28	441.11	32.32	32.21	0.11
1960	1 056.30	641.30	415.00	23.77	26.59	−2.82
1961	1 058.99	641.21	417.78	19.27	33.55	−14.28
1962	1 057.86	635.84	422.02	21.38	37.59	−16.21
1963	1 073.64	639.00	434.64	15.26	23.83	−8.57
1964	1 086.22	642.79	443.43	15.41	20.10	−4.69
1965	1 093.79	643.07	450.72	16.17	20.65	−4.48
1966	1 095.83	636.21	459.62	10.10	17.87	−7.77

资料来源：祝兆松.上海计划志[M].上海：上海社会科学院出版社,2001：465,467.

　　上海城乡人口分布与周边的江苏、浙江差异较大,其重要特点是市区人口一直超过郊县人口,尤其是在1958年江苏10县划归上海管辖之前,1959年以后郊县人口比例才提高至40%左右。毗邻的苏南城市与下辖县区则表现为县域经济较强,故有小马拉大车之喻。以下对浙江嘉兴的人口精简作一简述。

　　1961年浙江嘉兴县城镇吃商品粮的达到142 239人,比1955年增加39.1%。1955年3.7个农业人口负担一个吃商品粮人口。这里嘉兴县人口包括嘉兴市9万多城市人口在内。1961年下降到2.48个农业人口负担一个吃商品粮人口。而农业劳动力大大减少,1956年全县农村共有劳动力190 758人,每个劳动力负担耕地5.4亩,1959年下降到143 659人,每个劳动力负担耕地6.9亩。粮食亩产量由1955年的535斤下降到1961年的464斤。1962年动员了从农村进城的4 428人回乡,还动员与安置了5 207名久居城镇的人口下乡插队。1962年精简职工和压缩城镇人口,嘉兴县县属机关、企事业单位工资减少540万元,城乡非农业人口的口粮供应,嘉兴县全年减少465万斤①。

---

① 中共嘉兴县委员会.关于动员城镇人口下乡插队情况的报告,1963－05－10,上海市档案馆档案：B76－3－1121－12。

1962 年 5 月 13 日至 17 日,上海市委农村工作部精简小组办公室组织上海、嘉定、宝山、川沙、南汇、松江、青浦七个县到嘉兴县参观访问。嘉兴县城镇有常住人口 12.4 万人,农业人口 38 万人,耕地 99 万亩,80％种植水稻。1962 年动员职工及城镇人口 9 735 人回乡下乡,占城镇常住人口的 7％,其中回乡 4 428 人,下乡 5 307 人[①]。

总的来看,当时由于人民公社、户籍制度、票证制度,农民无法随意进入城市,即便进入也无法留下。控制城市人口成为一项重要任务,并且上海已经开始进行计划生育的工作[②]。

三、城乡资金的流动

土地改革是影响城乡关系的重要起点。基于阶级划分的乡土社会重构,把地主、工商业者、城市小市民等部分人口拉回土地。土地改革使兼业的农民变成固守土地的耕作者,土地使用与土地占有合二为一,同时土地的功能和农村人口的就业趋向单一。农产品的国家化、副业的低落和进城就业的限制,导致农民的现金收入来源十分有限。但是通过从农村汲取的农业剩余(包括统购统销、农业税、价格剪刀差)向城市投资,农民为工业化和城市提供的积累,最保守的估计高达 30 万亿元[③]。

机械的资本观念也限制了原先发达的个体和私营商业经营。一方面资本高度国家化,城市工业资金积累宽裕,另一方面将乡村剩余上缴国家(农业税),建立信用社吸收农民的积蓄,同时取消市场降低现金流动。然而货币稀缺给日常生活带来的不便,使民间高利贷从 1949 年到 20 世纪 60 年代一直禁而不绝。

---

① 上海市委农村工作部精简小组办公室关于组织七个县干部到嘉兴参观学习的报告,1963 - 06 - 01,上海市档案馆档案:A69 - 2 - 168。
② 小滨正子.计划生育的开端——1950—1960 年代的上海[J].“中央研究院”近代史研究所集刊,2010 (68):110 - 125.
③ 周天勇.现代化要对得起为发展做出巨大贡献的农民[N].中国经济时报,2007 - 07 - 09.转引自吴晓波.历代经济变革得失[M].杭州:浙江大学出版社,2016:187.

(一) 城市对农村的资金汲取

中国确立了优先发展重工业的赶超战略。发展资本高度密集的重工业与经济水平落后的资本短缺,形成了非常突出的矛盾。以行政化的管理集中控制经济资源,排斥民间市场对生产要素的分流作用,以便从经济上占主体地位的农业中汲取经济剩余。通过工农业产品的剪刀差,1950 年至 1978 年国家获取了大约 5 100 亿元的收入,同期农业税收为 978 亿元,减去财政支农 1 572 亿元,提取的农业剩余净额为 4 506 亿元[①]。国务院原农村发展研究中心课题组估计,在 1955—1985 年 30 年中,工农业产品剪刀差提供的农业剩余为 8 000 亿元。李溦估计为 5 430 亿元,加上公开税、储蓄净流出则为 6 926 亿元。周其仁估计,1952—1982 年间,国家通过农业税、工农业产品的不平等交换和农村储蓄净流出,从农村获得 6 127 亿元的农业剩余[②]。冯海发和李溦认为,1952—1990 年农业为工业化提供的积累 11 594.14 亿元,占国民收入积累额的比重为 27.20%。其中 1952 年、1961 年、1965 年三年的比重分别为 42.8%、54%、43.2%,1971—1981 年这 11 年的比重大多数是 31%～34%,1982—1990 年则均在 30% 以下。可见中华人民共和国成立初期农民承担的资金积累任务相当重,走的是农业支持工业、农村支持城市的发展路径,也形成了非常突出的城乡二元结构[③]。

1950 年国家农业税收 19.10 亿元,占该年总税收 48.98 亿元的 39%;1955 年农业税收 30.72 亿元,占该年总税收 127.45 亿元的 30.72%;1960 年农业税收 28.04 亿元,占该年总税收 203.65 亿元的 13.77%;1965 年农业税收 25.78 亿元,占该年总税收 204.30 亿元的 12.62%[④]。农业税税率较高,而征收又是以人头为基础的田亩产量为标准,来抽取农民的农产品剩余,实际上类似于国家的佃农,又缺少城市居民享有的工资福利、财政补贴和社会保障,因此也成为城乡差距的重要因素。就上海市而言,一方面 1949—1990 年财政支农资金为 26.6

① 李敬,熊德平.农村金融与农村经济发展不协调的原因:发展战略与思想认识[J].开发研究,2007(1):72 - 75.
　冉光和,等.财政金融政策与城乡协调发展[M].北京:科学出版社,2009:49 - 50.
② 蔡昉,都阳,王美艳.劳动力流动的政治经济学[M].上海:上海三联书店,2003:63.
③ 冯海发、李溦.我国农业为工业化提供资金积累的数量研究[J].经济研究,1993(9):60 - 64.
④ 冉光和,等.财政金融政策与城乡协调发展[M].北京:科学出版社,2009:62.

亿元,其中支援农业生产的资金为 18.47 亿元,用于农、林、水、气等事业费支出为 8.13 亿元。另一方面是从集体组织提取农业剩余,1957 年统计上海市农业生产合作社提留的集体积累 2 838 万元,占年净收入的 10.9%。1961 年,全市农村生产队一级共提取集体积累 4 187 万元①。

另一个重要渠道农村信用社成为国家向工业输送农业经济资源与剩余的渠道,业务以吸收社员存款的储蓄为主,而为农业农民提供贷款受到种种制约,自由市场和现金交易受到限制,某种程度上带有实物经济色彩。尤其是资金在稀缺的工业化时期更多流向城市,很难大量投向农村,农村出现了非正式的借贷或是高利贷,缺乏有效率的金融支持影响了农村发展。

统购统销的实施,对农村金融产生了两方面的重要影响。一是在农产品收购的时候,国家要拿出大量的收购资金,与工业所需资金形成矛盾,需要设立贴近农民的金融机构,吸收农民的储蓄以缓解资金紧张的压力。二是农产品收购以后,农民手中持有的大量资金需要回笼。信用合作社可以帮助国家银行挤压和替代高利贷,增强国家控制资金的能力,将有限的资金从实物经济为主的乡村配置到城市和工业部门。自 1953 年起,中国人民银行在各级银行建立了信贷规划管理机构,银行内部实行统收统支的资金管理,基层吸收的存款上交总行后,再将贷款指标自上而下地进行分配。一方面需要积聚农村的资金转移到工业化部门;另一方面必然要限制农村金融市场,同时除了政府安排的农业生产领域,农民也需要获得用于解决生活困难和婚丧嫁娶的资金。资金作为一种稀缺的资源和一般等价物,与城乡商品、劳动力流动和农村市场的运行息息相关,信用社成为掌握这一基本要素的重要载体②。

1951 年开始进行信用合作社的试点工作,到 1953 年 5 月,全国建立信用社 6 871 个,社员 425 万人,信用合作组 14 000 多个,供销社信用部 2 137 个。1954 年进入信用合作化高潮阶段,该年底信用社发展到 12.6 万个,全国 70% 的乡建立了信用社。1955 年经过整顿,年底信用社达到 15.9 万个,入社农户 7 600 余万户③。农村信用社带有明显的政治色彩和阶级烙印,信用社章程规定了入社

---

① 祝兆松.上海计划志[M].上海:上海社会科学院出版社,2001:166、165.
② 周脉伏.农村信用社制度变迁与创新[M].北京:中国金融出版社,2006:34.
③ 周脉伏.农村信用社制度变迁与创新[M].北京:中国金融出版社,2006:40-41.

者的身份是劳动人民,地主、富农、反革命分子不能入社。1957 年章程修改,仍规定地主、富农、反革命分子在入社后一定时期内没有被选举权,不得担任社的干部。农村信用社成为从农村向城市、农业向工业转移资金的重要渠道。1953—1957 年,通过农村信用社渠道,国家从农村抽取的剩余资金分别为 0.08 亿元、1.69 亿元、5.12 亿元、3.26 亿元、14.31 亿元[①]。充分利用农村闲散资金发展农业生产,有利于国家稳定农业、获取持续的农业剩余,也减少了国家在农业投入方面的支出,以较低的成本来汲取农业收益包括农村的储蓄,缓解工业化过程中的资金压力。国家在承担管理职能的同时,也显现出作为投资人的汲取倾向。1958—1960 年,农民被强制存款,甚至以实物存款,致使农村信用社产生"虚存虚贷"[②]。

1953 年 5 月底,上海市郊区成立了 333 个信用互助组,参加组员 12 480 余人,一般 1 人代表 1 户。共收到基金 27 270 余万元,组员成分以贫雇、中农为主,也有少数工人眷属。通过信用互助组织了农村闲散资金,帮助农民解决生产生活困难。如杨思横龙、三发两乡 13 个信用组,存款余额为 12 000 万元,放款余额 3 500 万元。吴淞上钢乡大徐江村三个劳动互助组,春耕贷款买了 3 头牛,解决了畜力困难。龙华杜家塘信用组帮助组员贷款添置温床、农具等设备,改进生产技术使蔬菜早熟,增加了收入。真如太平乡农民有了信用组支持,投资扩大生产。新泾王家楼信用组张福根妻子贷款治好了病。此外,还打击了高利贷。江湾高境乡四宅村,过去有三个人经常以一角利息出租,相当于银行农业生产放款利息的十倍,自该村成立信用组后,高利贷就无人问津了[③]。

1954 年初上海大场区场南乡试办第一个乡信用社,以帮助农民解决生活生产上的临时困难。塘南乡共有农业户 760 户 3 600 余人,土地 5 360 余亩,以种植蔬菜为主,蔬菜种植占耕地面积的 63%。1951 年秋土改结束后,在发展农业生产互助的同时,逐步开展信用合作工作。到 1954 年 1 月为止,全乡已在信用互助组的基础上,建立了乡的信用合作社与 13 个基层社。发展了 648 户社员,

① 周脉伏. 农村信用社制度变迁与创新[M]. 北京:中国金融出版社,2006:47,57.

② 吕树生. 当年的存款故事[N]. 茂名日报,2004-12-28.

③ 中国人民银行上海分行党组. 郊区信用社互助组工作检查及今后意见报告,1953-12-21,上海市档案馆档案:B46-2-32。

占全乡农业户的 85.2％,1 258 万元股金。仅 1953 年的后 8 个月,即吸收存款 29 605 万元,放款 13 151 万元。因而两年多的信用合作,扶持生产的作用是巨大的,成效良好。

首先,组织了农村的闲散资金,为农民的生产、生活解决了不少困难,扩大了生产投资,扶持了农业生产的发展。如 1953 年春,菜农虽因大部分蔬菜遭冬寒袭击冻死,导致生产资金不足,但多数是由信用组解决的,银行贷给全乡仅 3 500 万元,较其他菜区乡少一半左右。1954 年春大陈宅信用社贷给白遗桥生产社就有 1 700 多万元,盛家角信用社贷给该村生产社也有 1 000 多万元。两年来,很多农业生产互助组、合作社购置肥料、种子、农具、杀虫药械、玻璃温床、篱竹等生产设备的资金,是由信用合作组织贷给的,所以农民普遍反映"真是自己的小农民银行"。

其次,打击了高利贷及私商的高利。过去该乡农民在生产生活上发生困难,大多是向私商高利借贷,如北孙宅贫农张福康,在 1939 年因父身故把一亩地押给叔父,到 1953 年田信用组贷给 35 万元才赎回来。他说:"以前穷困,向嫡亲叔父借钱也得用土地押,幸亏信用组帮我把命根赎回来。"有些农民因余款找不到正当的出路,就将余款存到私商或投资工商业。如北孙宅 90 户有 60 户将余款存入商店,其中阿三度存入的钱当时可造三间房子。自组织信用互助组后,农民的存款借款都经过信用互助组,改变了过去的老办法,因而,该乡未发现高利贷现象。反之,信用合作未很好开展的乡,高利贷活动仍相当普遍地存在(资金藏于民间)①。存在的问题主要是银行设计的记账制度复杂,非文化水平低的组干所能胜任,多数组的账目混乱不清,不能及时公布账目,存户产生顾虑。

1955 年末,上海市郊成立 116 个信用社,实现每乡有信用社,参加农户占当时农户数的 85％。主要作用是:吸收农村闲散资金存入,建立初期目的为解决生产、生活困难,打击农村高利贷,协助农民经济的集体化。1949 年秋季到 1952 年共放出贷款 2 155 万元,主要解决肥料、种子和小农具短期周转资金的需要。1953 年上海郊区农村开展互助合作运动,为了帮助贫下中农解决入社交纳股金

① 中共上海市郊区工作委员会、上海分行、大场、新泾等区委关于塘南等信用合作社章程、计划、报告、总结,1954 年 2 月,上海市档案馆档案:A71-2-348。

的困难,银行举办了贫农合作基金贷款。从 1955 年下半年到 1956 年底,共发放了 496 万元。在农业生产合作社建设初期,银行对农业生产合作社发放基本建设贷款和生产费用贷款,帮助兴修水利、增添畜力、使用新式农具、增施肥料等,1953—1957 年共发放农贷 9 377 万元。1958 年农村人民公社化,1958—1960 年银行对郊县发放贷款 11 494 万元,年均 3 831 万元。而据 1950—1966 年上海市银行农村贷款情况的统计,1950 年为 0.01 亿元,1951 年为 0.02 亿元,1952 年为 0.01 亿元,1953 年为 0.01 亿元,1954 年为 0.02 亿元,1955 年为 0.02 亿元,1956 年为 0.19 亿元,1957 年为 0.13 亿元,1958 年为 0.12 亿元,1959 年为 0.20 亿元,1960 年为 0.33 亿元,1961 年为 0.23 亿元,1962 年为 0.23 亿元,1963 年为 0.19 亿元,1964 年为 0.16 亿元,1965 年为 0.16 亿元,1966 年为 0.19 亿元[①]。

1953 年初到 6 月中旬,上海郊区共放出各类贷款 928 000 余万元,农业设备放款 6 100 余万元,农业生产放款 77 余亿元,农村周转性放款 9 亿 7 千余元[②]。1956 年春农业贷款按 91 600 余农户计算,每户贷款平均为 54.4 元,比 1955 年的每户平均 26.5 元增加 105%,这和合作化后扩大农业、畜养任务,需要生产资金增加的情况相适应。贫农合作基金贷款占入社农户的 30%,其中贫农占总贷户的 75.1%,新、老下中农占 24.9%。通过信贷关系和财金辅导,帮助农业社加强经营管理,精打细算,减少生产开支,贯彻勤俭办社的精神。北郊区星光社原先申请猪棚、抽水机、船等贷款 13 200 元,经逐项细算,只贷了 6 840 元[③]。

1956 年郊区基本实现了高级农业合作化,小农经济已完全改变,富农经济已基本消灭。农业生产遭到严重自然灾害,但大部分农作物比 1955 年丰收年成有不同程度提高。农村金融做了很多工作:发放农贷 877 万元,较 1955 年增加 2 倍多,其中贫农合作基金贷款为 152 万元,生产费用贷款为 199 万元,基本建设贷款为 165 万元。支持信用社的贷款为 243 万元,国营农场贷款为 118 万元。

---

① 祝兆松.上海计划志[M].上海:上海社会科学院出版社,2001:317-318.
② 上海市人民政府郊区工作办事处 1953 年春贷情况报告,1954-07-24,上海市档案馆档案:B46-1-73。
③ 中国人民银行上海市分行.一九五六年春贷工作总结,1956-07-06,上海市档案馆档案:B45-2-126。

通过发放贫农合作基金贷款帮助了 27 900 余户,为约占郊区总农户 31.7％的贫农和下中农解决了入社交股的困难。郊区农业社每一个劳动力的股金一般为 50～70 元。1955 年合作化高潮,农业社升高并大,摊子大底子薄,普遍缺乏生产资金。银行发放基本建设贷款帮助农业社添置了大批生产设备,1955 年建了猪、牛、鸭棚 5 700 余间,温床 400 余间,粪池 300 余个,饲养乳牛和耕畜 212 头,还有其他如抽水机、水车、双轮双铧犁、船只、拖车、喷雾器、厘竹等,并发放电力灌溉网贷款 44 万元,顺利完成了西郊区建网工作。东郊区金东农业社成立大社,账面资金仅 12 元,银行贷款 8 000 余元购买种子 13 000 斤,饼肥 22 000 斤,完成了播种计划。通过发展和整顿信用合作社,进一步组织和调剂农村资金,基本消灭了农村高利贷。

1956 年将原有 116 个乡信用社按新建乡扩并为 39 个乡社和一个行政办事处社,把原有 1 098 个基层社按农业社口径并为 307 个分社。1956 年底,全郊区共有社员 76 278 户,占郊区总农户的 82.1％,比 1955 年底增加 80.34％,已收股金 16 万余元,比 1955 年增加 23％。信用社发放贷款累计 430 万元,比 1955 年增加 1.5 倍,占国家银行同期农业贷款的 54.8％。还发放生活贷款帮助困难农民解决青黄不接和自然灾害侵袭后的生活困难,鼓舞了生产热情,得到群众热烈的拥护,如东郊泾南乡农民金福南的儿子患脑膜炎,借不到钱坐在家里哭,信用社贷给 20 元送医院治疗。北郊区发放了 7 万多元贷款,帮助 3 000 余户农户修屋。

1956 年吸收存款累计 3 001 万元,比 1955 年增加 2.9 倍,年底余额 344 万元,比 1955 年增加 80％[①]。

最后,从政治意义上看,信用社配合银行占领了广大农村信贷阵地,基本上消灭了农村高利贷剥削,是合作社运动不可缺少的一个主要组成部分,也是社会主义农村金融体系的一部分。但是部分社基本建设过多过快,社员平时预支预借很多,到年终透支劳动报酬,拖欠了大量农业贷款和其他欠款,甚至欠缴部分农业税,社员个人、农业社和国家三者之间关系没有正确处理,反映了个人与国

---

① 中国人民银行上海市分行关于 1956 年农村金融工作总结和 1957 年打算,1957 - 05 - 30,上海市档案馆档案:B45 - 2 - 204 - 26。

家之间的利益矛盾。一是掌握贷款偏松。1956 年增加大量农贷,同时生活贷款、基本建设贷款和贫农合作基金贷款多贷了 80 万元,部分地区部分社比较严重。北郊庙行乡农光三社第二、三队社员向信用社贷款的有 109 户,1956 年农业劳动总收入共 20 994 元,平时预支 20 795 元,占收入的 99% 以上。信用社又贷给社员 14 239 元,大部分社员没有归还贷款。西郊区诸翟乡光明农业社有社员 366 户,养猪 2 500 头,1956 年总收入为 40.9 万元,生产成本达 54%,劳动报酬约 13 万元,占 35%,银行及信用社贷款 9.3 万元(不含贫农合作基金贷款),平均每户要贷 250 多元。二是没有经常性收贷。1956 年夏季和秋季收贷完成较差,年底仅完成应收回数的 32%,完成计划数的 53.36%,信用社只收回 25 万元,客观上由于自然灾害棉花减产、基本建设过多过大等原因,收贷工作有困难。三是信用社有官办倾向。有些乡分社干部不深入群众、依靠群众,经营上采取行政管理的方法。对信用社干部待遇、增设脱产干部等问题不经社员代表大会或理监事会讨论,收支账目不公布。将信用社视同银行基层机构①。

信用社的管理存在宁松毋紧的思想,农业社进行并社建账,生产财务计划没有完全制订。编制贷款计划,指标一再突破,有些乡在时间紧、任务重的情况下,仓促布置,宣传时将贫农合作基金贷款说成"互助合作基金贷款",农民以为有困难都可贷,北郊区西塘村 90% 以上的社员都申请贷款。先锋二分社会计向生产队布置:"你们赶快申请贷款,不贷款犯错误,你们自己负责。"有的地方没有掌握物资供应情况,积压了农贷资金。北郊区胜利农业社耕牛贷款 630 元,结果未买到,款存在信用社一个月未动,先锋二分社也因贷款后买不到东西,5 000 多元搁置了一个多月。有些物资则远超过农业社实际需要,甚至霉烂浪费。供销部门对积压较多的物资,不问农业社实际需要,进行超额赊购,强调"现在不买,将来没有,不负责任"。如西郊区厂头乡三个社积压的化肥、过磷酸铵等物资就达 10 660 元,新华农业社储存的饲料霉了 40 担②。国家贷款存在"敢借、敢花、敢不还"和"短期变长期,长期变无期"的思想,农业贷款不能按期收回。有人认为:

---

① 中国人民银行上海市分行关于 1956 年农村金融工作总结和 1957 年打算,1957 - 05 - 30,上海市档案馆档案:B45 - 2 - 204 - 26。

② 中国人民银行上海市分行.一九五六年春贷工作总结,1956 - 07 - 06,上海市档案馆档案:B45 - 2 - 126。

"什么长期贷款、短期贷款,什么财政的钱、银行的钱,都是国家的钱!"把国家支援农业的资金随意挪用于非生产性开支①。1956 年底上海有 68％的到期贷款未收回,银行强调农贷不同于对农业社的投资,也不同于国家对农民的救济。郊区有 45 个农金员,高中文化程度 7 人,初中 22 人,高小 16 人,掌握农业社财会知识和辅导能力较强的仅 7 人②。

表 3‑21　1953—1966 年上海市郊区农村信用社存贷款情况表　单位:亿元

年份	存款合计	其中		贷款合计	其中	
		集体存款	储蓄存款		企业贷款	农业贷款
1953	4			2		
1954	271			61		
1955	2 720			85		
1956	1 401			1 201		
1957	3 969	2 775	1 194	722		
1958	3 293	1 700	1 593	1 252	490	762
1959	8 585	7 554	1 031	1 467	497	970
1960	9 501	7 234	2 267	2 139	487	1 652
1961	13 117	10 128	2 989	1 188	418	770
1962	9 860	7 231	2 629	1 065	329	736
1963	9 796	7 328	2 468	1 025	408	617
1964	22 720	19 783	2 937	974	687	287
1965	25 019	20 052	4 967	1 180	872	328
1966	25 341	20 408	4 933	1 371	981	390

资料来源:祝兆松.上海计划志[M].上海:上海社会科学院出版社,2001:319.

存款总量大幅度增长,集体存款和个人储蓄也不断增长,尤其是集体存款远超储蓄存款。而贷款速度增长缓慢,贷款总额中间还有减少。说明农村信用社

① 中国人民银行关于全国农村金融工作会议的报告,1963‑04‑11,上海市档案馆档案:B24‑2‑84‑31。
② 中国人民银行上海市分行关于 1956 年农村金融工作总结和 1957 年打算,1957‑05‑30,上海市档案馆档案:B45‑2‑204‑26。

的资金外流数额较大,国家通过农村信用社抽取了农村的剩余资金。农村的贷款规模徘徊不前,远远不及存款的增长速度。

由于统购统销以及现金和商品流动均受限制,存款成为一种财产积累选择。据无锡县对 614 户的调查,1957 年在银行存款 12 263.5 元,平均每户存款及购买公债 19.97 元。1949 年后国家通过银行与信用社在无锡 11 个村发放农业生产贷款达 43 378 元,从 1954 年到 1957 年,在青黄不接的季节发放农副产品的预购定金,据邵巷、曹庄、东吴塘等 7 个村的统计有 24 086 元[①]。

(二) 民间资金的借贷[②]

随着土地改革的完成和农业经济的恢复,农民收入有所增加,部分人员手头有剩余资金,但此时已很难在买卖土地、投资私人工商业等方面有大的作为。部分资金改以高利贷的形式流转,通过满足民间资金需求来达到钱生钱的目标。这自然违背了土改和社会主义改造的初衷,其影响也超出了政府允许的经济活动范围,因而被视为危险的苗头受到严厉打击。

中华人民共和国成立之初,百废待兴,资金紧张,政府没有明确宣布借贷政策,对旧有债务关系一般也未作处理。在这种情况下,地主富农明讨暗要,想要追清债务。普通的农民债主则心神不定,认为所放之债是劳动挣来的血汗钱,同时又怕讨债被人喊剥削,内心存在想要又怕要不到的矛盾,因而有些债主只希望负债人还本钱。由于不了解政府对债务的处理态度,地主不愿借债给农民,工商业者、富农及部分富裕中农也怀疑观望。1949 年发生水灾后,农民发生粮食恐慌,借贷无门,甚至以南瓜细糠度日。由于物资稀缺以及政府对债务关系的模糊态度,苏南农村的借贷关系一时难以打通,在发生灾荒、生活生产资料紧张的情况下,部分地区甚至发生强借。

这年秋天在"生产救灾、保证不饿死一个人"的口号下,干部动员富农和少数富裕中农借米出来,没有利息,由干部负责写好借约,讲明归还时间。由于贫雇农普遍存在吃大户思想,被借户出于不得已,所以并不是自觉自愿的自由借贷。

宜兴徐舍区云溪乡在 1949 年夏征和 1950 年春荒时，干部通过会议号召，由村干部择定对象，规定借的数目，如不借就进行抄查。如上城圩对过去放债的 2 个中农及 1 个地主家进行抄查，抄出米麦各几斗，都被干部吃掉了，当时还把猪拖出来，后经纠正将猪归还。分水墩村村主任王洪生向 8 户硬借稻种计 160 斤，借给雇农 1 户，贫农 13 户，中农 3 户，一直未还。农会长王信清私用夏征名义向 7 户借单纸 335 块、稻 350 斤，农民借到后充作口粮吃掉，到年底单纸价格为 5 石米，归还时却以 2 石米来还，没有补偿差价。余圩村由政府动员市镇工商业借出，由乡村干部择定赤贫户，指定到商店中取米，但亦一直未还①。这样立据、出利息的借贷没有了，只有农民私自之间三升、五升的移借，数字很小，范围不广，纯为互助互济性质。

奉贤县砂碛乡 1950 年春荒时期没有搞好私人借贷，在贫雇农与富农中农之间存在隔阂，就由村干部作保借给贫农，没有利息。砂碛乡前农协会主任徐鸿章向中农徐杏生借白米 20 石，本利一直未还②。因此私人之间的借贷极少，即使有也都建立在宗族的感情基础上。句容九华乡第四村在斗争地主以后，也发生了强借事件，1951 年 1 月 9 日晚该村村干部与几个贫雇农闲谈，民兵分队长陈荣柏说："整天忙土改有何用（意思是忙到现在也没得到一点），不如搞点吃吃再说。"乡农协委员陈吉高也提议："大家一起借。"得到响应之后，当时有十多人讨论决定向 14 户农民借粮 6 200 斤，并要借出户写自愿借出的条子。在强借中，有的借户因无粮逼得哭，甚至发生请人讲价卖猪等现象③。可见贫雇农是最希望借粮的，同时他们又是干部的主体，更容易推动强借。这引起了中农富农的担心，如 1950 年溧阳县竹箦区王渚乡潘家村中农潘如法说："我就怕别人说我家里头粮食多，在评阶级时评为地主阶级和富农，我家的米并不多，但除去自己吃外，还能借出两担，假若将这两担米借光了，别人要来借没有了得罪人，现在讲民主，找我一点小差，就要斗争，不如不向外借，少遭风波。"他原来买了许多木材想盖房子，也不准备盖了，怕升为富农。贫农杜勒基说："天下农民是一家，谁家里多，

---

① 宜兴徐舍区云溪乡关于农村借贷关系调查材料，1951 - 09 - 23，江苏省档案馆档案：3006 - 长 - 267。
② 奉贤县砂碛乡沈陆村土改后的情况调查，江苏省档案馆档案：3006 - 短 - 353。
③ 苏南人民行政公署土地改革委员会.《苏南土改情况》第 29 期，1951 - 02 - 20。

就应该外借点大家吃,才叫互助互让,才叫团结①。"贫苦农民盼望借到粮食渡过难关,但中农富农的剩余并不多,为了调剂这有限的资源,在强制分配地主财产的示范效应下,强借也成为合法的行为。

强借之后干部也不再提归还的事情,在谈到农民之间的债务关系继续有效必须有借有还时,村干部感觉惊奇,如吴江县城厢区浦西乡龚卜村村主任陈元通说:"旧债还要还啊? 多数是还不出的②。"这种硬借引起富户藏粮或不借,造成社会不安。尽管强制借贷暂时缓解了部分贫苦农民生产生活的困难,但是这种行为往往违背债主的意愿,不受信用的约束,使得自由借贷基本不通。

鉴于借贷的混乱状况,1950 年 10 月 20 日政务院通过了《新区农村债务纠纷处理办法》,规定 1949 年前农民及其他劳动人民所欠地主的债务,一律废除。1949 年前农民及其他劳动人民所欠富农的债务,发生纠纷时,利倍于本者停利还本;利二倍于本者,本利停付;付利已达本之一倍以上而不足两倍者,得于付利满两倍后解除债务关系;付利已达两倍以上者,其超过部分亦不再退回。凡在中途改换新约的债务关系,在另立新约时将欠付利息累计在本金之内者,其累计数无效,仍按债权人原借出之本金清理。另外规定 1949 年前农民所欠农民的债务及其他一般借贷关系,均继续有效。1949 年后成立的一切借贷关系,包括地主借出者在内,其由双方自由议定的契约,均继续有效③。

这些规定在新区土改中得到了实施。宜兴县云溪乡地主在斗争会上纷纷退还借据,有的富农也自动退出,并规定地主欠农民的仍要偿还,农民之间的借贷关系予以保持。不过农民之间也不敢提出来处理,怕说出来债主被扣剥削帽子,评高成分④。由于债务问题没有作为土改工作重点,前述的强借又带来了不良影响,以致土改以后苏南农村的正常借贷普遍减少,其主要表现如下。

首先是借贷范围缩小,数量少,时间短,借贷由公开转入地下状态,互相不肯说出借贷的关系。据苏南农委调查,1951 年青浦、南汇、金坛、溧阳、句容、高淳 6 个县 12 个典型村土改以后借贷均在暗中秘密进行,借贷数量较土改前少,时间

① 溧阳县竹箦区王渚乡打通借贷关系的情况介绍,1951 - 04 - 25,江苏省档案馆档案:3006 - 长 - 267。
② 吴江县城厢区浦西乡关于农村借贷关系调查报告,1951 年 9 月,江苏省档案馆档案:3006 - 长 - 267。
③ 苏南人民行政分署土地改革委员会. 苏南土改情况[N]:第 4 期,1950 - 11 - 07。
④ 宜兴徐舍区云溪乡关于农村借贷关系调查材料,1951 - 09 - 23,江苏省档案馆档案:3006 - 长 - 267。

也短。金坛圩埂、汤庄二村相互有借贷关系的户口,仅占二村总户口的19%,且绝大部分是借入户[1]。无锡江溪乡土改后不仅原有几种高利贷不复存在,借贷关系也基本不通,少量的自由借贷只凭信用不需利息,一般是三四斗米临时性的小借贷,且各自保守秘密[2]。有的借贷关系还行,但范围比1949年前缩小,在关系上仅限于亲戚朋友或极可靠的人。贷出者主要是工人或一些小土地出租者,一般不暴露其利息及数字[3]。负债者怕讲了下次借不到,债主怕讲了大家都要借。宜兴云溪乡分水墩村中农王阿坤,在小组会上他叔叔向他借米,他表面拒绝,过后又把叔叔叫来说:"你为什么在小组会上提,你一借大家都要向我借,我应付不了,现在你要借,等我牵了砻你来借一斗好了。"[4]宜兴县1949—1950年自由借贷情况较为混乱,1951年以后稍好,美东村自由借贷不敢公开,怕借贷人过多,剩余户难以应付,也有的怕借出去收不回来,因此普遍产生怕露富思想。1952年宜兴美东村有剩余户约35户,占总户数的20.1%,每户余粮100～300斤,缺粮户约65户,占总户数的37.3%,平均缺米8斗至1石。负债户约40户,占总户数的23%,而1949年前全村负债户约100多户,占总户数的60%,负债最高额户达谷子300多担[5]。负债户的减少,反映了借贷关系的低落。1949年前常熟县扶海乡借贷关系是建立在农民之间的(富、中贫农),借出者多数是生活较好的富裕中农,其次是富农和中农,地主一般不放债给农民,他们主要是投资围沙滩。中富农放债是由于生活上能自给自足,比较富裕,多余的粮食投资围沙太少,又受到地主(沙棍)的排挤。而负债者多数是贫农和一部分中农,他们借债是由于顿沙田(指交了押租种沙田)、生活困难和苛捐杂税,尤其是壮丁米。但到了土改前后,农村借贷关系已呈停顿状态,有极少数的在暗地里建立借贷关系,如常熟县扶海乡中农陈才明在1951年夏种时缺肥向其亲友米三根(贫农,住邻乡)借花不计息。又如中农袁福庆是做小木作的,以前向中农仇三姐借的花按期还,仇三姐仍答应借一包花给他(利息二分),其借贷是保持在原有的情感和信用

① 十二个典型村调查情况综合汇报,1951年12月,江苏省档案馆档案:3006-短-242。
② 无锡县江溪乡土改后农村阶级经济情况变化调查报告,1951-10-20,锡山区档案馆档案:B1-1-13。
③ 江阴县夏港乡关于土地改革前后农村阶级经济情况变化的调查总结,1951-10-01,江苏省档案馆档案:3006-短-333。
④ 宜兴徐舍区云溪乡关于农村借贷关系调查材料,1951-09-23,江苏省档案馆档案:3006-长-267。
⑤ 苏南宜兴县农村经济调查报告,1952-09-16,江苏省档案馆档案:3070-短-216。

基础上①。无锡三蠡乡第三村的习惯一般是借米还米,年利大多以50%计算。1949年前借贷关系较密切,借出户是富农以上成分,借进户贫、中农占多数,满2石以上的债务就须凭中立据或用田单饰物作抵押,1949年后借贷关系基本停止,所有借贷的大部分在贫中农之间,数量不大,为两三斗米②。由于农民对借贷政策存在顾虑,加上借贷"地下化",所以实际借贷应该更多一些,但仍然处于不正常的状况,因而借贷总体上是大为减少。

其次,借贷手续简化,利息普遍下降,甚至干脆不付利息。据苏南12个典型村的调查,利息一般是两三分,有的人嫌利息低,如富农马水仁说:"两三分利算啥,干脆不要利息。"个别地主则用来投入商业。另外,生活比较富裕、购买大农具而借贷者占借贷户的多数,生活困难的贫苦农民则不易借到,因为借出户深恐贫苦农民因还不出被迫出卖土地,影响不好③。1949年前夏港乡借贷习惯用纱来计算,每包纱约值米一石,月利5%,即每包纱20小把,每月利息为一把纱,如贫农吴金潮1947年借吴满生2包纱,每月加利两把纱,这是当地一般利率,还有更高的利率。1949年后少数贫农与中农之间的借贷也有无形结束的,如贫农吴玉生1946年借中农徐同庆2石米,月利100%,共付息9.6石米,1949年后就没有再付本息④。个别出于周转的迫切需要,仍有利息较高的现象,如宜兴县美东村一般多以实物借贷,春季借米一石,秋后还谷300~320斤。也有的以实物出贷折价归还,听涨不听落,一般无利息,借贷双方多为亲戚或邻居关系。可见由于借贷范围大多缩小至亲邻之间,利息总的还是在下降⑤。互助性质的借贷无利息,如1951年夏种时,吴江县浦西乡干部领导富中农借出稻种2 000斤,解决了19户贫雇农缺种困难;还有一种是将近秋收时农民之间为了解决暂时食用的小困难,而进行临时性的暂借,新谷一收即行照数奉还⑥。江溪乡土改后的借贷

① 常熟县南丰区扶海乡土改后农村阶级经济情况变化调查,1951-10-20,江苏省档案馆档案:3006-短-331。
② 农村阶级经济情况调查报告——无锡三蠡乡第三村典型调查材料,1951-12-10,锡山区档案馆档案:B1-1-13。
③ 十二个典型村调查情况综合汇报,1951年12月,江苏省档案馆档案:3006-短-242。
④ 江阴县夏港乡关于土地改革前后农村阶级经济情况变化的调查总结,1951-10-01,江苏省档案馆档案:3006-短-333。
⑤ 苏南宜兴县农村经济调查报告,1952-09-16,江苏省档案馆档案:3070-短-216。
⑥ 吴江县城厢区浦西乡关于农村借贷关系调查报告,1951年9月,江苏省档案馆档案:3006-长-267。

大多是一言为定,不用中保,不做手续,不计利息,时间一般为半年至一年。借出户钱的来源是家庭有人在外做工,或是副业收入有积余。据江东村 106 户的调查,1951 年全村借进的有 26 户(贫农 15 户,中农 10 户,其他成分 1 户),共借进大米 19 364 斤;借出的有 11 户(贫农 1 户,中农 8 户,其他 2 户),共借出大米 3 214 斤。1952 年借进的有 28 户(贫农 13 户,中农 14 户,其他成分 1 户),借进大米 17 083 斤;借出的有 8 户中农,借出大米 1 486 斤[1]。在宜兴云溪乡,同一村中亲朋邻舍间的移借较普遍,期限较短,无票据,无利息,以实物还实物,如分水墩村有 70% 的贫中农之间有借贷沟通,数量最多 1 斗,最少两三升,单纸自 5 块到 10 块,主要是借作口粮。上东村中农王小春借出早稻米 3 石余,借进的有 20 多户贫中农,最多的借进米 3 斗,最少 5 升,无手续无息。余圩村有 30% 的贫中农发生了借贷关系,如贫农徐发清借出单纸 80 块,合米 3 石余,借给了十几户农民,又如农民徐福龙借出单纸 60 块,合 2 石 8 斗,借给贫农 6 户,无手续无利息,仍以单纸归还。同时农民对利息问题有顾虑,如云溪乡湾江村贫农许益松、中农吴保华说:"利息照官利(指政府银行利息)太少了,不如放在银行里保险一些,又要犯法的[2]。"有的农民要求政府规定利息范围,根据习惯每石米一年还稻 350 斤。

最后,废除债务和强借混乱了正常的借贷秩序,使农民产生了种种顾虑。放债的怕借了不还,怕被指为剥削,提升阶级成分,或怕借开头大家都来借;中富农"怕富",而有部分贫农存在"穷光荣"的思想。土改初期关于债务问题仅宣布农民 1949 年前所欠地主阶级的债务一律废除,其他阶层债务双方当事人思想混乱,认为 1949 年前的债务不分阶层一律废除。大部分抱着还得起还、还不起歇的态度,一部分怕还了以后仍然借不到,不如不还,以免加重自己的困难,还有一部分不管还得起还不起,干脆不想还[3]。

据 1951 年常熟县郑桥乡 5 个村的调查,债权人只要求还本,不要利息,债务人则拖延不还,致使各阶层对借贷关系产生了种种顾虑,加上 1949 年秋冬及

---

① 市镇地主多余房屋的处理、土改后借贷、租田、买卖田的情况,1952-12-11,锡山区档案馆档案:B1-1-17。
② 宜兴徐舍区云溪乡关于农村借贷关系调查材料,1951-09-23,江苏省档案馆档案:3006-长-267。
③ 吴江县城厢区浦西乡关于农村借贷关系调查报告,1951 年 9 月,江苏省档案馆档案:3006-长-267。

1950年春荒时发生强借没有归还,以致有的农民认为土改后旧有债务关系已不存在,因此新的借贷关系难以沟通,如吴县新合乡中农丁阿根说:"过去放债人心偏,要重利,现在借进的人心偏不想还,所以借贷就像筑了一条坝,两头不通。"①在无锡江东村,借出户怕被说剥削提高成分,多交公粮,认为善门难开,怕大家都去借,讨债一旦发生争吵,农会知道他有钱,如土改前中农林荣根借给贫农林益根一石米,未满一年林荣根去讨账,被林益根大骂剥削,要和他算剥削账,不肯还(也未付过利息),结果中人吃了隔挡(吃亏)。这样以致利息难定,要利不好,不要利又不好。借进户则故意误解借贷政策,对旧有债务置之不理,普遍以"穷"字当头,认为债务不还无所谓,如林小度说:"我穷,还不出拿我怎么办。"②无锡三蠡乡第三村小土地出租者周洪生,在1948年底借给同村6户农民6石大米,仅收回7斗,他说:"当初是想些利钱,但现在连本钱都无法收回,目前我准备讨回后嫁女了,不晓得政府是否让我去讨账?"常熟县扶海乡中农王老太在秋收前家有平包花不敢拿出去卖,富农沙鸿谟吃的白米饭,见群众去马上藏起来,贫农鲍奎富1949年后两年中借的7斗米未还,1951年春又托人代借米一斗,到期仍不还,反而说:"人民政府不准饿死人的,我还了就要饿死了。"③1950年负债户周云泉对周洪生提出债务要全部取消,周洪生听了这话就没再去讨账。这引起了富裕中农以上农民的反感,他们反映:"终归要政府有个保障,借贷才得沟通。'千日不还,万日不赖'(指负债户)的脾气实在太坏了。"④但是政府也很难阻止不守信的行为,如宜兴云溪乡分水墩村贫农王伯高1949年前借贫农王明大2担米,1949年后王明大去讨,双方争吵起来并到乡政府去调解,结果王明大仅拿到1担稻(5斗米)。上城圩村中农董显根说:"从前借出来的人没有收述,现在政策上虽说有借有还,但借进人如果不还,政府不会帮债主去讨债的。"⑤一般有信用的勤俭农民比较容易沟通。农民认为前账未清,后账难开,希望最好由政府出面处

---

① 苏州地委农委关于农村借贷关系的情况及意见,1951-10-05,苏州市档案馆档案:H1-2-18。
② 无锡县江溪乡土改后农村阶级经济情况变化调查报告,1951-10-20,锡山区档案馆档案:B1-1-13。
③ 常熟县南丰区扶海乡土改后农村阶级经济情况变化调查,1951-10-20,江苏省档案馆档案:3006-短-331。
④ 农村阶级经济情况调查报告——无锡三蠡乡第三村典型调查材料,1951-12-10,锡山区档案馆档案:B1-1-13。
⑤ 宜兴徐舍区云溪乡关于农村借贷关系调查材料,1951-09-23,江苏省档案馆档案:3006-长-267。

理过去债务,且认为有了农会担保才能借贷,要求新建立的债务得到合法保障。

农村各阶层都希望沟通借贷关系,特别是贫雇农因缺少生产与生活资料,要求更迫切。面临这样的情况,地方政府把借贷关系不通的主要原因归于干群对自由借贷政策的认识不清,个别借进户思想"过左",认为1949年前的任何借贷都同地主一样处理,完全"否认"了债务关系。尤其在土改后对十大生产政策贯彻得不够,因此农民在思想上存在顾虑。当时苏州农委就提议在干群中宣传自由借贷政策是有借有还,并有一定的合法利息,对农民提出"有借有还,再借不难"的口号,"使其认识沟通借贷关系是解决农民生产与生活困难的一个办法,端正各阶层对借贷的认识。正确处理旧的借贷关系,坚决贯彻政务院《新区农村债务纠纷处理办法》,这样才能沟通农村新的借贷关系,如不妥善处理旧债务,则新的借贷关系就很难开展。全国财政经济统一后,目前物价稳定了,因此在利息方面,一般应规定年利二分到三分(抗战前利息),只要真正做到有借有还,借贷关系开展起来,这样对发展农业生产是有利的。"①

当时调查中普遍强调的是要沟通农村借贷关系,这样就必须广泛深入地宣传借贷政策,通过处理旧有债务,澄清群众模糊思想,加强群众政策认识,发扬互助精神,"建立友爱的新借贷"②。其实这只是看到了表面的原因,实际上借贷的壅塞不仅仅是借贷政策的缘故。借贷的不正常与自由借贷政策之间产生了紧张关系,关键在于按《新区农村债务纠纷处理办法》来理解,容易把正常的利息收入视为非劳动所获,而非风险收入,将借贷当作只是一种调剂有无的互助手段(如地主的债被废除之后,引致部分农民不想还债,而强借更是带有均平的意味)。特别借贷数量超出一定范围以后,更易拔高其牟利的非法性,而忽视了资金自身收益带给债主的激励作用。放债的人要求政府做保障,强调政府应干预和维护借贷,这样的保证,既可以起到保护契约的作用,也便利了国家意志的越界。其实这与土改中的阶级划分有着密切关系,乡村中的有限资源最易显眼,借出分明是富余的表现,收取利息是剥削的标志。为了不成众矢之的而被提高成分,多交公粮,因此有能力借的人也趋向减少借贷,或者干脆就不外借。这也正符合传统

---

① 苏州地委农委关于农村借贷关系的情况及意见,1951-10-05,苏州市档案馆档案:H1-2-18。
② 无锡县江溪乡土改后农村阶级经济情况变化调查报告,1951-10-20;农村阶级经济情况调查报告——无锡三蠡乡第三村典型调查材料,1951-12-10,锡山区档案馆档案:B1-1-13。

乡村中"财不露白"的古训。

苏南农村新的借贷关系,大多是干部领导建立的。1951 年春荒时,溧水县东芦乡二村在村主任徐景才带领下,先从生活较好的干部借出,共 5 户借出 1 石 4 斗米,解决了 7 户困难。通过干部借的债主不肯要利息和借条,自由借贷的也都是转请关系人商议。但这样的借贷容易混乱,像小毛园村富农陈国明 1949 年借出 950 斤稻一直没有要到,因为是干部借的,借给哪些人也忘掉了。又如高塘村中农秦德勤 1949 年前借给雇农仇普海 4 担稻,本利都没还过,看大势,债主仇普海也没法要①。干部包办代替很普遍,贫雇农就有依赖思想,同时也会造成债主只信任干部不信任负债人。

然而,当时农村还比较贫困,由于生病死人等意外事件、青黄不接缺少口粮、缺乏生产资料、起房造屋一时短缺等种种因素,缺少资金的农民必须通过借贷来调剂生产生活。贷的需求仍很旺盛,但借的来源却相对较少,仅仅靠干部出面借是远远不能满足需求的,以致苏南部分地区出现了高利贷。

据 1953 年调查,武进县各区都发现高利贷,特别是湟里、卜弋、焦溪、雪堰等区最多。湟里区旄东乡二村 201 户中有 175 户借高利贷,雪堰区黄堰乡卖出青稻 8.08 万斤,漕桥乡卖出 2 万多斤。在农村里有放青稻,放忙工钱,借实还实,借金子,期猪期牛;在集镇上有印子钱、标会,利率最高月息三角,一般是七八分,超过银行放款利率 7~30 倍。农村高利贷都是发生在四五月和八九月的青黄不接时期,中秋前后最多,放债的有商人、富农、贫农(已上升为中农)、中农、工人。商人放的金额大,中贫农的户数多,如雪堰区潘家桥工商联主任王仕大放青稻 7 000 斤(未承认,但已查明的有 1 500 斤),湟里区旄东乡二村卖出的青稻 27 284 斤中,5 个商人即占 43%(11 847 斤)。借债的绝大部分是贫农,他们在土改后虽然分进了土地,但由于底子浅薄,生产生活上还有一定的困难,特别是遭受了天灾人祸,只得像湟里区农民所说:"拿着刀子往肚里吞。"高利贷的范围逐渐扩大,由隐蔽而公开,而且出现了一种专门经营的所谓中间人,俨然像个地下钱庄。湟里区旄东乡二村唐根龙(乡委员),三年来经手放出青稻 8 万多斤②。

---

① 溧水县东芦乡借贷关系调查,1951 年 9 月,江苏省档案馆档案:3006 -长- 267。
② 武进县农村高利贷调查报告,1953 - 11 - 08,武进区档案馆档案:3 - 23 - 1 - 5。

　　无锡县放高利贷的现象也很普遍,包括私商、富农、中农及少数贫雇农。蠡
湖、安镇、八士等区私商、富农买青稻的现象十分严重。据对景渎乡的初步了解,
全乡已有 30 多户农民放债,太芙乡秦巷村共 14 户人家,富裕中农沈济仁放高利
贷 41 石半(三分利),全村 13 户(10 户贫农,3 户雇农)都欠他的钱①。

　　高利贷产生的主要原因是农民家底薄,经济力量脆弱,非经济作物区没有副
业,每年只靠二季农作物,周转缓慢。同时 1949 年后产量提高,部分农民收入增
加,将游资出借。高利贷引起了地方政府的注意,并被认为有两大危害,"一方面
促使阶级分化,阻碍生产发展,如湟里区农民鞠吉连被逼得年年卖田搁田,日里
做,夜里愁;另一方面高利贷有助于资本主义思想的发展,如不加以扼杀,会使农
村面貌改观"②。因而提出要进行严厉打击加以消灭,并从严处理放高利贷的干
部。但是农民听到政府宣布的高利贷偿还办法,既欢喜又顾虑,他们说:"政府真
是照顾穷人,但是以后遇到困难恐怕借不到了。"这正是农村面广人多,资金供给
严重不足的表现,也说明了出现民间高息借贷的原因。农民的投资意识正源于
原有的商业氛围,包括贫雇农也不例外。

　　除高利贷之外,还有其他形式的借贷。无锡县蠡湖区塘南乡共有借出户 23
户,其中富农 5 户,富裕中农 2 户,中农 13 户,贫农 2 户(缺 8 个村);全乡共有借
进户 34 户,其中富农 3 户,中农 18 户,贫农 23 户(缺 7 个村)。一种是没有利
息,在春秋荒时借,数字不大,大多是亲戚朋友之间,另一种是 2 分息,没有"粒半
头"。借出户的来源有做生意、厂里做工钱、副业(如裁缝、养猪)、增产节省下来
的粮食等,而借进户主要是由于看病(3 户)、死人(2 户)、结婚(1 户)、买肥料(4
户)、吃饭(34 户)。借贷形式一般是亲帮亲,邻帮邻。另有搭会,大多是"七子
会",七年结束,农六村共 53 个农户,搭 8 个会,参加"七子会"的有 30 户,这种会
由困难户去搭,入会的都是至亲好友,如农二村顾正宝搭的是由岳父、姨母、两个
侄儿、两个好友搭成的,他们一共 60 担稻。添会办法是:头会 15 担,二会 13
担,三会 11 担,四会 9 担,五会 7 担,六会 5 担,这种会称为"赖本二分息",大部

---

① 城乡资本主义剥削和农村阶级分化的情况,1953-11-25,锡山区档案馆档案:B1-1-12。
② 武进县农村高利贷调查报告,1953-11-08,武进区档案馆档案:3-23-1-5。

分是 1949 年前搭成的①。可见一般的借贷还是局限于亲友等血缘圈子里,社会信任度较低。加上获息易遭剥削之名,以及政府对高利贷的打击,给农民的借贷赋予了地下活动的色彩。

江阴马镇乡红星农业合作社的负责人,曾来沪由社出面,向上海市中华橡胶厂私方及职工借款 2 000 多元,购买耕牛 30 多头,据说是由于 1957 年二次大雪,冻死耕牛很多,而乡人民政府有"三不原则"(不贷款,不贷肥料,不贷耕牛),所以到上海以同乡关系借款购牛。另听说轻工业工会干部中也有借给款项②。

自 1956 年 12 月至 1957 年 3 月,农业生产合作社写信给上海资本家要求借款的已发生两起。据上海市工商联反映,1956 年 12 月,江苏省宝山县杨南乡星火第一农业社社长陈士平、张允平等 4 人联名写信给荣毅仁,谓 1956 年农业生产遭受严重自然灾害,棉花减产,影响社的再生产和社员收入,要求贷款 2 万元,到 1957 年秋收以后归还。并曾第二次来信催复。市工商联按照荣的意见,函转松江专员公署研究处理。

又据徐汇区委统战部反映,1957 年 3 月,浙江省余姚县开元乡繁荣农业社主任施志芳等人写信给徐汇区工商联副主委张稼夫,称日前来沪面商借款问题,请尽力早点带来。并附来开元乡人民委员会证明函一件,内称:"兹证明开元乡繁荣农业生产合作社……为了经济的调剂,支持农业生产,搞好工农联盟,进一步团结一致搞好生产……经本乡同意,希你负责解决为要。"(据说,余姚县人民委员会曾向各社布置:凡能设法向上海借款的可尽量争取来乡投入生产。)资本家表示,"如果从有利生产出发,当可考虑借给他们,但顾虑是否有不符政策之处,怕戴罪名"。因此他们所采取的办法是通过工商联转请农业社的领导单位研究处理。此外,尚有学生、小学教师(因病休养的)等人写信向荣毅仁借款,借 100 元乃至 1 万元的③。当时认为,以农业合作社的名义,特别是由乡人民委员会证明向资本家要求借款,政治影响不大好。

① 无锡县蠡澐区塘南乡土地改革后"借贷""租佃""雇佣"和"卖买"的情况调查报告,1952 - 12 - 09,锡山区档案馆档案: B1 - 5 - 65。
② 转上海市委统战部和民建上海市委关于江苏个别农业社向上海资本家借款等情况的资料,1957 - 04 - 18,江苏省档案馆档案: 3062 -短- 165。
③ 关于个别农业社向上海市资本家要求贷款情况给上海市委和上海局的报告,1957 - 04 - 09,江苏省档案馆档案: 3062 -短- 165。

1955年江湾区巽河乡、水电乡发现有高利贷和标会的活动。巽河乡中电村的曹昧清、汤林江两人有发放高利贷的活动。曹昧清1954年春得土地费380元，最初存入银行，9月提出来放高利贷，放款对象三人：贫农陆宝英借了30元，6分利息，陆宝英说是代自己的房客借的，用途是治病，当时信用社尚未成立。贫农王富林1954年9月借了50元，7分利。开豆腐店的王香元借了50元。中农汤林江1954年获得土地费400元，9月放贷给三人。一个是浦东亲戚，借40元，利息未知。第二个是贫农史新才，因儿子要结婚1954年9月借款100元，利息未知。工人曹郎，1955年2月借了20元，利息5分。

标会活动：①曹昧清于1955年1～2月间组织标会，13人参加，每人10元，有小贩、工人和农民。曹昧清因放出贷款一时收不回，1955年3月18日称生活困难向信用社借10元，社里知道她是付标会用的，未同意借。②陆宝英组织标会，11人参加，每人5元，标子1角7分，据说是生活困难组织标会，参加者有信用社理事沈金宝。③孙和尚，住水电乡大同村，造房六大间，约6 000元，尚未盖好。4月5日开始组织标会，20人参加，每人20元，每月5日标一次，包括贫农15人，店老板2人，摊贩1人，工人2人。标子一般在3元左右。孙和尚的目的是为盖房子购买木料砖头。参加者中8人也是准备造房子，其中3人曾向信用社贷款未借到，就组织参加标会。参加者还有信用社干部曹宝泉，干部赵惠英的丈夫，以及社员2人。④张金福住巽河乡陆丁巷，组织了15人的标会，每人每月20元，工人居多。这4个标会，最小的55元，最大的400元①。

据1964年的报告，上海市城乡高利贷相当普遍②。绝大部分是1960年后发展起来的，经过1963年的社会主义教育运动，有所收敛但活动更加隐蔽。形式主要是放债和标会。放高利贷者，有地富反坏分子、投机倒把分子、资本家、富裕中农，也有工人及职工家属。个别的地方还有贫农、党员以及干部。郊区以富农和富裕中农为多，市区以小业主和职工家属为多。据不完全统计，10个县已经发现放高利贷的300多人，市区更多一些，仅南市区发现有108人。市区不少是两者交叉的，有的标了会放高利贷，有的标了会还高利贷。如黄浦区大庆街里委

---

① 中国人民银行上海分行江湾区办事处农信股关于高利贷及标会活动情况典型事例调查的报告，1955-05-16，上海市档案馆档案：A71-2-436-47。
② 关于本市城乡高利贷活动情况和取缔办法的报告，1964-04-10，上海市档案馆档案：B6-2-499。

会1 000户居民中,参加标会的有400户,其中在70户会首中,有10户是兼放高利贷的。放高利贷的资本,市区一般是300~500元的为多,最高的有一两万元,郊区一般在一两百元。据南市区对108个高利贷分子的分析,资本100元以下33人,占30.5%;100~500元的57人,占52.7%;500~1 000元的11人,占10.1%;1 000元以上7人,占6.7%。地富反坏和资本家人数少,资金较多。如高桥镇的王念春,1949年前曾在石油公司任职,1949年后开店,社会主义改造时歇业,操纵了全镇的大部分标会。

高利贷和标会利息较高,一般为一两角。如益元路的范三子,1952年起以月息3角向62户居民放债,从500元资本开始,获利9 500多元。平凉街道职工家属王素珍在1963年4月向一个小业主先后两次借了粮票30斤,一次以2斤粮票借三天付1斤利息,又一次以5斤粮票借三天付2斤利息。康元玩具厂工人王阿三(家住余姚路),从1960年起以月息2角向另一个高利贷主借款后,以一倍的利息转手放债给邻居郁赛金,郁赛金因孩子生病,急等用钱,向王借了400元,后来要还800元。

借高利贷和参加标会的人,城市多数是工资较低的职工及其家属、街道居民和社会青年,也有小商贩。农村多数是贫下中农,还有集镇居民及手工业者。嘉定县57个借高利贷者,贫下中农46户,占81%。借贷和参加标会的原因,有的由于生病、死人、生育、修理房屋,有的是生活安排不善,个别也有借债去搞投机贩卖活动的。浦东梅园新村居民陈春弟(原先是保姆)将积蓄1 000多元放高利贷,后来保姆也不做了。余姚路职工家属蒋小宝(丈夫符恒田,党员,静安区人民代表,该里弄委员会副主任),从1959年以来放高利贷获利1 200多元,还扣借债人粮票100多斤和借债人4年多的日用工业券。

1958年崇明县民间利贷的重要原因是,几乎停止了向社员个人发放贷款。后来恢复了,但控制很严。

第四章

市场层级与管理体系的演变

中华人民共和国成立以后,通过工业化和社会主义改造,确立了新的产权制度和经济管理模式。原先的长江三角洲市场体系被中央—地方—企业的计划安排所替代,垂直的单位化管理打破了区域内的商业、商人网络,将上海承载的商业、贸易、金融的中心地功能剥离,使之向单一的工业基地转化。随着国营工商业和供销合作社的一统天下,商品的交易空间和管理体系发生了质的变化,近代以来的港口—腹地、城市—农村、沿海—内地的市场层级被条块分割的行政部门取代。生产要素主要通过调拨向上海流动和集中,产品和企业的竞争转变为行政机构、行业部门的协调,从而削弱了经济组织、市场主体的塑造和培育。政府办企业、企业办社会,行政与地方产业的相互渗透对后来的苏南模式以及今日长三角的地区竞争有着深远影响。

一、国营商业和供销合作社

国营商业和供销社的广泛建立是市场管理的机构化、行政化、稳固化的过程,其中更多体现了政府意志的主导。

(一) 国合商业机构的建立

中华人民共和国成立初期,长三角的主要市场从以私商为主逐渐转变为国家掌握。如松江亭林镇 1951 年度粮食出售占产量的 25%,棉花占产量的

49％,农副产品总出售量占总产量的 32.2％。集市买卖很兴盛,亭林镇外还有 13 个小市镇,共有固定坐商工商业户 850 余户。大镇三六九,小镇天天有。每个市镇有早晚两市,农民自产自销副业产品和日用品。另有按季节定期召开的以零售为主结合收购的交流大会,每年三次,农历八月廿四的施王庙会,十月八日的十月庙,六月二十三日的水龙会。原有私商 850 余户,固定资金 27 亿元,流动资金 25 亿元。1950 年冬季前,市场控制在私商手里。1951 年总交易额为 418 亿余元,其中私商 312 亿余元,占 74.6％,国营公司、合作社 106 亿元,占 25.4％。私商交易额中供应占 78.4％,收购占 21.6％。1952 年上半年总交易额为 166 亿元,私商 83 亿余元,占 50.2％,国营公司、合作社 82 亿余元,占 49.8％。私商交易额中供应占 85.6％,收购占 14.4％。私商资金逃避,活动资金连续下降,1952 年比 1951 年下降 42.8％,1951 年比 1950 年下降 27.2％[1]。

市场主导权逐渐由私商转到国家手里。政府抢占货源,要求棉花全部由国家掌握,“一点也不能让步”,稻谷收购百分之七八十,其余小麦、黄豆、大麦、草籽等国家掌握 50％ 左右。豆饼、肥田粉必须由国家通过合作社全部供应。食米、饲料的供应,国营公司、合作社占百分之五六十。对于油盐等副食品,五洋、百货、南北货及其他消费品,国家只需掌握 30％ 左右。

1953 年以后,国家对小商贩采取组织合作商店或合作小组的形式进行改造,小商贩逐年减少,如江苏省 1955 年 9 月为 22.3 万家,到 1956 年未进入合作小组和商店的摊贩只剩 2 000 多家。1958—1960 年,剩余商贩大部分又被取消。1961 年国民经济调整,允许摊贩参加农村集市贸易和短途城乡贩运。但规定小商贩一、二类商品(粮、棉、油、猪、禽、蛋等)和三类商品的大部分不准经营[2]。1955 年 2 月,江苏省供销合作总社提出,为缓和市场紧张,把农村现有的私营零售商贩全部维持下来,以便积极稳步地对农村私商进行社会主义改造。根据国合分工原则,两万人以下的城镇由供销合作社负责安排,因此对两万人以下的属于县城以下的集镇,原有国营公司的零售业务应立即停止门市零售,落实与加强

---

① 亭林镇初级市场的基本情况,1952-09-06,江苏省档案馆档案:3065-永-10。
② 江苏省地方志编纂委员会.江苏省志·商业志[M].南京:江苏人民出版社,1999:16.

批发业务,对县城一级国营公司,原则上也必须停止零售。为防止业务脱节,应根据当地实际情况,有步骤地进行并掌握如下原则:①当地合作社零售占的比重较大,私商维持很困难,国营公司应立即停止门市零售,充实加强批发业务。如私商维持仍困难,合作社零售亦应再考虑适当派出一些。②当地国营公司与合作社零售虽然占比较大,但对安排市场维持私商影响不大者,国营公司可以采取缩小零售品种与零售额的方法,分批逐步地实现全部停止门市零售,目前这些地区公司零售计划统一由合作社负责安排。③如个别地区当地合作社零售比重较小,有必要保留国营零售机构者,可予保留①。

现将江苏、浙江、上海的供销社建立情况分述如下。

截至 1962 年底,江苏省土地总面积为 10.26 万平方千米,总人口为4 333.74 万人,每平方千米 422 人。省辖市 7 个,专区 7 个,专区辖市 4 个,县 61个。农村人民公社 1 844 个,生产大队 32 031 个,生产队 310 114 个,公社化前原有高级社 30 512 个。② 苏南地区执行以乡或以较大村庄建社的原则,推广无锡县永安乡合作社以大村庄建社的经验。永安合作社原设在乡里,出现了"四少一多"(社员少、资金少、业务少、收益少、开支多),1950 年 10 月迁到梅村镇后才得以扭转。1951 年起苏南地区改变乡乡建社的局面,实行以集镇为中心建社,合作社从乡村进入市镇,扩大了经营范围。但是苏南集镇多,一区之内镇多社多。一些幅员较大的镇,社员多买卖不便,社员要就近入社,又受到行政区域的限制,如吴江震泽等区在一些边界地区,还发生互相阻止对方入境发展社员的现象③。

1953 年,江苏省合作总社建立,实行以集镇为中心,以经济作物区为重点的方针。1954 年农村掀起农业合作化高潮,接着实行粮食统购统销,基层供销社不仅全力协助粮食部门搞好统购统销工作,还要承担对农村初级市场的领导管理和对私营商业改造的任务。以经济区划、集镇为中心设置基层社,往往与行政

---

① 江苏省供销合作总社:关于两万人口以下的农村城镇国营公司撤销零售机构问题,1955-02-28,江苏省档案馆档案:3205-短-279。
② 江苏省供销合作社编《江苏省供销合作社统计资料(1949—1962)》,第 1 页,1963 年 9 月,江苏省档案馆档案:4062-001-059。
③ 江苏省地方志编纂委员会.江苏省志·供销合作社志[M].南京:江苏人民出版社,1994:33-34.

区布置和安排农村经济工作不相适应,于是开始按行政大区调整基层供销社。到1956年末,江苏省有723个基层社实行以区建社,57个基层社仍保留以集镇建社。1958—1960年,江苏农村撤区并乡,基层社亦以行政乡为单位建社,实行一乡一社。1962年末江苏省有基层供销社1 391个,比1956年增加611个(见表4-1)。1963年试图按经济区进行调整,但是由于主要农业生产资料均按公社分配,这一调整并没有普遍实施。按行政区划建社,导致基层社易增难减,数量不断膨胀(见表4-2)。1965年江苏省基层社比1962年增加662个,总数达到2 053个[①]。

表4-1 江苏全省供销社组织、机构统计表

时期	年份	基层社数/个	经营单位门市部/个	年末社员数/人	年末股金/元
恢复时期	1950	1 473		1 643 642	1 192 535
	1951	2 144		5 623 500	5 907 660
	1952	1 921	4 305	8 454 396	11 593 417
"一五"时期	1953	1 730	6 315	9 537 275	14 978 082
	1954	1 532	8 577	9 880 003	16 697 041
	1955	757	8 460	9 245 062	16 382 821
	1956	694	8 426	9 244 588	17 430 881
	1957	647	7 164	9 085 538	17 144 093
"二五"时期	1958	951	6 580	9 193 532	19 017 846
	1959	1 567	12 727	9 193 532	19 017 846
	1960	1 491	9 692	9 193 532	19 017 846
	1961	1 644	10 529	8 530 080	15 763 000
	1962	1 391	9 127	9 174 862	17 087 000

注:1958—1962年基层供销社数,即供销部数。

资料来源:江苏省供销合作社编《江苏省供销合作社统计资料(1949—1962)》,第101页,1963年9月,江苏省档案馆档案:4062-001-0059。

---

① 江苏省地方志编纂委员会.江苏省志·供销合作社志[M].南京:江苏人民出版社,1994:35.

表4-2 江苏全省供销社人员、工资统计表

时期	年份	年末人数/人	平均人数/人	工资总额/元	平均工资/元
恢复时期	1950	9 870	10 012	2 242 690	224
	1951	31 840	32 277	7 359 156	228
	1952	47 100	47 744	12 284 104	266
"一五"时期	1953	47 627	48 328	14 305 088	296
	1954	57 567	55 368	18 524 683	335
	1955	75 022	64 185	22 829 383	356
	1956	73 184	71 494	30 098 974	421
	1957	73 444	74 605	34 019 880	456
"二五"时期	1958	67 936	69 363	29 543 638	426
	1959	109 717	112 021	44 920 421	401
	1960	109 936	114 261	46 733 040	402
	1961	119 969	128 969	50 555 849	392
	1962	104 005	112 949	46 775 000	414

资料来源：江苏省供销合作社编《江苏省供销合作社统计资料(1949—1962)》，第102页，1963年9月，江苏省档案馆档案：4062-001-0059。

关于农村行政区划变动后基层供销社的组织机构调整，江苏省社认为，应与农业合作化以后农村商业网的调整作通盘考虑。强调今后建社原则仍应以集镇为中心，经济区划不一定与行政区划完全一致，加之农村商业网的调整需要做全面规划，有计划有步骤地进行。因此，对行政区划变动后基层合作社的组织机构，目前一般不应急于变动。具体意见有：①在同一个市、县范围内行政区划虽有变动，基层社现有组织形式一律暂不调整，不受行政区划变动的限制，一切工作仍按原来的业务范围照常进行，其领导关系均属该区社所在地的区委领导。②凡跨专区或跨市、县的基层社，为便于领导，可以随行政区划划分。凡跨出跨入的部分能单独建社的(符合经济核算，便利群众买卖)应单独建社；如跨出跨入部分因地区限制不能单独建社，但又属中小集镇者，应将临近区社的业务范围划进一部分以便尽可能地单独建社，便利群众买卖；如不属经济中心不需要单独建社者，应与附近区社进行合并；凡划出部分地区的基层社，其所余部分亦应按上述原则办理。在组织机构变

动时绝不能影响当前业务。③在专区之间,市、县之间划出、划入的基层社,其财务划分:除社员股金照实有数字划分外,公积金、公益金应依社员比例分配,教育基金、干部奖励金等均按干部分配比例分摊;在干部划分上:业务干部应随行政区划之机构交接,行政干部由交接双方视业务需要与干部条件协商解决①。

浙江省和嘉兴地区的供销社数量和网点情况如表4-3~表4-6所示。

表4-3 浙江省供销合作社社员发展情况统计表(截至1962年9月底)

地区	社员数			股金数		
	社员总数/人	其中		股金总数/元	其中	
		1961年发展/人	1962年发展/人		1961年认加股金/元	1962年认加股金/元
全省合计	6 066 016	40 459	539 217	15 143 409	126 859	2 850 141
宁波专区	1 415 086	15 592	679 88	3 536 293	70 057	315 926
嘉兴专区	1 054 106	3 886	110 410	3 075 046	8 596	892 007
舟山专区	119 850	75	24 150	327 774	129	104 490
温州专区	671 993	9 744	46 245	1 242 165	18 329	181 238
金华专区	1 517 253	8 448	168 387	4 243 662	23 145	870 011
台州专区	534 373	2 530	99 201	851 934	5 060	276 329
杭州专区	753 365	184	22 836	1 866 535	1 543	210 140

资料来源:浙江省供销合作社社员发展情况统计表(截至1962年9月底),浙江省档案馆档案:J126-3-112,第10页。

表4-4 嘉兴专区供销社社员发展情况统计表(截至1962年9月底)

地区	社员数			股金数		
	社员总数/人	其中		股金总额/元	1961年认加股金/元	1962年认加股金/元
		1961年发展社员/人	1962年发展社员/人			
合计	1 054 106	3 886	110 410	3 075 046.48	8 596	892 007.3
嘉兴县	104 731		924	231 348		4 247
嘉善县	55 934	61	4 384	149 246	381	20 134

---

① 省社党组:关于基层社组织机构调整的报告,1956-02-29,江苏省档案馆档案:4062-永-41。

（续表）

地区	社员数			股金数		
	社员总数/人	其中		股金总额/元	1961年认加股金/元	1962年认加股金/元
		1961年发展社员/人	1962年发展社员/人			
平湖县	100 658		1 938	280 337		20 103
海宁县	148 106		24 711	714 342		279 200
海盐县	62 670		40	137 985		385
桐乡县	174 699	3 825	49 045	518 031	8 215	272 008
德清县	64 889		2 346	205 942.48		18 358.3
吴兴县	155 891		17 583	562 872		250 348
长兴县	120 900		5 489	120 900		5 489
安吉县	65 625		3 950	154 043		21 733

注：①海宁县消费社一个未计，社员4 317人，股金9 366元；②长兴县消费社原股1 192个，计1 192元，1962年认加社员2 019人，股金2 019元。

资料来源：嘉兴专区供销社社员发展情况统计表（截至1962年9月底），浙江省档案馆档案：J126-3-112，第14页。

表4-5　浙江省供销社机构及网点情况统计表（截至1962年9月底）

地区	县社经理部数	县以下办事处	基 层 社 数								商业网点		
			基层社总数	按规模分				按性质分			零售机构总数	批发机构	采购机构
				1公社建社	2—4公社建社	5—7公社建社	8以上公社建社	以区建社	按经济区划建社	以公社建社			
全省	244	59	940	359	342	181	58	212	369	359	8 439	454	2 106
宁波	49	1	131	11	50	53	17	75	45	11	1 895	120	442
嘉兴	43	7	154	103	42	9		2	49	103	2 046	107	557
温州	41	29	228	98	81	37	12	34	96	98	1 289	69	232
杭州	22	8	110	60	38	11	1	3	47	60	883	29	323
舟山	6		26	12	11	2	1	8	6	12	203	7	17
金华	53	10	223	66	105	37	15	42	115	66	1 521	73	516
台州	30	4	68	9	15	32	12	48	11	9	602	49	79

资料来源：全省供销社机构及网点情况统计表（截至1962年9月底），浙江省档案馆档案：J126-3-112，第25页。

表4-6 嘉兴专区供销合作社机构及网点情况统计表(截至 1962 年 9 月底)

地区	县社经理部数	县社以下办事处	基层社数									商业网点		
			基层社总数	其中,按规模分				按性质分				零售机构总数	批发机构	采购机构
				1公社建社	2—4公社建社	5—7公社建社	8以上公社建社	以区建社	按经济区建社	以社建社				
合计	43	7	154	103	42	9		2	49	103	2 046	107	557
嘉兴县	5		18	14	2	2			4	14	226	4	79
嘉善县	3		15	13	2				2	13	145	16	30
平湖县	4		4		2	2		1	3		187	6	72
海宁县	6		8	2	5	1			6	2	273	19	60
海盐县	4		6	1	5				5	1	99	3	25
桐乡县	4		15	8	5	2		1	6	8	255	10	64
德清县	4		13	8	5				5	8	99	2	44
吴兴县	4	7	46	46						46	391	24	73
长兴县	4		10	1	8	1			9	1	186	11	80
安吉县	5		19	10	8				9	10	185	12	30

资料来源:嘉兴专区供销合作社机构及网点情况统计表(截至 1962 年 9 月底),浙江省档案馆档案: J126-3-112,第 29 页。

　　浙江供销社的一个问题是不按经济区划设置,割断了固有的经济联系,民众买卖不便,很有意见。如浙江临安县白牛供销社有一个理事前往昌化,因遇大雨去门市部买一顶笠帽,营业员不卖给他,只得淋着雨回到白牛,不少地产商品有的地方多余,有的不足[①]。可见供需不平衡并受到行政管辖范围的限制。

　　中华人民共和国成立之初上海成立了上海贸易总公司,并建立粮食、煤业、日用品、花纱布、盐业、油脂、医药、烟麻、五金机械、交电等商业公司和上海市零售公司,开设 100 多个门市部。国营商业在稳定市场、恢复经济秩序方面起了重要作用。随后国营商业对主要农产品实行统购统销,对工业品实行加工订货和统购包销,割断私营商业的城乡联系、工商联系和商商联系,为私营商业的社会

---

① 临安县供销合作社.关于基层供销社体制调整情况汇报,第 41 页,1962-06-24,浙江省档案馆档案: J126-3-277。

主义改造准备了基础。先由工商双方专业公司签订协议,再由工厂和收购单位签订合同,称之为上签协议,下订合同。1958 年提出"工业生产什么商业收购什么,工业生产多少商业收购多少",工商之间"上签协议,下订合同"停止。1961 年经济调整,纠正之前的做法,恢复了这一制度①。

社会主义改造基本完成后,形成国营商业独家经营的格局,部分农副产品小商品缺乏灵活的流通渠道。陈云在 1956 年 9 月中共八大的发言中提出要开放国家领导下的自由市场,作为国家市场的补充。1957 年 3 月,根据国务院《关于放宽农村市场管理问题的指示》,上海市制定了《上海自由市场管理办法》,全市陆续建立蔬菜交易市场 2 个,水产交易市场 3 个,副食品交易市场 4 个,药材交易市场 1 个,禽蛋南北货代理行 22 个,郊区恢复集贸市场 211 处。在自由市场恢复后的半年中,成交禽蛋、水产、蔬菜 40 多万吨,全市成交约 2 亿元。1958 年农村人民公社化运动限制家庭副业,市区集贸市场关闭。中共中央、国务院于 1959 年 9 月、1960 年 1 月分别发布《关于组织农村集市贸易的指示》和《关于农村人民公社当前政策问题的紧急指示信》,上海开始恢复农村集市贸易。1961 年 2 月,郊区乡镇已建立农贸市场 2 235 处,在市区和市郊接壤地区自发建立 100 多个农贸市场②。1966—1976 年,农贸市场被关闭。

中华人民共和国成立初期国营商业、合作社商业逐步扩大,私营商业逐渐被纳入国家计划的轨道。1950 年上海市商业批发、零售的营业额为 29.34 亿元,其中国营占 24.4%,合作社占 0.6%,公私合营占 0.4%,私营则占 74.6%。1956 年工商业社会主义改造完成以后,批发环节全部由国营控制。社会商品的零售总额,国营企业的比重从 1950 年的 6.8% 上升至 1956 年的 25.9%,私营企业则从 1950 年的 91.6% 下降至 1956 年的 1.8%。个体商贩 1956 年有 5.2 万家,到 1958 年减少为 1.4 万家,商业网点减少,流通渠道单一,商品的流通自然也不畅通。20 世纪 60 年代国民经济调整,恢复发展了部分集体经济和个体经济,1958—1960 年吸收国有企业的 1.1 多万名手工业者和小商贩退出国有工商企业,建立手工生产合作社和合作商店;恢复个体经营,个体商贩从 1958 年的 1.4 万家

① 祝兆松.上海计划志[M].上海:上海社会科学院出版社,2001:232.
② 祝兆松.上海计划志[M].上海:上海社会科学院出版社,2001:234.

增至 4.4 万家①。1966—1976 年间,合作商业国营化,个体经济被取消。

　　截至 1962 年 9 月底,上海市供销合作社系统职工总数为 26 633 人。其中市供销社 102 个人,包括主任 4 人,处长 16 人,科长 31 人,一般干部 44 人,其他人员 7 人。市社直属各经营处合计 4 706 人,包括经理 15 人,科长 153 人,一般干部 895 人,其他人员 3 643 人。各区供销社合计 2 344 人,包括区办事处 24 人(主任、负责人 12 人,一般干部 12 人),区经理部 193 人(科长 34 人,一般干部 159 人),区门市部 2 127 人(负责人 91 人,其他人员 2 036 人)。各县供销社合计 19 481 人,其中县社本部职工 216 人,基层社职工 19 265 人②。各县基层供销合作社总计 185 个,人员 2 379 人。其中上海 19 个,嘉定 19 个,宝山 18 个,川沙 27 个,南汇 20 个,崇明 23 个,金山 11 个,青浦 16 个,松江 17 个,奉贤 15 个③。

表 4-7　各县供销合作社社员数及归口领导的合作商店(小组)情况(1962 年 6 月 30 日)

县别	供销社社员数/人	供销社股金数/元	合作商店		合作小组		个体商贩/人
			个	人	个	人	
总计	902 289	2 013 033	2 550	11 488	381	754	296
上海	81 243	184 025	368	1 775			28
嘉定	65 299	160 683	297	1 715			15
宝山	70 656	155 152	133	781	3	6	2
川沙	98 770	211 720	281	1 358	85	114	76
南汇	132 567	340 924	81	708	127	255	63
崇明	119 188	157 261	250	1 089	19	111	24
金山	83 716	236 994	158	619	23	36	
青浦	51 680	135 019	220	810	42	85	26
松江	83 432	234 253	405	1 537	47	102	49
奉贤	115 738	197 002	257	1 096	35	45	13

　　资料来源:上海市供销合作社关于 1962 年国合分工后上海市供销合作社职工名单和人员统计表,第 14 页,1962 年,上海市档案馆档案:B102-1-95。

---

① 祝兆松.上海计划志[M].上海:上海社会科学院出版社,2001:243.
② 上海市供销合作社关于 1962 年国合分工后上海市供销合作社职工名单和人员统计表,第 5 页,1962 年,上海市档案馆档案:B102-1-95。统计数字为当时资料的汇总。
③ 各县基层供销合作社人员配备情况,1962-06-30,上海市档案馆档案:B102-1-95。

1963年9月,上海第一商业局提出了郊县国营商业机构的设置意见:①县级商业企业机构,应根据商品经营情况,设置县公司或县商店,机构应力求精简。各县共设置县公司26个,县商店16个。其中百货10个,纺织品9个,医药3个,五金10个,煤炭石油10个。②郊县工业品的批发业务全部由国营商业经营。批发机构的设置应当以有利于商品流通和符合经济核算为原则。可按专业或地区综合设置,组织上由县公司(商店)直接经营,也可以设门市部批零兼营,或设置专业批发机构。根据上述原则,各县在25个地区共设置批发机构67个(不包括兼营批发业务的据点)。其中由县公司(商店)直接经营批发的有32个,设门市部批零兼营的有4个,专业批发部31个。③基层供销合作社和零售商店可以根据商品流向和历史习惯进货,不受行政区划的限制。一、二类商品经过县商业局分配计划指标,可以跨县向就近的批发部进货,也可以自由向市区批发部进货。三类商品实行自由选购,可以自由向市、郊各个批发部进货。如宝山县的长兴、横沙、月浦、吴淞、杨行等地区,可以改向临近的吴淞批发部进货,上海县的陈行、杜行以及部分分销站可以改向周浦进货,另一部分分销站门市部可向闵行进货。应由市公司与县商业局共同协商,先行试点,逐步推广。④郊县国营商业批发部门应加强为农村零售部门服务,努力提高服务质量,加强商品陈列,做到仓库有货,商场有样,让批购单位随时上门看样选购,恢复建立和加强联络员访销制度,携带商品必备目录或样品下乡访销;帮助基层零售部门编制要货计划,扩大进货;并经常组织农村供销社的营业员,到市区批发部选购商品[①]。具体数量如表4-8和表4-9所示。

表4-8　上海郊县国营商业机构设置意见表

县名	县级商业机构		中国百货公司/家	中国纺织品公司/家	中国五金机械公司/家	煤业建筑器材公司/家	中国医药公司/家
	县公司/家	县商店/家					
总计	26	16	10	9	10	10	3
上海	4		公司(批发)	百货兼营	公司(批发)	公司(批发)	公司(批发)

① 关于郊县国营商业机构的设置意见,上海第一商业局,1963-09-06,上海市档案馆档案:B102-1-76。

（续表）

县名	县级商业机构		中国百货公司/家	中国纺织品公司/家	中国五金机械公司/家	煤业建筑器材公司/家	中国医药公司/家
	县公司/家	县商店/家					
宝山	3	1	公司	商店	公司（批发）	公司（批发）	
嘉定	2	2	公司	商店（批发）	商店（批发）	公司	
松江	3	1	公司	商店（批发）	公司（批发）	公司	
青浦	4	1	公司（批发）	商店（批发）	公司（批发）	公司（批发）	公司（批发）
奉贤	1	3	公司（批发）	商店（批发）	商店（批发）	商店（批发）	
南汇	1	3	公司	商店（批发）	商店（批发）	商店（批发）	
川沙	1	3	公司	商店（批发）	商店（批发）	商店（批发）	
崇明	3	1	公司（批发）	商店（批发）	公司（批发）	公司（批发）	
金山	4		公司（批发）	商店（批发）	公司（批零兼营）	公司（批零兼营）	公司（批发）

注：① 在42个县公司(商店)中,有32个公司(商店)直接经营批发业务,2个公司批零兼营,8个公司管理兼经营。

② 上海、青浦、崇明、金山等县的五金、煤炭两个公司和金山县的百货、医药两个公司实行一个机构、一套人马,两块牌子、两套核算的办法。

资料来源：关于国合分工、郊区国营商业和供销社经营分工意见、报告、通知,第9页,1963年,上海市档案馆档案：B102－1－76。

表4-9　上海郊县工业品批发机构设置意见表

县名	地点	批发部数	百货	纺织品	五金交电	石油煤炭	医药
	总计	66	25	9	13	15	5
上海	漕河泾	4	公司直营		公司直营	公司直营	公司直营
	北新泾	2	批零兼营		批零兼营		
	程家桥	2					中西药批发
宝山	五角场	1	百货批发部				
	江湾	2			公司直营	公司直营	
	罗店	4	百货批发部	棉布批发部	五金批发部	煤建批发部	

（续表）

县名	地点	批发部数	百货	纺织品	五金交电	石油煤炭	医药
嘉定	城厢	7	百货文具针织品三个批发部	商店直营	商店直营	煤业石油批发部	
	安亭	1				煤业批发部	
	南翔	1	综合批发部		综合批兼营		
松江	城厢	6	百货文具批发部	商店直营	公司直营	煤炭石油批发部	
	亭林	1	综合批发部	综合批兼营	综合批兼营		
	枫泾	1	综合批发部	综合批兼营	综合批兼营		
青浦	城厢	5	公司直营	商店直营	公司直营	公司直营	公司直营
奉贤	南桥	4	公司直营	商店直营	商店直营	商店直营	
南汇	惠南	1	百货批发部				
	周浦	4	百货批发部	商店直营	商店直营	商店直营	
	大团	1	百货批发部				
川沙	城厢	4	百货批发部	商店直营	商店直营	商店直营	
	洋泾	3	百货批发部		五金批发部	煤炭批发部	
	俞家庙	1	百货批发部				
	高桥	1	综合批发部		综合批兼营		
崇明	城桥	4	公司直营	商店直营	公司直营	公司直营	
	堡镇	1	综合批发部	综合批兼营	综合批兼营	综合批兼营	
金山	朱泾	4	公司直营	商店直营	批零兼营	批零兼营	公司直营
	张堰	1	综合批发部	综合批兼营			综合批兼营

资料来源：关于国合分工、郊区国营商业和供销社经营分工意见、报告、通知，第10页，1963年，上海市档案馆档案：B102-1-76。

上海市、县各级供销合作社于1950年相继成立，通过购销业务，活跃了城乡物资交流。扩大有组织的商品流转，领导农村市场，逐步实现了对农村私商的改造，代替了资本主义商业在农村的阵地。1958年以后，为了加强政府对商业的领导,将市县两级供销社和国营商业合并,基层供销社改组为人民公社的供销部。根据上海市的指示,供销社基层社和县社从 1961 年下半年开始逐步恢复,并建立市供销社的筹备组织。1962 年 7 月 1 日起市供销合作社的领导机构正式建立,和国营商业分开办公①。

从 1961 年第四季度起,为农村供应的各种生产资料总值为 2 136 万元,扩大对农村供应,如毛竹分配比例,1962 年上半年为 46.36%,1961 年同期为 37.70%,供应了 41.70 万支,比 1961 年同期增加 2 倍多。供应化肥 5 270 万公斤,平均每亩 40 斤,农药 517 万斤。1962 年上半年准备了六六六农药,每亩 2.09 公斤,比上年每亩实际用量增长 1.38 倍②。

1961 年下半年上海恢复供销社。郊区各县共有基层供销社 170 多个,社员 90 多万人。市区设有副食品、土产、废品、生产资料、日用杂品五个经营处和分设在各区的近千个零售店摊,基本上已由乡到城建成了一个比较完整的合作社商业经营体系③。

1962 年 7 月,调整国营商业和供销合作社的分工,市一级的分工比较明确,县一级的国合分工存在一些问题。1957 年前国营商业负责全县批发业务和县城零售业务,农村市场安排统一由供销工作社负责。而现在,国营商业除了负责县内批发业务以外,并兼营县属城镇的零售业务(全市 31 个),供销社负责县内的农副产品采购以及小城镇的市场安排。

这样造成了一些问题:①机构重叠,浪费人力。供销社负责收购副食品、瓜果,国营商业负责收购水产、蔬菜,南汇县新场一个镇设立了三个副食品收购站;②购销不结合。供销社负责收购生猪,代国家发给农民返还肉票,而零售供应猪肉由国营商业负责;③农民购买不便,热销货国营零售安排多,要买必须进城,耽误社员生产时间④。

因此提出了改进办法。首先,要求国合分工应当按照地区分工和商品分工

---

① 1962 年上海市供销合作社参加人代会发言稿,1962 - 07 - 17,上海市档案馆档案:B102 - 1 - 4。
② 1962 年上海市供销合作社参加人代会发言稿,1962 - 07 - 17,上海市档案馆档案:B102 - 1 - 4。
③ 积极开展城乡物资交流、当好国营商业的助手——朱讯在上海市人民代表大会上的发言,1963 - 04 - 24,上海市档案馆档案:B102 - 1 - 26 - 9。
④ 关于开展上海市供销合作社工作的意见(初稿),1962 - 07 - 19,上海市档案馆档案:B102 - 1 - 3。

相结合的原则,大体恢复到 1957 年以前的分工状况。即国营商业负责全县的批发业务,兼营县城的零售业务,供销社负责县内的农副产品收购和县城以下地区的零售业务。其次,县城国营商业经营的综合换购商品的专店或专柜和经营副食品的商店,应当划归供销社领导经营,以利于密切购销业务的结合,减少机构,节省人力。供销社还可以在县城设立必要的门市部,经营部分生活日用品和饮食店、茶馆,作为与社员加强联系的基点。最后,供销社和手工业社的分工。手工业社负责手工业品的生产和批发,并兼营县城的零售;县城以下地区的零售,由供销社统一经营,并分别不同品种,同手工业采取加工订货、包销或代销的方法。

另外重点是调整基层供销社机构的设置。1957 年以前,农村是按经济区划、以集镇为中心,建立基层供销合作社。农村人民公社化以后,都改为按行政区划、以公社为单位建立基层的商业组织。按集镇建社具有以下好处:①符合商品流通规律,减少环节;②不受行政区划限制,群众购买方便;③可以减少商品流转库存,合理分配商品;④有利于经济核算,降低费用,增加积累;⑤可以精简机构,减少行政人员。而按公社建社的好处是:依靠当地党委领导,有利于农副产品收购工作的开展;便于组织地区的民主活动。经过比较后认为,供销社是农民联合组织起来的群众性的商业组织,集镇是农村历年来形成的农民经济活动的中心,按经济区划、以集镇为中心建社,不仅是农村商业工作的要求(商品能因地制宜、加速流转、克服亏损),也是广大社员的要求(买卖便利)。根据南汇供销社的反映,以经济区划建社,可以从现有 21 个社 290 个行政人员,改为 10 个社,精简 140 人①。

1963 年 4 月,上海市颁布了关于郊区国营商业和供销合作社经营分工意见的报告,主要包括以下几点。

一是日用工业品(包括烟、酒、糖、冷饮)。批发业务和各县城以及宝山县五角场、上海县龙华、漕河泾、北新泾等集镇的零售业务,由国营商业经营;供销社在上述城镇已经设立的零售门市部,以及上述城镇以外的集镇和农村的零售业务(包括设在国营农场内的零售商店),统一由供销合作社经营。国营商业的批

---

① 关于开展上海市供销合作社工作的意见(初稿),1962 - 07 - 19,上海市档案馆档案: B102 - 1 - 3。

发机构按照合理的商品流向设置。一、二类计划按行政区分配计划指标,按经济区划组织合理流转,基层供销合作社可以向就近的批发部进货,也可以跨县或直接向市区批发部挂钩进货;三类小商品实行自由选购,基层供销合作社可以自行选择批发部进货。

二是猪、牛、羊、禽、蛋、兔。计划内的收购(换购)、上调和供应由国营商业经营,计划外的议价购销由供销合作社经营。议价收购部分,主要在当地议价销售,如有多余,可按收购议价加一定费用交当地国营商业收购单位。国营商业在计划外,对农村按议价供应的部分,安排数量由基层供销社直接向市区国营批发部门进货,不要层层中转。在偏僻地区的派购任务,可以委托基层供销社组织农村小商小贩代购(换购)。国营商业在没有收购网点的地区,可以派出收购人员驻在供销合作社的基层收购站进行计划收购工作。供销社在没有收购网点的地区,也可以派出人员驻在国营商业的基层收购站进行本身归口经营商品的收购工作。

三是蔬菜。由市计划安排生产的蔬菜,包括闲种、插种的嘉定县的洋葱、大蒜,崇明县的大白菜,宝山县横沙公社的洋山芋等,由市蔬菜公司负责收购。各县地产地销的蔬菜,除崇明县由国营商业经营外,其余地区统由供销社经营。宝山县五角场、上海县龙华、漕河泾、北新泾川沙县洋泾、杨思、高桥、嘉定县杨家桥等集镇市场供应的蔬菜货源,另由市蔬菜公司安排。

四是郊区各县城镇和农村的饮食服务业,统由供销社经营和管理。所需粮、油、荤食品等原物料,由国营商业统一安排①。

其他方面,像各类商品的收购(换购)、供应和价格政策,均由归口经营的主管部门分别负责制定和管理,国营商业和供销合作社交叉经营的单位必须共同执行。各种商品供应票证的管理工作由县商业局负责。农副产品综合换购的票券,由各收购单位提出计划,经县商业局审批后,向银行领取和发放。

最后还指出,基层供销社的设置应当以经济区划为主,适当照顾行政区划,设在群众经济活动中心的城镇和大集镇上。对比较偏僻、范围较大、交通不便的

---

① 上海市第二商业局、第一商业局、水产局、供销合作社:关于郊区国营商业和供销合作社经营分工意见的报告,1963-04-29,上海市档案馆档案:B102-1-76。

少数地区,如没有大集镇,也可以设在小集镇上。一般以 2～3 个公社建立一个基层供销合作社为宜,最多不超过 5 个公社,个别地区也可以一个公社建立一个基层供销社。撤销基层供销社的地方应建立供销社,以加强对基层业务部门的领导。基层供销社调整设置后,农民可以就近购买商品,交售产品,主要生产资料的计划供应和农副产品的统购派购任务,以及按人、按户定量供应商品的票证,则仍按公社为单位,分别计算、落实和发放①。

1963 年上海市郊区工业品批发业务全部由国营商业经营,对小商小贩进货普遍由国营商业委托供销合作社代批。一、二类物资按季由市国营商业根据各县需要结合商品流转规律直接下达到各县国营商业,由县国营商业和供销合作社研究协商,确定城乡分配比例,再按地区情况下达到基层社,基层社按计划进货;敞开供应的商品基本上是自由选择,呢绒、合成纤维等高档商品农村市场基本不供应。工业品供应有三种方法:定量供应,只有棉布一种;凭券供应,有胶鞋、球鞋、绒线、钢精锅等 36 种主要日用工业品;敞开供应,除定量供应和凭券供应以外的商品。

存在的问题:①各零售部门基本上是向县三级站进货,一般不能直接向市二级批发站或跨县跨区进货。增加了运输费用和损耗,影响资金周转,花色品种受到限制。②对商贩进货,基层社为国营商业代批是亏本的。二级站和三级站的批差率是 4%,有些地方将其中的 2% 给基层社,基层社要增加必要的人员、库存和费用,经营是亏本的。

改进的方面:①加强进货的计划性。之前进货没有一定的手续制度,门市部负责人说了算,营业员也可以自作主张进货,但有些对市场不了解,货不对路,规格质量差。②减少流转环节,由门市部直接向批发站进货。之前基层社进货先进总仓,再由门市部进货,多了一个环节。③建立责任制度,加强物资保管。宝山县蕰溪供销社过去托运煤球,货到后不验收,现每次过磅验收,仅四次就发现船家偷煤球 1 415 斤。④处理积压商品。一般以县为单位,召开交流会,基层社之间进行余缺调剂。或向市、县批发站联系,部分商品退货,由批发部门统一

---

① 上海市第二商业局、第一商业局、水产局、供销合作社.关于郊区国营商业和供销合作社经营分工意见的报告,1963-04-29,上海市档案馆档案:B102-1-76。

调剂。或下厂下乡流动推销,减少积压①。总体来看属于行政化管理模式,缺乏独立自主的商业中介、商人。

1963 年上海市郊县预计收购公社、生产队和社员的农副产品总值为 39 900 万元。旺季市场供应:①召开商品展览会,组织流动供应,送货下乡。8 月份青浦练塘供销社举办工业品展览会,三天销售 7 669 元,相当于一个月的销售计划。②组织商品交流,帮助基层社解决积压商品。松江 10 月 9~10 日开了全县交流大会,成交 18.1 万元。③建立基层社必备商品目录的试点工作。发现原经营 1 424 种商品有 484 种不适合农村需要,如 12 元一把的自动阳伞、6 元一副的塑料三角尺、18 元一支的英雄金笔、32 元一只的音乐闹钟。同时发现 526 种农民需要而未经营的商品,如蛤蜊油、散装雪花膏等。

存在的问题:①基层社库存薄弱,不能完全适应旺季市场需要。②基层社商品出样不齐的情况较为普遍。青浦县朱家角供销社百货商店经营 1 676 种商品,其中仓库有货门市部无货的有 127 种。门市部有货,柜台未出样的有 247 种,出样商品仅占总品种的 77.7%,民用剪刀 13 个品种,柜台出样的仅 3 种,牙刷 13 种,有 5 种较好的没有出样②。

在 1958 年商业部门来信来访中,两个问题较突出:一是市场问题,二是人事奖惩和输送干部的问题,精简到外地,私自逃回来,要求重新安排工作③。

而据上海市第一商业局 1960 年总结,当年收到来信来访 1 069 人次,其中重复来信来访 131 人次,集中在两个问题。第一就是市场问题,由于农业歉收、轻工业某些原料不足,形成了市场供应上某些品种暂时的困难,人民购买力和商品可供量尚存在某些差距。第三季度的 448 件来信中,市场方面的问题占了三分之一④。

集体所有制并未消除人们谋取私人利益的行为。早在 1952 年,公公关系、

---

① 上海市供销社 1963 年 1—4 月份工业品下乡情况的汇报,1963 - 06 - 05,上海市档案馆档案:B102 - 2 - 63。

② 郊县农村旺季市场供应工作情况汇报(一),1963 - 11 - 26,上海市档案馆档案:B102 - 2 - 63。

③ 国务院、中央商业部关于人民来信、来访工作的通知及商业一局来信摘要(1—5 期),第 15 页,1959 年,上海市档案馆档案:B123 - 4 - 207。

④ 上海市商业一局关于加强处理人民来信和接待人民来访工作的规定及 1960 年来信来访工作总结,1960 年,上海市档案馆档案:B123 - 4 - 802。

公私关系、劳资关系就已产生问题,如金坛县直溪镇合作社向群众说土产公司的豆油价钱贵,土产公司说合作社的豆油不好。溧阳县戴埠镇合作社和土产公司因收购发生争执,将土产公司的牌子翻过来。不少市镇商人偷税漏税。江阴青旸镇检查的 25 户商店中有 8 户造假逃税,有的硬向银行要贷款,银行不贷则嚷"以后不与银行往来"。石庄交流会上合作社与私商抢购黄豆,青旸镇私商与合作社抢购早稻,国营公司负责干部参加了工商联,但不愿去开会,根本不考虑如何领导私商。劳资关系方面,工资拖欠现象严重,大大影响了工人、店员生活。一方面资方随意解雇工人,另一方面有的工人不遵守劳动纪律。有些工人、店员进行过多的体育活动,妨碍营业和生产。有的干部反映,一怕商人滑头,二怕商人钻空子告状,三怕不会讲话,讲不过商人,四怕工人比自己懂得多,不好做工作①。

供需矛盾、网点不合理、公私矛盾、行政化服务态度不好都有表现。上海市长宁区商业局 1960 年收到的许多来信,就涉及商业部门的服务质量和经营作风不好,态度生硬。商业部门中的某些干部和营业员官风严重。大福来南货店营业员竟以大扫除为名,用橡皮管喷水浇人。商业人员走后门的情况严重,私风盛行。如工人董某反映:"天山商店内部职工私分胶鞋,隔壁的戴某(天山商店职工)一人买了七双,还替别人买了两双。"代销店的啤酒照顾熟人,菜场营业员把好的蔬菜留着自己买②。随着政治环境的变化,经营问题再次与所有制联系起来。1964 年上海市供销合作社工作总结已经提道,供销社矛盾的主要焦点是工人阶级同资产阶级之间争夺业务领导的实权的斗争③。

(二) 商业网点的调整

1949 年前上海商业网点集中于市区,1949 年后上海根据"取缔有害、淘汰多余、增补不足"的政策调整商业网点。扩大郊县农村的零售商业、饮食、服务业机构和人员④。增加网点,也与农业社的组织形式有关。农民被组织集体劳动,影

---

① 1952 年 10 月常州专区市镇工作会议报告,1952-11-02,江苏省档案馆档案:3064-短-7。
② 长宁区商业局一九六零年人民来信来访工作总结,1961 年,上海市档案馆档案:B123-4-802。
③ 上海市供销合作社一九六四年工作总结(草稿),1964-12-21,上海市档案馆档案:B102-1-15-46。
④ 祝兆松.上海计划志[M].上海:上海社会科学院出版社,2001:245.

响个人时间,赶集时间减少。商业网点的设置和农民生活方式有关,人民公社时期城乡分离,流动性低,农村从业人员单一化,主要在家附近生产生活,工副业发展不足,购买力有限。然而自上而下的商业网点设置,在政治考量和利润计算的双重背景下,市场网络与市场需求始终存在矛盾。

中华人民共和国成立之初,商业部门主要作为行政管理的部门,对国营私营商业进行管理,领导工商界成立工商业联合会和同业公会。1950年根据政务院发布的《统一国家财政经济工作的决定》和《统一全国国营贸易实施办法的决定》,先后设立了国营专业公司(粮食、油脂、百货、土产等全国总公司及其下设分公司)等垂直管理的业务系统,和地方的商业厅局形成的行政系统并行,专业公司同时受商业厅局和上级公司的领导,构成了条块结合、政企合一的双重管理体制①。通过社会主义改造和商业布局调整,江苏省在乡村增设零售网点,基本实现乡乡有店。1956年7月江苏下伸到农村的零售点有5 827个,商业人员13 465人。由于注重便于集中管理展开合并,使得城乡网点减少过多,社会商业网点比调整前减少了三分之一。尤其是小商品、早点、修旧等网点数量少、太集中,造成日常生活不便②。

1950年江苏共有商业网点32.39万个(零售31.27万个,每万人拥有87.3个)。经过三年的恢复调整,1953年发展到35.51万个(零售34.3万个,每万人拥有90.2个)。经过社会主义改造,个体商贩合作化,网点数量迅速减少。1957年江苏尚有商业网点23.01万个,之后网点大撤大并,1958年只剩下10.23万个,1960年为9.48万个,1961年为9.49万个。国民经济调整后稍有回升,1963年达到15.79万个,然而自1964年便开始下降,1966年降至10.37万个,1967—1979年均不到10万个③。

1950年7月全国供销合作社工作者代表会议召开,明确了"上级社为下级社服务,基层社为社员服务"的经营方针。对基层供销社的组织形式,按照以经济区划兼顾行政区划的原则,以集镇为中心进行建社,转变了战争时期的乡村建社形式。在组织发展上,采取在经济区重点发展的方针。到1952年底,全省基

---

① 江苏省地方志编纂委员会.江苏省志·商业志[M].南京:江苏人民出版社,1999:173.
② 江苏省地方志编纂委员会.江苏省志·商业志[M].南京:江苏人民出版社,1999:66-67.
③ 江苏省地方志编纂委员会.江苏省志·商业志[M].南京:江苏人民出版社,1999:319,321.

层供销社已发展到 2 092 个,形成了一个遍布全省的新型贸易网,拥有社员 924
万人,股金 1 268 万元。同时政府给予扶持,银行贷款 9 折利率,国营商业供货
价格低于私营商业 2%～6%,新建社免征所得税一年,营业税低于国营商业三
分之一。协助国营商业部门稳定了市场物价,1952 年供销社零售额占市场比重
达 27.45%,国营占 14.68%。后又将一区多社调整为一区一社,1955 年江苏省
基层合作社减少至 828 个①。1956 年江苏全省的基层供销社继续减少至 763
个,门市部 10 449 个,干部 76 183 人,供销社负责改造的地区共有私商小贩
291 012 人。1956 年 1 月社会主义改造达到高潮以来,私商小贩已基本被纳入
各种改造形式,计合营商店 29 059 人,合作商店 137 583 人,经代销 36 198 人。
绝大多数商业网点在集镇上,农村很少有零售点。1956 年 8 月中旬,江苏省共
下伸零售点 6 400 个,15 000 人。较大村庄、交通要道口都有了零售点,农民在
两三里路之内就可以买到日用品和零星百货。宝山县月浦区先锋农业生产社在
夏收夏种时算了一笔账,该社 17 个队,零售点下伸后,平均每队每天要是减少
10 个人上街,一个月即可节省 255 个劳动日。促进了城乡物资交流②。

　　针对上海市郊县商业工作,如何以最经济的人力物力,为广大分散的农民提
供更好的服务,是一个长期以来没有完全解决的问题。而随着合作化的到来,
1956 年 1 月 18 日,中共上海市委批准郊区 1 808 个初级农业合作社合并为 348
个高级农业生产合作社,入社农户占郊区农户总数的 92.7%,加上尚未转的 84
个初级社,入社农户占总农户的 96.6%③。农民被组织生产于乡土,而过去商店
只设在集镇,远离集镇的农民购买商品极不方便。为了加强对集镇以外广大农
民的服务,1960 年起,郊县商业部门深入生产队建立了 2 100 多个综合性商店,
农民购买便利了许多④。但是,网点的组织设置与分散的购买力不相适应。商
店办少了,不能达到目的,办多了,又会多占用劳动力,公社、生产队安排房屋也
有困难。规模办小了,花色品种不全,农民的需要不能得到满足;规模办大了,商

————————————

① 江苏省供销合作社发展概况的介绍(1942—1957),1957 - 11 - 30,江苏省档案馆档案:3205 -永- 47。
② 关于调整农村商业网工作的初步总结与今后意见,1956 - 10 - 22,江苏省档案馆档案:3205 -长- 215。
③ 祝兆松.上海计划志[M].上海:上海社会科学院出版社,2001:20.
④ 上海市第一商业局、上海市供销合作社.关于开展送货下乡支援农业生产的情况汇报,1963 - 07 - 29,
　　上海市档案馆档案:B102 - 2 - 63。

品库存分散,资金周转缓慢,造成积压损失。经过一段时期的实践以后,不得不陆续撤销,改为只经营油、盐、酱、醋、草纸、卷烟、火柴、小百货等日用必需品的合作杂货店。为了弥补合作杂货商店的不足,又加强了货郎担流动下乡供应,但是仍有不便。此外还有另一种方式,如上海县新泾镇国营百货中心店,6月初集中力量集中货源,主动到离镇较远的生产队设立临时商场供应商品,受到群众的欢迎。

对于商业部门的协调问题,过去按城乡分工,县城以上批零归国营商业,县城以下批零归合作社。根据国务院指示,国营工业品批发业务下伸到农村主要集镇,批零分工,合作社管私商改造,国营商业管供货。这样形成了三角关系,供销社负责搞计划,农村商贩直接到国营公司进货。因而矛盾扩大,问题增多。

(1)农村市场分工责任不清。农村商业零售计划掌握在供销社手中,但具体商品计划的安排、货源的分配由国营商业负责。这种三角关系使供销社很难根据情况的变化灵活地应对,以及全面对农村市场负责,有些县社和基层社反映:不搞批发,去领导和改造私商,是一个"空头司令"。

(2)国营系统批发点下伸,实际上是农村总的批发点上缩,不便利商贩进货。省商业厅决定下伸百司、花司、专卖联合机构420～500个,每县4～6个点,在农村平均3.7个集镇有一个批发点。全省农村大、中、小集镇有2273个。而供销社原有批发点在1955年是1367个(其中专业批发部为774个,零批兼营为593个),比国营批发点多一倍半到两倍。1955年在区社中心集镇分别设置了专业商店,计划建3200余个,已建2800个左右,其中将有2400个商店批零兼营。加上500个左右分销店的转批业务在内,全省供销社基层批发点将达3000个左右。如果国营不下伸地区,仍由供销社代批发,作为临时性办法,实际上问题没有完全解决。

(3)不合核算。国营批发下伸,点少人多,全省420～500个点要3200人左右。原供销社代批是人多点少,1955年有1367个批发点,批发干部为2859人。供销社批零人员可以相互帮助、灵活调度,不需另配一套行政人员,节约了资金。虽然国营交给供销社的批发手续费要超过机构下伸后人员开支的一倍,但不能单从国营商业这一角度出发。从整个国家资金积累来看,供销社的批发利润也是国家积累。

（4）国营基层批发点下伸增多，势必分散县级批发单位的储备与机动能力。如果国营商业既搞批发又搞零售，供销社同时搞零售（也代批），采取"批发一家搞，零售三家分"的办法，可以预见农村市场矛盾将加大。对人力、物力、财力都是浪费和重复，因此还是由供销社统一负责农村市场①。

江苏松江县枫泾区是商品粮产区，沪杭铁路穿越其境，居民 65 193 人，耕地 144 099 亩。东西和南北均为三四十里，有集镇 8 个，一般相距十里左右，最近的三四里，最远的 18 里，商业人员有 1 354 人。随着农业合作化的发展和统购统销的实施，商业网分布暴露出很多不合理：①商业人员过分集中，枫泾一个镇占全区的 62.77%，其他 7 个小镇只占 37.23%，农村只有 6 户私商。②行业之间不平衡，糖果烟杂过剩，棉布、煤炭从业人员过少。③供销社的门市部和分销站的建制及批零分开的经营方式，不能适应搞好业务和改造私商的形势。导致居民购销很不方便，部分私商维持困难，枫泾镇商业人员过剩，私商进货不方便。而比较合适的设置是，各点之间一般为五六里路，使农民在两三里内能买到日用品。每点的供应范围一般为两三百户，千余人口，以便有一定的营业额来维持私商②。

江宁县湖熟区有 4 个集镇，15 个乡，320 个自然村。居民 17 265 户，人口 72 691 人。国营百货批发站 13 人，供销合作社 98 人，16 个门市部，私营纯商业从业员 506 人。农村商贩少，集镇私商占 94%，农民参加高级社忙生产，上街一次半天，既耽误生产，又影响工分③。

供应面的拓宽，造成机构的扩大和人员的增加。随着业务的扩大，中华全国供销合作社上海土产经营处人员由一季度末的 257 人，到年末达到 1 047 人，增加了 3 倍多。在社会主义改造中，该处担负了竹材、薪炭、树柴、草柴、芦席、蒲包绳商、山伙、藤类等 9 个行业的归口改造任务，由此工作人员有了大幅增加，由于竹材业全部转为合作社企业，增加了 15 个区店（工作组）六个批发部和 16 个门市部。同时，还带来了计划的经常修订和经营额的扩大。年度计划修改了三次。总局批准计划系 2 月 18 日上报的第 2 次修正数，销售数较第 1 次上报数扩大了

① 关于对国合工业品经营分工的意见，1956 年，江苏省档案馆档案：3205-长-225。
② （松江）枫泾区调整商业网的做法，1956-11-19，江苏省档案馆档案：3205-长-215。
③ 江宁县湖熟区初步调整农村零售网的做法，1956 年 11 月，江苏省档案馆档案：3205-长-215。

102.41％,购进扩大了117.4％。第3次修正销售数扩大了143.26％,购进扩大了168％。根据批准计划,进销均提前完成,购进提前48天完成,销售提前68天完成①。

1956年底上海土产经营处在册人员数为1 047人,其中业务人员692人(含农产品批发人员643人,零售门市部49人),行政管理人员355人。较1955年实际增加了617.12％,较1956年计划增加了194.1％,全年平均在册人员数为501人,较1956年计划增加了66.45％。其来源为:①社会主义改造和合营高潮时解决了部分困难户,吸收了竹材业全部从业人员和部分柴炭及其他小土产从业人员,共计747人,其中竹材业330人,柴炭业332人,其他小土产80人。②土产公司第3商店、日用杂品站、化工公司随着商品分工转来该处的有121人。③其他方面转来的有农民5人,税务局15人,人行2人,区委5人,合总上海办事处5人。大量不直接参加业务活动的行政人员,包括经理室成员,所有秘书、人事、保卫、计划、统计、物价、财会等方面。工资开支也居高不下,全年支付工资397 265元,其中固定工作人员工资332 919元②。嘉定县委原沥西乡经营管理上开支大,财务账目不公开,公共财产没有专人保管。供销社该供应的经常脱销,不该供应的向社员赊销,并且发动社员投资和社员向信用社存款的矛盾较大,以党代社的包办代替现象极为严重③。

相对而言,供销社的基础更深广,与广大农民小商贩有着密切联系。并且机构普遍,购销兼营,便宜农民买卖。作为集体所有制的商业,供销社被认为比国营商业更适宜领导小商小贩走合作道路。

1956年江苏省供销合作社提出:一是按城乡分工。国营商业负责城市,即省属12个市和县政府所在的城镇,供销社负责农村,即县政府所在地的城镇以外的大小集镇。二是按商品分工。城市、乡村工业品的批发、零售和私改由国营商业负责,农村集镇中原有的供销社工业品门市部仍然保留,由国营商业安排营

① 中华全国供销合作社上海土产经营处:1956年度业务、劳动工资、商业网统计年报,1957-02-08,上海市档案馆档案:G76-1-85。
② 中华全国供销合作社上海土产经营处:1956年度业务、劳动工资、商业网统计年报,1957-02-08,上海市档案馆档案:G76-1-85。
③ 中共嘉定县委:关于原沥西乡1956年工作情况的调查报告,1957-03-30,江苏省档案馆档案:3065-短-123。

业额。关于土特产品的采购,粮油、棉麻、蚕茧等七种主要商品由国营商业采购,其余农副土特产品和废品由供销社负责采购。猪采取一条龙经营,和农业生产资料一起均由供销社负责①。

除了商业网点的分布问题,商业体系自身也存在不接地气、不适销对路的缺点。如上海市东郊洋泾镇商店职工反映,农村没有安装电气设备,但商店经营无线电,农民指出"不能插在煤油灯上来欣赏广播"。像皮鞋、手表、自行车等商品,源源不断送到门市部,只起着"装饰门面、漂亮橱窗"的作用,成为滞销商品,最后皮鞋照批发价出售给企业单位,还是分期付款,自行车、手表则打了折扣退回娘家——批发部②。真所谓"高贵商店下农村,货不对路浪费大"。

上海市各区、各业区店相互之间有本位主义,互不通气,造成撤网和并店后的房屋宁可空关,也不肯充分利用。如市区襄阳南路 235 号一个五金店撤掉后,房屋空着,而 233 号服装店要扩充门面,但由于行业归口不同,五金区店不同意让,故无法利用③。各区调整商业网,区和区的联系很少。新成区扩大南京西路、江宁路口的耀胜百货店,服务对象主要是江宁区工人,而江宁区也计划在康定路江宁路口开设一个大型综合性商店④。因此调整商业网工作需要统一规划。

下乡推销不注意贴合农民的时间。据上海市西郊区华漕乡华丰农业社社员卢德领反映,商业部门为了支援农业"大跃进"和满足农民的需要,各行各业商业工作者不辞辛劳送货下乡,深受农民的欢迎和感激。但由于时间安排不够紧凑,往往导致货物销售量不大。而农民在工余时间想买点东西又不容易买到,因此他特意写下农民工余时间(早上:6:00～7:00,中午:11:30～13:00,晚上:18:00～20:00)⑤,以供商业部门参考。

---

① 江苏省供销合作社对国合分工的意见,1956 - 05 - 19,江苏省档案馆档案:3205 -长- 225。
② 《人民来信摘要》第六期,上海市第一商业局办公室编,1958 - 03 - 21,上海市档案馆档案:B123 - 3 - 1297。
③ 《人民来信摘要》第十三期,对调整商业网的十点建议,1958 - 07 - 14,上海市档案馆档案:B123 - 3 - 1297。
④ 《人民来信摘要》第八期,上海市第一商业局办公室编,1958 - 04 - 15,上海市档案馆档案:B123 - 3 - 1297。
⑤ 《人民来信摘要》第十期,下乡推销要在农民工余时间,1958 - 04 - 26,上海市档案馆档案:B123 - 3 - 1297。

　　当时上海基层商业网点调整比较常见,以下略举数例。如金山县供销合作社由于经营地点、商品分工的问题,对朱泾镇部分网点进行调整:①朱泾供销社的生产资料东门市部只经营铅丝、元钉和部分木棍、柄竹等(主要商品化肥、农药由西门市部供应),而相距不远就有五金公司的门市部,因此撤销该门市部,以集中精力搞好西门市部的供应工作。东门市部撤销后,迁入中市的日用杂品门市部,领导关系交给县社生活资料经济部领导,这样批发部门可有个零售基地,便于新产品的出样和推销。②朱泾社的水果门市部既狭又浅,门面也不适当,现拟搬到撤销的日用杂品门市部区,领导关系也划交给县社生活资料经理部。③朱泾社的南北杂货门市部移交给县社生活资料经理部,作为批发、零售门市部。④撤销朱泾社东市的日用杂品门市部,改为县社农副产品经理部的废品门市部。⑤朱泾社的陶器门市部划交给县社生活资料经理部领导①。

　　川沙县城镇饮食业网点布局不合理,人员显得过剩,供销社营饭店有3个核算单位,84人,合作有2个核算单位,包括5个大小门市部72人,与1957年底5个门市部86人比较,在网点、人员方面都有所增加。这些网点绝大部分集中在中心地区,劳动效率不高,与车站现有的供应摊不适应,同时合作企业在1958年后人员增加过多,网点与主要市口在经营上占一定优势,这对扩大社会主义阵地不利。拟撤掉牌楼桥第一合作点心店,并准备将国营川沙饭店迁入,原川沙饭店地址增设了社营日用杂品商店,同时增设车站门市部②。

　　上海市东郊区也对商业网进行了规划。1956年东郊区有大镇8个,小镇20多个,相距最远达13里左右,一般均在4～5里之间,基本上符合民众购销需要。原有商业网中,国营商业共有25个门市部,其中8个在大镇,其余均在小镇,职工共计222人,包含行政人员131人。基层供销社有122个,其中51个集中于大镇,其余均散落于各小镇,共有职工436人,包含行政人员200人。合营商有1 317户2 414人,其中纯商业1 031户1 860人,服务性行业286户554人,分布在大镇的有720户1 495人。以上合计共有商业人员3 072人,占全区居民的

---

① 金山县供销合作社关于调整朱泾镇部分网点和领导关系的报告,报告给上海市供销合作社,1965 - 06 - 21,上海市档案馆档案:B102 - 1 - 227。
② 川沙县供销合作社关于城镇饮食业网点调整和增设工具门市部的请示报告,报告得到上海市供销社的批准,(65)沪合郊字第 3737 号,1965 年 6 月,上海市档案馆档案:B102 - 1 - 227。

1.42%,其中国营、合作社商业人员占全区商业人员的 21.42%[①]。门市部集中于原有大小集镇,分布欠合理,农民劳动力普遍投入紧张生产,改变了以往一早上镇的习惯。集体化生产导致农民不能自由安排上街买卖,故形成购买不便,如泾南乡明星农业社当地无零售点,必须走五六里路到洋泾购买。之前供销社为了配合对私改造,建站多系综合性门市。品种上不能满足农民要求,消费者感到花色不足,造成购买力外流。另外还有私营商业衰退带来的不便。

因此本着"便利群众购买,符合经济核算,有利于扩大商品流转及充分发挥小商贩积极性作用"的原则,对商业网进行初步规划。商业网设置的标准:①大集镇:供销社一般设立生产资料、棉布、煤建、电工器材、文具、图书、鲜货等专业性门市部,对合营商一般在保持原经营特色的基础上不做轻易变动。②小镇:依据地区购买力及商业分工供应范围,妥善安排及维持合营商一定营业额基础上的适当增减。③下伸分销站:一般距离各集镇 3 里左右,人口较集中的大村,水陆交通便利于运输者,设点尽可能接近生产社社址。零售商品经营分工与经营方式方面,根据业务范围大小和群众购买习惯,确定日用必需品,尽量使群众能就近购买。有挑选性高贵商品集中在中心集镇经营,以适应群众购买特点。根据经济核算要求,固定设点和流动供应相结合,农忙时期组织下乡,对挑选性不大的商品进行组织供应。

1965 年上海还就建立代购代销点作了探索。嘉定、奉贤、宝山、青浦、松江、川沙先后试建 22 个代购代销点,主要经营油酱、烟纸、杂货、针线及小学生用的部分小文具等共 60~80 种,代购社员出售零星土副产品及废品。铺底资金由供销社拨给,少的 300 元,多的 1 000 元左右。营业时间一般是全日营业,有的按农业忙闲一天三次营业。购销额平均每个点每天在 40~70 元之间,有时到 100多元。存在问题主要有:①供销社认为代购代销人员是生产大队的,故只负责业务安排,生产大队认为属于供销社,而农忙时田里农活多,没时间,代购代销人员不知道谁是领导。②没有贯彻亦工亦农的劳动制度。奉贤的四个点都是全日营业,生产队对这些人的劳动不便安排,实质上变成大队开店。③勤俭办一切事业的方针没有很好贯彻。奉贤三个大队都为代购代销点造了房子,其中奉城久

---

① 东郊区商业网初步规划(草案),1956 年,上海市档案馆档案:A71-2-1516。

茂大队花了近千元,庄行大队花了800多元。④经营方针不明确,有的铺底资金过高,经营品种过多。有的是可以不经营的,如红枣、黑枣、高档粉丝、盒装饼干、卷面、精装香烟等。应经营而没有经营的包括针线、纽扣、电池、煤油、铅笔、橡皮等。⑤资金管理不严。⑥代购代销人员的报酬尚未确定。有的认为应由生产队在手续费收入中付出5%～10%的现金作为代购代销员的报酬,有的认为可以季度评奖。⑦刚建立,有些单位就想来插手,水产公司要代销水产品,新华书店要代销书籍,人民银行要发放社会生活困难小额贷款等。没有经过供销社批准。

　　针对行政化管理下政出多门、花钱建造房子等问题,供销社提出相应意见:①设立代购代销点,必须遵照总社的指示,"在合理设置门市部、供销点、流动购销组织,正确利用合作商店、合作小组和个体商贩力量的条件下,商业网点仍然不能满足时,可以委托生产大队或较大的生产队建立代购代销点"。②任务主要是方便群众购销,为生产服务、为人民生活服务,收购零星和容易鉴别的土副产品和废旧物资。③代购代销一定要坚持亦工亦农,不能弃农经商,选点要适当。服务地区一般以周围4～5里为宜。地处偏僻的或社员集中的大自然村3里也可以。一般1～2个生产大队设一个点,服务人口可在1000～1500人。可以现钱交易,也可以物易物两作价。但只能为供销社代购代销,不许做自己的买卖,也不许赶集或远地贩运。营业时间应根据农业生产季节,忙时少开,闲时多开,可以两开两关,三开三关,也可半开半关。但一定要使代购代销人员能有时间参加农业集体生产劳动,参加必要的会议。④代购代销员的产生。队委提名,贫协审查,生产队和基层社协商,群众讨论,支部批准。根据需要配备1～2人。所需资金由基层社支付,不得占用生产队资金。铺底资金不能过多,一般以300～500元为宜,不得挪作他用。代购代销员的报酬建议以50%～60%的工分补贴。其余时间参加农业生产劳动,照实计工分。基层社和生产队双重领导,以供销社为主①。

　　1965年7月再次强调"国营商业经营工业品和饮食服务的县城供销社不再重复经营",县城的基层供销社主要经营农业生产资料、日用杂品、干鲜果品,不

---

① 关于建立代购代销点的试点情况和试行意见,1965年,上海市档案馆档案: B102 - 1 - 227。

再重复经营工业品(包括糖、茶、烟、酒)和饮食服务业。人员一般不作移交。供销社原来经营工业品和饮食服务业的人员,大部分应当下放到农村第一线,部分人员可以充实到农业生产资料日用杂品门市部。库存商品一般不作移交。原则上由供销社调往农村销售[1]。

二、市镇体系和集市贸易

(一) 市镇体系概况

1950—1957 年是城镇的健康发展时期。这一时期社会经济制度发生根本变革,城市经济发展以变消费性城市为生产性城市为特征。城镇体系的发展主要表现在两个方面。一方面,在广大东部地区撤销一批小城市,有重点地建设一批枢纽城市;另一方面,在广大中西部地区新建一批新工业城市。1949 年至 1957 年的 9 年中,中国城镇人口占总人口的比重由 10.6% 上升到 15.4%。到 1957 年底,已有城市 176 个,比 1949 年的 136 个增加了 29.4%[2]。1950 年江苏新设清江(今淮安)、常熟两市,浙江则撤销了衢州(1979 年恢复)、兰溪(1985 年恢复)两市。1958 年江苏撤销常熟市(1983 年恢复),1962 年浙江撤销嘉兴、湖州、金华、绍兴四市(1979 年恢复)。

1958—1965 年是城镇的起伏发展时期。这一时期,我国城镇体系经历了起伏发展的过程。1958—1960 年期间,工业发展以全民大炼钢铁为中心,农业战线也掀起了人民公社化运动的热潮,致使全国城镇人口从 1957 年的 9 949 万猛增到 1960 年的 13 073 万,新设城市 44 个,三年中城镇人口净增 31.4%,城镇人口占全国总人口比重达 19.7%,使许多城市负担太重,市政建设欠债增多。1961 年以后,党中央采取了一系列经济调整措施,压缩了城镇人口的盲目膨胀,陆续撤销了 52 个城市,动员了近 3 000 万城镇人口返回农村(相当于当时城镇人口的 25.7%)。到 1965 年底,我国城镇人口占全国总人口的比重逐步下降为

[1] 供销总社、商业部.关于贯彻《国营商业经营工业品和饮食服务的县城供销社不再重复经营》决定的联合通知,1965-07-01,上海市档案馆档案:B102-1-227。
[2] 顾朝林.中国城镇体系——历史·现状·展望[M].北京:商务印书馆,1992:168.

14%,城市总数也下降为 169 个,与 1957 年相比少了 7 个城市,城镇体系的城市数为负增长,约每年递减一个城市[1]。

1958 年是上海城市扩展的重要节点。1958 年 1 月 17 日经国务院批准,将江苏省的上海、嘉定、宝山三个县并入上海市管辖,11 月 21 日,又将江苏省的川沙、南汇、奉贤、松江、金山、青浦、崇明七个县划归上海市管辖[2]。

根据 1954 底统计资料,江苏省专区直属城镇总人口为 299 640 人。其中嘉定城区 22 649 人,南翔镇 13 276 人,黄渡镇 6 711 人,安亭镇 5 839 人,娄塘镇 4 102 人。宝山罗店镇 8 781 人,城厢镇 6 387 人。川沙城厢镇 11 015 人。上海县闵行镇 27 358 人,颛桥镇 3 559 人,三林镇 6 319 人。南汇县周浦镇 17 050 人,新场镇 6 074 人,惠南镇 7 728 人,大团镇 8 376 人。松江城区 48 587 人,枫泾镇 8 937 人,泗泾镇 7 972 人,亭林镇 5 215 人。奉贤南桥镇 8 999 人,庄桥镇 2 087 人,青村镇 2 817 人。金山县朱泾镇 8 913 人,张埝镇 6 127 人,吕港镇 3 365 人[3]。

而浙江省的集镇主要集中于嘉兴和宁波地区,1953 年分别为 27 和 30 个(见表 4‑10)。

表 4‑10　1953 年浙江省各专区的集镇情况

地区	县数	5 000 人以上集镇数	城关集镇数
金华专区	17	4	9
嘉兴专区	17	22	5
宁波专区	14	23	7
温州专区	18	13	7
衢州专区	8	3	5
舟山专区	4	1	2
萧山县		2	1

① 顾朝林.中国城镇体系——历史·现状·展望[M].北京:商务印书馆,1992:171.
② 祝兆松.上海计划志[M].上海:上海社会科学院出版社,2001:21.
③ 一九五五年专区直属城镇和集镇总人口数的说明,1955‑06‑30,江苏省档案馆档案:3235‑短‑291.

（续表）

地区	县数	5 000 人以上集镇数	城关集镇数
杭　县		2	0
富　阳		0	1

资料来源：中国茶叶公司浙江省公司.1953 年基本情况表,第 28—29 页,浙江省档案馆档案：J126 - 5 - 12。

　　1966 年上海市郊区有集镇 295 个,共 77.6 万人,占郊县总人口数的 17.4%,平均每个集镇约 2 600 人。其中县属镇 34 个,共 54.6 万人,平均每个集镇 1.6 万人;其他 261 个集镇共 23 万人,平均每个集镇 900 人。其中 100 人以下的有 48 个。一般分为卫星集镇、农村中心集镇和农村小集镇[1]。这些集镇的特点主要为：①大多数是 1949 年前的旧有集镇,一部分是随着新兴工业区、文化区的兴建发展起来的。②靠近市区的集镇交通比较方便,市场比较繁荣,在经济生活上与市区存在着自然的密切联系。③集镇非农业人口比例大,闲散劳动力众多,在安排居民经济生活上的任务比较艰巨。④大多数小集镇实际上同农村差不多,但有一些非农业人口的居民不能参加农业劳动,也很少有机会参加别的生产活动。

　　1949 年前,集镇大多是当地农副产品集散的中心,带有浓厚的寄生性和消费性。1949 年后,对集镇上的工商业主大多进行了管制,建立了国营合作经济,对私人资本主义工商业和个体经济进行了改造。集镇人口进行了严格控制,增加的主要是中央部门和市级单位扩建的企事业职工和镇上的自然生长。

　　集镇企事业单位面向农村为农民服务的方向不明确。松江县泗泾镇的铁木生产合作社,从 1963 年到 1965 年产值由 21.7 万元增至 45.5 万元,为农业生产服务的生产项目却从 12.4 万元降至 8.9 万元。几年来集镇上的手工业生产和人员过于集中,过去分散在农村的木匠、泥水匠、铜匠、铁匠和竹匠都被组织到镇上集中生活,有的转业改行。因此农村大小农具修理都要跑到镇上来,加上这些生产合作社追求利润指标,对农具的修理就放松了,产品质量下降,小农具质次价高的现象比较普遍。

---

[1] 上海市郊区集镇工作情况、问题和意见（草稿）,1966 - 02 - 25,上海市档案馆档案：B6 - 1 - 129 - 105。

　　镇上商业网点被认为过多,人员过剩,贪大求洋,脱离农村,向大城市看齐。据 7 个县 20 个县属镇统计,商业部门的 1 768 个门市部中,设在镇上的有 1 597 个,占 90％以上,人员 12 500 人,占 96％。黄渡镇只有 5 000 多人口,有 4 家理发店,1962 年又盖 8 开间、可容纳 30 多位顾客的大理发厅。食品商店的橱窗内摆着威士忌、茅台等高档酒,百货店的柜台上摆着呢大衣、1.2 元一支的宫灯牌牙膏、尼龙丝袜、乔其纱头巾等。手续制度很烦琐。社员拿粮食上街换切面,切面店不肯直接收粮食,要先到粮食收购站售粮再到供应站换粮票,然后才能到切面店凭票买面,浪费时间甚至要跑几里路。营业员接待农民也不热情,有些商店还存在扣斤压两、掺杂掺假、以次充好以及调高价格等行为。

　　三年经济困难时期,集镇同样也被压缩。1961 年川沙县有 4 个县属镇,35 个农村小集镇,人口达 112 133 人,包括不在集镇上的职工。其中统销人口 97 551 人,1958 年以来增加 13 833 人,占 1957 年 81 472 人的 17％。其中生死相抵,自然增长 6 806 人,迁进迁出相抵,净迁进 7 077 人。其中属于本县农村迁进的 16 477 人,外地农村迁进的 4 632 人。拟从五个方面精简 21 500 人。①工厂、企业精简 1 000 人;②中小学毕业生全县 15 113 人,拟招收 5 000 人,其余 10 000 多人,家在农村的全部组织到农业生产上去,家在集镇的 3 000 多人也尽量组织到农村生产;③交通运输方面随船下放 538 人;④机关企事业单位,机关和财贸、文化、教育、卫生等系统精简 85％,下放 2 500 人。公社一级机关按新编制配备干部,余下的 400 多名干部全部下放。⑤其他方面,从 1958 年以来由农村迁进集镇的 21 109 人中,动员 5 000 人返回农村[①]。

　　据 1962 年上半年统计,上海市郊各县符合 1955 年国务院规定的集镇有 70 个。经过整顿减少为 58 个。其中 20 多个原是上海市老郊区,后来并入市区各县。有 30 多个是原江苏省各县并到上海市时带来的,还有一些是近几年新形成的。在 58 个镇中,42 个镇人口在 3 000 人以上,非农业人口占 70％以上,其中直属镇 32 个,其余为属附近公社管辖的集镇。上海市郊各县还有一批人口在 2 000 人以下的小镇,由公社管辖,不在 58 个集镇范围内。但这些小镇上的非农

---

① 中共川沙县委关于压缩集镇人口的初步打算,1961－06－15,上海市档案馆档案:A72－2－1006－18。

业人口仍吃国家统销粮,约有 10 万多人①。

这些集镇大致有三种类型:①农村集镇。镇上以商业、手工业为主,现代工业极少或没有。其联系范围和服务对象主要是附近农村,是附近农村的经济中心。一般不超过 10 000 人,多数在五六千人,镇上居民主要是商业和手工业职工及其家属。大部分是原江苏省各县并到上海带来的,如枫泾、朱家角等,有 20 多个,包括一些县的城厢镇。②城市型集镇。形成了新兴的工业区和科学文化区,企事业单位占显著比重,规模较大,人口少则 2 万,多则 4 万~5 万,居民中很多是市区职工。五角场人口有 6.7 万人,非农业人口有 5.8 万人,包括第二军医大学、复旦大学。主要是原与市区毗连的大镇,如五角场、江湾、北新泾,远郊的松江、嘉定两县的城厢镇。③半城市型集镇。原来是商业、手工业为主的农村集镇,发展成以工业为主的工商业城镇,是周围农村较大的经济中心,人口一般有 1 万多人,主要是少数县的几个大镇,如嘉定的南翔、南汇的周浦。

这些集镇存在规模大、人口多、机构多的问题。32 个县属镇有人口 50 多万人,比 1957 年增加 8.9%,与全郊区农业人口的比例是 6∶1。58 个镇现有人口 60 万,1957 年为 53 万,1960 年达到 68 万②。1962 年末上海郊区十县共计城镇 67 个,县属镇 30 个,社属镇 37 个,合计 628 663 人,其中农业人口 80 485 人,非农业人口 548 178 人。1962 年度郊区统销粮人口合计 1 748 480 人,城镇统销人口 718 166 人,其中代市供应 374 322 人,县供应 343 844 人。农村统销人口 1 030 314 人,其中菜区 385 156 人,经济作物区 645 158 人③。

(二) 集市贸易问题

集市贸易是一个被允许的自由市场,商品流通的三条渠道之一。由于将市场类型和生产资料所有制相对应,并强调国家控制市场,因此有计划市场与自由市场之分野。就生产资料所有制而言,公有制有两种形式:一是全民所有制的国营企业,二是集体所有制的农村人民公社(三级所有,队为基础)和手工业合作

---

① 关于上海市郊集镇调查的汇报提要(初稿),1963-09-17,上海市档案馆档案:B6-2-440-1。

② 关于上海市郊集镇调查的汇报提要(初稿),1963-09-17,上海市档案馆档案:B6-2-440-1。

③ 市委农村工作部精简小组办公室编.1962 年上海市郊区人口资料,1963-05-11,上海市档案馆档案:A69-2-82。

社。此外还有社员个人的自留地、家庭副业和独立劳动的个体手工业,是按照市场变化而在国家计划许可范围内自由生产一部分小商品。计划生产是主体,自由生产是补充。

商业是联系全民所有制经济和集体所有制经济、工业和农业、城市和农村、生产和消费的桥梁。商品流通是生产过程的延长,也是所有制的反映,流通形式要同生产的所有制相适应,不是人们主观愿望所决定的。因为有几种不同所有制,有计划生产和自由生产,所以商品流通要有三条渠道,即国营商业、供销合作社商业和集市贸易;要有两个市场,即计划市场和自由市场。集市贸易是一个被允许的自由市场,是一条必要的补充渠道。它不仅反映在农村商业上,而且也反映在城市商业上;既反映在城市的批发商业上,也反映在城市的零售商业上①。作为一条渠道,允许既通乡又通城,既通批又通零,否则就塞而不通。

对于自由市场有严格的限制。第一,农副产品有其流通范围,并非所有商品都可以自由购销,也不是一切农副产品都要纳入计划购销。除了第一类物资以外,凡第三类物资和完成国家定购或计划收购任务以后的自留和超产部分的第二类物资,都可以拿到自由市场上进行交易。上海市农副产品的初步分类是:第一类,粮食、棉花、油料,实施统购统销。第二类,猪、牛、鸡、鸭、鸡蛋、鸭蛋、兔、水产品(指集体生产单位海洋捕捞和内河养捕的鱼虾蟹)、皮张、蚕茧、稻草(稻草制品可抵任务)以及国家计划面积种植的蔬菜、西瓜、甜瓜、水果和中药材,通过合同进行定购或计划收购。第三类,第一和第二类以外的。第二,自由市场的购销对象也有适当限制。反对弃农经营,不许倒手转卖,不准集体消费者到市场上直接向生产者购买。让农民有自留地和搞家庭副业,不是要搞资本主义,而是要在不妨碍集体经济的前提下,发挥其补充作用。强调绝不能让自由市场变成主要是商贩的市场。第三,自由市场上的买卖价格,由交易双方随行就市,自由议定。但国营商业一定要起平抑作用,既不能放任不管,也不能用行政办法硬管。第四,自由市场的存在可能会产生一些矛盾:①国营商业的采购计划可能受到自由市场的影响,而难以完成;②恢复的一部分合作商店、合作小组如果经营得

---

① 关于城乡集市贸易问题的几点意见(草稿),上海市第二商业局,1961-08-23,上海市档案馆档案: B98-1-857-30。

更好,就会使国营零售商业的销售额受到影响;③物价因自由市场的冲击而不能平稳;④资本主义自发势力有可能滋长。总之,对于自由市场的领导和管理,要正确执行政策,切实做到"活而不乱、管而不死",利用其补充作用,限制其消极因素,将其引向正常、健康的发展方向。

实际上,国营和合作社商业一直主导着市场,自由市场也不例外。凡是市场上有多余而国家又有需要的商品,强调一定要积极购进,但是既不能看到东西多了不去收购,也不能在东西不多时只顾某些需要而去与消费者争购。同时,商品的购销应分开经营,计划收购来的和自由市场来的商品要严格分开,不要混淆不清。计划收购来的应按计划分配,自由市场来的就应当用自由市场的办法进行销售。通过合同收购的第三类物资要由产销双方协商议价。购进价格原则上以自由市场上市的趸批价格或落市价格购进。如果市场上市商品较多、价格低于国营牌价的,应当按国营牌价收购,以保护生产者利益和生产积极性。市场上市商品较少、价格过高时,应当设法供应,以调剂供求,平抑价格。国营商业参与自由市场购销活动,经营上应该贯彻不赔不赚或少赚的精神,逐步做到保本自给或略有微利。在外省采购时,通过当地商业部门以低于集市价格购进,对于某些商品虽低于当地集市价格,但买回来要高于本市自由市场价格出售的,一般不应采购,以免刺激物价上涨。各区商业部门与外省有老关系的,可以出去采购,但不要以货易货,同时事先要经过市有关专业公司同意安排,以防止多头采购,影响外地市场。

国家对自由市场也有一套相应的组织机构。凡是接壤郊区的交通要道和历史上形成的集散地区,都可以建立国家领导和管理下的自由市场,允许农民进城销售,产销直接见面,自由议价成交。与现有的合作菜场分开,允许少数农民穿街走巷或在菜场附近出售。郊区的供销社、集市贸易服务所和经过批准的合作商店、合作小组,均可以进城在自由市场上设摊出售商品。商业局领导下的独立经营单位,既搞经营,又搞管理,以服务为主。在主要水陆交通要道,市国营专业公司可以设立各种专业的或综合的代理行,作为独立经营的企业单位,主要是组织与各省和郊区的三类农副产品的流通,可以出去采购,也可以接受集体商业和集体生产单位运来产品委托代销,必要时予以购进,同时负责对市区经过批准的合作商店、合作小组进行批发分配。布置集市贸易代销店、摊,凡是建立自由市场的地方和有农民进城出售的菜场附近,以及横马路的适当地段,都可以设立一些代销店摊,以合作商店、合作小组为主。

1960年12月以来,上海市郊区各县农村集市贸易的恢复和发展,对促进农副业生产,活跃农村经济,调剂市场供需和增加社员收入等方面都起了一定的作用。但是有些集体单位或社员不顾大局,把国家计划收购的大田产品,或属于国家计划收购任务的产品,以高价在集市贸易市场上出售。加之对集市贸易市场管理不严,有些商贩利用地区之间的集市差价倒运贩卖,哄抬价格,从中牟取暴利,扰乱市场秩序,为了正确贯彻农村集市贸易政策,促进农村集市贸易的正常发展,制定了有关加强农村集市贸易市场管理的办法①。

一、凡是三类和完成国家定购、计划收购任务以后的二类农副产品(猪、鸡、鸭、鸡蛋、鸭蛋、兔)都可以在集市贸易市场上进行交易,但属于下列范围内的商品,禁止在集市出售。

(1)一类农产品的粮食、棉花,包括土布土纱、油料。

(2)大田生产的农产品(包括国家计划规定耕种的农产品)。

(3)没有完成定购任务的猪、禽、蛋、兔。

(4)专业捕鱼队和集体单位捕捞或养殖的水产品。

(5)苗猪只准在本生产大队或本公社范围内,社员与社员之间,按合理价格进行交易,不得转卖转买,或由商业部门设立小猪行进行经营,一律不准在集市贸易上进行交易。

二、国营商业、供销合作社、人民公社、生产大队、生产队、社员个人和消费者个人,都可以在集市贸易市场上进行交易。机关、企业、学校、部队等集体单位,不准参加集市贸易的购销活动。只许出售自己生产的产品,购买自己需要的产品,不许弃农经商,不准转手倒卖。

三、只准在场内交易,严格禁止场外交易活动。

四、国营合作商业应当在各自负责的场所,建立集市贸易服务所,参与

① 关于郊区农村集市贸易市场管理的若干规定(草稿),1961-09-30上海市档案馆档案:B98-4-1436。

购销活动,吞吐商品,平抑物价。

五、买卖价格由交易双方随行就市,自由议定。强调平抑价格,购进商品一般以市场整批成交价或落市成交价购进,出售商品时,一般应以略低于或等于市场自然形成的价格销售。

六、集市贸易市场上应当严格禁止商贩活动。凡集体单位和社员个人定购的猪、禽、蛋、兔,必须持有定购卡,才能在集市贸易市场上出售产品;凡出售数量很多的非定购和计划收购的农产品,应当查明确非大田生产者,才允许在集市贸易上进行交易。

凡进行农副产品非法贩卖者,一经查获,物资一律没收,人员交所属单位或所属地区组织进行教育监督,情节严重的应连同物资一并交由司法部门处理。凡外地来本市各县参加集市贸易出售本市定购和计划收购的农副产品没有证明的,其物资只准卖给集市贸易服务所,不得在集市贸易市场上出售,以杜绝商贩活动。

七、凡集市贸易市场所在地区,应以国营商业和供销合作社为主,吸收有关单位及居民参加,成立集市贸易市场管理委员会。

1961年2月4日上海市委指示收缩市区集市以后,当天下午召开各区工商科长会议进行布置。在2月7日以前,三天内全部收缩了原有的市区集市(闵行区在9日收缩)。同时建立大达、北站、老闸桥、三官堂桥、闵行五个市级收购点并拟订收购价格,各区临时设立收购点也及时完成。投机商贩的盛行引起部分市民的不满甚至要求取缔。经过整顿,初步打击了投机商贩,处理了一批。据闸北、黄浦、闵行、徐汇等11个区的不完全统计,在收缩集市的7~12日六天内共处理了520件,一般投机的商贩没收商品58件,移送公安部门21件。五个市级收购站收购金额37 749元,2 886人次,平均每天收购6 000余元。各区收购点六天收购8 700元,平均每天收购1 450元。但是市区集市收缩后,商贩的活动流散到街头巷尾,转趋隐蔽。18个集市收缩前每天成交6万余元,场外的还不在内。现在全市收购站收购金额平均每天7 500元,至少有90%左右的流散了①。甚至收购站不敢再挂牌价,以免投机商贩钻空子。

1961 年在郊区国营商业或供销合作社的领导下,迅速成立集市业务服务部,配备适当的专职干部。组织成交的商品主要是国家允许上市的第三类物资,以及完成国家派购任务和合同任务的第二类物资的多余部分。经营原则为保本不赔,坚决反对单纯追求利润的"资本主义经营作风"。对代购代销业务可按成交额向委托者收 1%～2% 的手续费,购销双方同时委托者,各收一半。代储业务,收取商品总值 0.5%～1% 的保管费②。采取的主要措施有三个方面。

一是下乡采购。有组织有领导地进行区、县交叉,对口挂钩、固定集镇或者划地区,由市区的国营、合作社商业下乡采购。初步安排的区县对口关系为:徐汇、黄浦对口松江,徐汇、长宁对口上海县,静安、杨浦对口青浦县,静安、普陀对口嘉定县,南市、卢湾对口南汇和金山,黄浦、虹口对口崇明,普陀、闸北对口奉贤,闸北、虹口对口宝山,长宁、杨浦对口川沙。并规定国营合作社商业下乡采购,必须委托集市业务服务部,不得直接向生产者购买。下乡采购单位和人员必须经区商业局审查,市工商行政管理局发给采购证件。在目前上市商品数量不太多的情况下,各区先组织少数有经营特色的基层商店下乡采购。

二是进城销售。集市业务服务部可以自行收购集市上多余的副食品,运至市区可以卖给有关商业部门,也可以在指定场所直接卖给消费者。但此项业务目前尚缺少经验,对口挂钩的县区先行试点,经过总结然后再研究推广。郊区和外埠的农民将完成派购任务的第二类物资的多余部分和第三类物资(主要指猪肉、禽、蛋、兔、羊肉、牛肉、大水产等)携带进城者,暂时仍由黄浦、闸北、南市、闵行、普陀五个市区的收购站收购。

三是各县的主要集市,在上市商品数量较多或国家需要时,集市业务服务部可以根据市专业公司的委托进行代购。外埠来沪推销的水果、瓜类、干果、干菜等,由市果品公司设立代理行代销或协商议价,进行收购。集市贸易的价格应根据有利于促进生产、有利于活跃市场、有利于稳定市场物价和按质论价的原则制定。通过业务活动,逐步引导农村集市贸易价格向正常稳定的方向发展。业务

---

① 关于收缩市区集市的综合汇报,1961-02-20,上海市档案馆档案:B98-4-1436-1。

② 关于开展郊区集市贸易副食品购销活动的意见(讨论稿),1961-05-31,上海市档案馆档案:B98-4-1436。

服务部的收购价格应根据需要灵活掌握,可以随行就市收购,可以按照上一天市场中心成交价格,扣除经营管理费后收购,也可以与生产者协商,议价收购。业务服务部的销售价格不得高于集市的成交价格。组织买卖双方见面成交的商品,应该随行就市,由买卖双方自由议价。代购代销的商品,业务服务部应根据委托者的要求,结合集市情况,灵活掌握价格。业务服务部将自营商品卖给国营专业公司或向邻县推销,其价格由双方协商议定。

1961 年 6 月下旬以来,上海市专业公司分别成立了鲁丰果品行、大达码头副食品(禽蛋兔)行、十六铺鱼行、十六铺土特产行四个专业代理行,代销金额达 37 万余元。市区也先后成立了定海路、十六铺、徐家汇、三官堂桥等 17 个农副产品购销服务站和 10 个代销摊(店),销售金额也达 25.8 万元。此外,还有自然形成的农副产品市场 70 多个,农民携带自产的产品,产销直接见面,自由议价成交,估计销售额每天至少在 1 万元以上。这几种流转形式对市场供应起了一定的补充作用,而且有些品种还是市场上久不见销的。浙江、江苏地区集体单位运来大批西瓜,仅通过鲁丰代理行代销的就有 1.4 万余担,占市公司同期来购到货量的四分之一。1957 年以后一直没有运销的浙江名产湖州百合、金塘李子、吴兴桃子,这次来了,而且上市早、质量好。郊区集市贸易服务所组织进城的副食品已有 3 万余斤,仅金山朱泾一地 6 月份供应市区饮食业就有家禽 222 只,鲜蛋 3 984 斤,黄鳝 4 074 斤。松江枫泾、泗泾、漕泾等地也都与市区建立了固定代购关系,支援城市供应。代理行、服务站购销业务的开展,还起到稳定价格、限制商贩活动的作用,目前凡是行、站经营的主要品种,市场价格一般比较平稳,商贩倒卖抬价的情况也有所减少。

但是问题也较明显:①有计划地组织管理工作做得不够,行、站之间经营分工不清,沟通外省、郊区的产销关系不多,对于有些自然形成的市场,还未因势利导地加以组织管理,农民串街和商贩投机等情况仍较多。②逐步稳定价格的指导思想不够明确,价格掌握上不灵活,甚至有压价现象。鲁丰代理行由于怕亏本,西瓜价格掌握在不超过国营零售价,结果协商不成,商贩插手收购。③商品范围界限不清,郊区计划安排生产的蔬菜、瓜果,有的进入市场未及时反映,影响了国家收购计划的完成①。

为了进一步促进地区、城乡物资交流,保护商品政策流通,促进生产,活跃市场,补充城市供应,限制商贩活动,做到"活而不乱,管而不死",必须在国营商业领导下,建立适应集市贸易商品流通的一套组织,有计划地组织农副产品进城。为此,提出几点意见。

(1) 健全代理行、服务站、代销摊(店)的组织,明确分工,加强领导。

① 目前已经成立的专业代理行,有关市专业公司应充实干部力量,加强政策业务领导,并帮助他们建立必要的工作制度,更好地开展购销业务。代理行是市专业公司领导下的全市性专业业务经营单位,它的主要任务是:面向全国,办理代销、代购、代储、代运等业务,沟通与各省的产销关系;批发分配集市贸易商品,通过区服务站、代销摊(店)进行销售;加强与服务站的协作,沟通货源、价格情况,并组织站与站之间的商品余缺调剂。

② 各区对现有的服务站应从政策业务、经营管理等方面加强领导,进一步充实干部力量,使他们更好地为产销群众服务,扩大城乡物资交流。尚未成立服务站的区,可以选择在与郊区接壤、交通方便、农副产品进城较多的地段,迅速成立。服务站是区商业部门领导下的地区性农副产品购销的独立经营单位,其主要任务是:面向郊区,通过与郊区集市贸易服务所建立的固定购销关系,组织农村产品进城销售;组织与指导进城的农民在指定场所设摊出售自产的产品,并接受委托代销或收购他们卖不完的和急于出售的产品;自设零售摊(店)出售集市贸易商品,并批发分配区内指定代销摊(店)进行销售;同区内饮食业建立固定的代购关系,在货源较多时,也可以接受集体伙食团的委托代购。

③ 各区都可以设立一些指定代销摊(店),专门销售代理行和服务站组织来的集市贸易商品,起到满足消费、稳定价格、限制商贩活动的作用。代销摊(店)可以设在自然形成的市场,也可以设在主要菜场附近或其他适当的地段。要与货源情况相适应,当前货源并不多,各区一般可先设三四个,暂时不要铺得过广。

④ 对于现有自然形成的农副产品市场,各区要进行调查研究。对其中确实有利于商品流通的,可以把它固定下来,允许农民设摊出售自产的产品,动员串

① 关于组织农副产品进城的意见(讨论稿),1961-07-29,上海市档案馆档案:B98-4-1436-9。

街走巷、到处叫卖的农民进场交易。

(2) 代理行、服务站经营商品范围主要是三类物资和二类物资完成国家定购合同和收购计划以后的多余部分。棉油等第一类物资和未完成国家收购任务的第二类物资,行站均不得经营。

(3) 代理行、服务站的购销业务,应以加强服务,扩大地区、城乡物资交流,调剂供求,平衡价格,限制商贩活动为目的。总的业务经营必须贯彻不赔不赚的原则,逐步做到独立核算,保本自给,坚决反对单纯追求利润的经营作风。对于代销、代购业务,可以按成交总金额向委托者收取 1%～3% 的手续费,购销双方同时委托者,各收一半。开始时可以少收,甚至不收手续费。

(4) 代理行、服务站的购销价格,应当根据有利于促进生产、有利于活跃市场、有利于稳定物价和贯彻按质分等论价等原则,通过购销活动,逐步把市场价格引向正常、健康的方向发展。对于上市量多、价格低于国营收购牌价的,为维护生产者利益和生产积极性,应按国营收购牌价予以收购。销售价格应低于市场自然形成价,但必须切实执行按质分等论价,由消费者自由选购。

(5) 服务站、代销摊(店)的商品销售,原则上应先个体消费者后集体伙食团,这样有利于调剂供求,平衡价格,限制商贩活动。集体伙食团不得直接向生产者收购产品,如需要,而货源又较多时,服务站可以接受委托代购一部分。

(6) 为了切实做到有计划地组织农副产品进城销售,要求市专业公司和各区都要有专门部门或专人掌握这项工作①。

至 1961 年 8 月,上海市场总的来说比较活跃。部分职工认为物价涨了,生活水平倒低了,"现在的东西多,眼福有,口福没有"。"除了米、布、煤球以外,都涨价了,工资不够开支""现在生活费用提高了,小菜价钱高,油也涨价了""集市贸易是好,商品多了,但是用凭证买的商品太差了(蔬菜)"。部分职工(特别是摊贩出身的)羡慕农民和小商贩收入高。上海对集市贸易还有比较多的顾虑,有的主张还是搞两条渠道(国营和合作社商业),认为上海这个大城市如果搞集市贸易,开放自由市场,资本主义思想会抬头,贩子会倒手抬价。有的认为可以搞两条半渠道,认为允许生产者携带产品进城,但要国家协商价格收购,购进商品纳

---

① 关于组织农副产品进城的意见(讨论稿),1961-07-29,上海市档案馆档案:B98-4-1436-9。

入国家分配计划,按牌价销售,也就是只要批发,不放零售。而在对外采购、组织货源上,哪里有东西,就集中到哪里采购,浙江嘉兴专区就有上海五六个区在那里采购。同时对郊区服务所的货源没兴趣,去也要挑挑拣拣。有些区在外省采购商品,以集市协商价格成交,还要给些物资交换,以白对黑①。可见采取的是实用主义的态度,以获得物资为主要目标。

1961年10月,上海农副产品总成交额约840万元,较9月份下降20%。代理行、服务站成交590万元,占70%。农民和小贩直接出售250万元,占总成交额的30%。商品来源地区变化不大,蔬菜有80%来自郊县,尤以青浦等县为最多。20%由江苏太仓、常熟、昆山、无锡及浙江等地运来。禽蛋来货则是郊县、外省各半。由于郊县在集市上开始贯彻检查定购卡,南汇、上海、宝山、川沙等近郊农民进城出售,有所增加;外省来货仍以苏北为多,如泰县、南通高港等。水产货源主要是浙江地区,9月份以来,加强地区管理后,咸干水产到货很少,较为零星;河蟹多数由南京镇江等地运来,约占到货量的70%,青浦、崇明、川沙、南汇等郊县也有少量上市。同时苏州等地淡水鱼开始登场②。

相比而言,江苏集市上的交易(包括场外交易)更为活跃。1961年1月,全省10个市(除无锡)开通了44个集市贸易市场,农村1 556个公社(2 500个集镇)中已有80%的公社开放了集市贸易。形成"三多"(上市人多、品种多、数量多)、"四好"、"一大"的形势,有买有卖,有吃有玩,被社员称之为开心、谈心、散心的好地方,承担了市场交易、社会交流和娱乐休闲功能。同时,行政化的商业部门在分配中也存在不良行为,"大干部送上门,中干部开后门,一般干部转脚跟,社员只好气得哼"。存在货源不足,粮站、糕点店发生盗窃行为等问题。不过整个形势较好,全党在抓市场、抓生活,有利条件很多:大办农业、大办粮食,贯彻十二条政策,全面总结经验教训,是无比强大的动力。在农副产品的收购、派购和集市贸易上,批发环节库存太多,基层太少,不能适应当前群众的迫切需要。1959年7月至1960年11月,收购了270多万头生猪,54.2%没有返还给群众,欠猪肉90万斤左右。因此农民反而希望猪死了可以自己吃,盱眙甚至传播:"过

---

① 关于当前商业干部中对集市贸易等问题的思想反映,上海市第二商业局,1961-08-15,上海市档案馆档案:B98-1-857-46。
② 10月份农副产品自由市场工作汇报,1961年,上海市档案馆档案:B98-4-1436。

去死了猪双脚跳,现在死了猪哈哈笑。"①当时集市贸易价格比较紊乱,贩运较多,在地区之间特别是省与省边界地区,27个县市的公社与山东、安徽、上海等五省市31个县相邻,有些地区为了防止商品外流,采取了民兵站岗办法,从侧面反映了当时市场交易的频繁。

当时正是物资短缺的时候,商业网络制度不健全,商品的调度、保管、供应不当。为保证冶炼等重点生产单位的需要,一再压缩生活用煤和一般工业用煤,1960年国家分配给江苏1 149吨,实际只到810多吨。煤质量不好,饭都煮不熟。南京市商业人员有44 920人,其中资本家、小业主等占了一半。新街口、山西路等菜场,半数以上工作人员有贪污舞弊行为,营业员成了特殊人物②。

1962年夏季常熟的农村市场活而乱:一类物资上集市贸易,投机贩卖粮食、粮票、布票、油票、梅李公社的菜籽优待油票时有出现。计划供应的工业品上集市的品种很多,还有银器贩卖。少数社员弃农经商,从事投机贩卖活动,影响了农民的生产积极性。"辛辛苦苦劳动一天几角钱,不及投机一支烟。做一忙不如跑一趟"。当时被认为不利于集体经济的巩固。在商业人员中有这样一种说法:商店不如小组,小组不及单干,单干不及投机。梅李镇商业人员305人,眼红的105人,已动手进行投机贩卖的38人,影响了正当商业。如梅李镇茶糖业,粮食没有上集市前每天做3 000个饼,拿出来就一抢光,现在做300个都卖不掉,职工月平均工资从40元左右下降到29元。并且还影响国家统购、派购任务和国家税收任务的完成,十七大队的两个生产队把粮食分散给社员,上街高价出售,卖掉2 000多斤。加工复制熟食品上市出售,也影响今后生活③。

太仓县1962年7月下旬起集市贸易很不正常,投机贩卖多,上市品种杂,市场秩序乱。物品主要包括四类:①粮食、粮食复制品和肉食品;②香烟、糖精、胶鞋、布匹等工业品和伊拉克蜜枣等糖果类;③无价证券,如粮票、布票、油票;④旧货,有胶鞋、布匹、蚊帐、衣服、自行车零件等。有人以每斤5~6角价格买进小

---

① 吴仲邨同志在地、市委市场办公室主任会议上的总结发言,1961-02-04,江苏省档案馆档案:3039-长-3。

② 江苏省委文件:关于当前市场工作情况的报告,1961-01-13,江苏省档案馆档案:3039-长-4。

③ 关于如何加强农村市场领导和管理的调查,常熟梅李调查组调查材料之三,1962-08-02,江苏省档案馆档案:3203-短-1885。

麦,再以小麦调换面粉,面粉调换面包、大饼8只,然后高价出售,每只售价1.2元。扣除小麦6角和调换加工费4分,每斤净赚5.6角。有的直接1元买一斤粮票,再转买10只大饼或面包,然后卖出每斤净赚5角。有的到昆山去买鸡蛋糕,一斤粮票40只,每只售价0.25元,每斤可赚3元,扣除车费也可赚2元多。还有的贩卖香烟、糖精、蜜枣,往上海长途贩运家禽。从事贩卖的93人中,四类分子6人,工厂企业开除的6人,下放人员32人,青年学生4人,好吃懒做的无业居民26人,干部职工3人,干部家属10人,退职退休6人。经济困难的38人,一般的41人,较好的14人。按贩卖品种计算,贩卖工业品的38人,副食品的21人,粮食复制品的22人,旧货的7人,无价证券的5人。其中一贯老投机37人,临时投机的56人。原因就是7月下旬大忙结束,夏熟丰收粮食上市,学校放暑假,以及苏州、昆山、常熟等外地影响①。

据1962年11月江苏省集市贸易十个市场的统计,三类商品上市品种增加,上市总值和成交金额下降四分之一左右,一、二类商品上市量减少29%,市价基本平稳。赶集人数64万人次,比10月减少10%,上市品种164种,比10月增加9%,主要是野禽、当令蔬菜、编织品等。集市价格水平比10月升0.17%,比上年同期下降41%。副食品地区差价缩小,粮油地区差价稍有扩大,农副产品与粮食的比价逐步扩大。而牌市价差距继续缩小,1961年市价高于牌价4.74倍,1962年市价高于牌价1.9倍②。1962年江苏集市贸易成交额为7.5亿元,其中农产品成交6.6亿元,比1961年的6.8亿元增加10.3%,占全省商品零售总额3 404亿元的18%。集市上市的商品中,社员个人的50%,生产队的20%,合作商店7%,手工业单位的4%,商业部门的9%,其他(外地采购、无证商贩)的10%。集市价格1962年比1961年下降33%③。

1963年第三季度农村集市交易又趋活跃,9个典型市场的上市人次、商品量和成交金额均有增加。市价总水平比上年同期下降53.3%,比本年第二季度下降23.2%。主要问题表现为:①棉、烟、麻市场管理不严,某些工厂、企业高价收

---

① 太仓县商业局出席省厅召开商业局长会议材料之二,关于当前城镇贸易情况和今后整顿意见,1962 - 08 - 24,江苏省档案馆档案:3203 - 短 - 1885。

② 《江苏集市行情》第17期,1962年12月22日。

③ 《江苏集市行情》第23期,1963年1月30日。

购,加工成品,甚至有些基层供销社也抬价收购,搞自营业务;②镇江、苏州地区鲜山芋上市,吴县剩余 17 多万担,需要外销;③南北粮食市价差距过大。苏州镇江粮食集市价每斤 3 角,低的只有 2.3 角,徐淮地区 5～6 角。鲜山芋在溧阳戴埠只要 2.4 分,其他三四分,而徐州新沂每斤一角多,淮阴地区 8～9 分。地区差价过大,引起私商长途贩运和投机倒把①。11 月底,江宁湖熟镇的无证商贩有 60 人,无证经营的主要商品有:熟山芋、炒货、烧饼油条、城市削价工业品、套购水产品,将其贩运到南京,然后南京、安徽的人来湖熟套购布票。集市贸易的情况主要有:①城乡之间的集市价格差距缩小,私商贩运,无利可图。过去跑跑几块钱,现在跑跑几毛钱,不干了。②农民弃农经商大大减少了,湖熟生产大队 1961 年 337 户中有 97 户做买卖,1962 年 40 多户,1963 年 11 月底只有 7～8 户,买卖鱼虾、熟食。原因是农业生产发展和开展社会主义教育运动。③收票的工业品越来越少,敞开供应的东西越来越多,供求关系缓和了②。

　　1963 年农村集市贸易价格下降,市价牌价差距进一步缩小。1963 年贸易额为 5.1 亿元,零售约占 9.07%,1962 年 7.5 亿元,零售 11.35%。农民之间的成交居首位,吃的商品占 78.1%,用的 14.1%,苗畜 7.8%。市价与牌价存在一定差距,1962 年 12 月市价高出牌价 1.52 倍,1963 年 12 月高出 0.5 倍。粮油高出较多,1962 年粮食 5.9 倍,1963 年仍达到 2.35 倍。地区存在差价,粮食徐淮地区、经济作物区高,苏南则低。1962 年 12 月无证商贩达 12 万人,1963 年 12 月减至 5.55 万人③。地区差价形成了部门、城乡之间的竞争,如苏南高价收购苏北麻包、麻匹,私商到苏南江阴套购大米 21 000 斤,体现了背后紧张的供需关系。在该期《江苏集市行情》文末还附有推销商品广告,如淮阴辣萝卜干、江阴青阳的大蒜,并有数量或价格,均要与供销社联系。

　　1964 年江苏省农村集市贸易成交总金额下降,1964 年上半年为 1.8 亿元,而 1963 年上半年为 2.5 亿元,1962 年上半年为 3.1 亿元。集市贸易零售额占社会商品零售额的比重也有下降,1962 年为 11.3%,1963 年为 9.07%,1964 年只有 5.7%。此外,集市贸易成交中的工业品、废旧品比重下降,1962 年工业品、

① 《江苏集市行情》第 67 期,1963 年 10 月 20 日。
② 《江苏集市行情》第 77 期,1963 年 12 月 10 日。
③ 《江苏集市行情》第 84 期,1964 年 2 月 5 日。

废旧品比重分别为 7.3%、5.3%,1963 年分别为 5.4%、4.4%,1964 年则分别只有 2.6%、3.5%。当时江苏计划从两方面来控制:一是控制集市贸易的商品流通交换范围,防止范围过大而冲击计划市场;二是控制集市贸易的价格水平,使之接近于计划价格,防止市价过高而冲击计划价格。从而打击资本主义自发势力,限制集市贸易消极作用,巩固和壮大社会主义商业。经过干预,江苏 1964 年 6 月集市价格水平为 1 月份的 84.5%。并逐渐将集市贸易与阶级斗争联系起来,苏州 1963 年 11 月至 1964 年 2 月查获粮食案件 883 起,粮油 9.7 万余斤。认为粮食价格是集市价格斗争的中心,武进县焦溪供销社全面审查价格[1]。1964 年 9 月江苏粮食上市量逐渐增加,苗猪市场交易活跃,部分棉、麻产区市场管理不严,私商投机倒把,农民长途贩运,贩卖布票[2]。到 1964 年 11 月,农村市场上投机倒把活动依然较多,贩卖粮、油、布证,从事高利贷和迷信活动,画观音像、佛主像卖钱。瞒产私分棉花,合作企业非法活动,以次充好,挪用公款。到外省套购物资,如武进湖塘供销社派采购员到安徽广德县卢村买毛巾、袜子、手帕、香烟、被面[3]。这被警惕为资本主义势力抬头。

三、集体与个体:交易空间的博弈

当时城乡市场商品流通大致分为三个渠道:国营公司、合作社、集市,又可归为公营集体和私营个体(集市的农民和城镇市民)两大类的竞争,在公营机构内部还可进一步细化为单位和谋私利的个人。一个重要的因素在于传统的渠道被压缩(企业、市镇),传统的商业关系被割裂(包括同乡、同族、同业组织)。

夏林、董国强曾对 1956 年至 1957 年有限开放自由市场政策的出台背景、实施过程及其社会绩效进行了考察。这项政策的结束,从中央层面看主要涉及当时对社会主义概念的理解和工业化道路的战略抉择,从地方层面看则主要涉及不同部门、行业和社会群体的利益博弈。从一个更长的历史时期来看,此次有限开放自由市场政策的结束是中国宏观经济政策的一次倒退,预示着"计划"与"市

---

[1] 《江苏集市行情》第 99 期,1964 年 7 月 20 日。
[2] 《江苏集市行情》第 105 期,1964 年 9 月 20 日。
[3] 《江苏集市行情》第 109 期,1964 年 11 月 10 日。

场"的冲突将会持续上演①。但是研究侧重于政策分析而实证案例不足,未着力对基层细致描述,也未注意不同省市县的竞争。冯筱才也注意到了自由市场后续的政策背景,指出这是1958年至1963年期间,作为一种缓解饥荒的举措,也是为了应付黑市带来的经济冲击。并认为最初的政策是相对宽松的,对灾民换购粮食的举动保持了理性的宽容态度。但随着危机缓解,市场供应情形日趋好转,打击"投机倒把"重新被提上日程,这既与市场上的公私竞争有关,也是由中共对市场本质的理解所决定的②。然而依旧采取干部-群众、公与私、理性非理性的二分法,沿用传统的角色定位,视其为一个整体的行动者,却忽视了"公家"体制本身的复杂性,也不易定义各竞争方和利益主体。

在孔飞力看来,近两百多年来,中国农村盘根错节的市场体系的存在,使中国社会得以应对人口增长和土地短缺的压力。而集体化体系的目标,在于使用比以往任何时候都更为坚定的手段,将中国劳苦农民的产品收集到国家手中。像山西富农问题的症结所在,并不在于富农是否会变成一个新的剥削阶级,而在于他们是否会在党控制农民和农村剩余产品的努力中,演变为党的竞争对手③。孔飞力指出,20世纪60年代中国乡村行政化的实现,也意味着国家对于乡村控制的实质性扩展。合作社的领导人成为国家在农村的税收代理人。税收记录也不再会因为土地转让而出现混乱,因为土地现在已经不能转让了。最后,市场体系也不复存在④。因而"资本主义自发势力"并不是政府与干部的简单对立面,其根除或抬头也绝非一个从压抑到翻转的情节。这一种独特的表述,掩盖了社会结构和利益的本质。与其说出于对市场本质理解的差错,不如说是基于财政需求的利益表达。通过培养干部与积极分子队伍,取代过去中间掮客对于税赋的影响。当然,国家如何解决工业化进程中出现的工人、行政等大量非农业人口的生活供应和财政需求,涉及社会分工、行政干预、市场体系之间关系的处理。需要将复杂化的人口与经济管理,纳入国家控制。

① 夏林,董国强.一九五六年至一九五七年有限开放自由市场政策述论[J].中共党史研究,2015(2):27-37.
② 冯筱才.一九五八年至一九六三年中共自由市场政策研究[J].中共党史研究,2015(2):38-53.
③ 孔飞力.中国现代国家的起源[M].香港:中文大学出版社,2014:168-170.
④ 孔飞力.中国现代国家的起源[M].香港:中文大学出版社,2014:165-167.

以上海地区为例,1959 年 3 月以来,部分工厂企业擅自下乡以抬价等方式直接向人民公社采购,有些公社强调增加收入不愿将农副产品卖给国家。城乡部分商品供应仍较紧张,小贩趁机活跃,有些地区部分农民流入城市从事商贩等活动,增加了粮食制品外流和饮食业供应的紧张气氛①。

(一) 工厂企业下乡采购农副产品

主要发生于嘉定、上海、宝山、奉贤等县。据不完全统计,仅宝山就发现 20 余起,有的抬价收购,有的以货易货,还有的通过下放干部关系向公社基层组织进行采购,少数下放干部私自高价购买,带回家去自己食用。大多是一、二类商品,数量很大,直接影响国家收购计划的完成。

(1) 抬价收购。上海华通开关厂、四方锅炉厂于 1959 年 4 月 24 日派员至宝山大场公社场中生产队以 70 元一担的高价(统购最高价 48 元)收购生猪 14 头,抬价 50% 左右。上海电机厂于 4 月 22 日向上海县八一公社杜行街生产队购买猪肉 1 054 斤,猪头肉 119 斤,猪肉价每斤 7 角 2 分。上海冶炼厂于 4 月 24 日向江湾公社钢铁生产队购买鸭子 1 300 只(3 163 斤),每斤 8 角(县商业部分收购价 0.67 元,该批鸭子因质次估价只值每斤 0.59 元)。徐汇区协昌缝纫机厂于 4 月下旬向上海县新桥公社购买毛鸡 200 只。

(2) 与公社以货易货。4 月上旬上海机床厂福利科王科长先后派人至宝山罗店公社以一台五尺车床换苗猪 200 头,油 100 多斤,又与江湾公社以五尺车床一台,换苗猪 150 头。4 月 25 日上海柴油机厂与江湾公社二大队中心生产队谈妥以上海牌汽车一辆作价 10 800 元调换苗猪 124 只,饲料缸 17 只,现钞 4 502 元及其他条件。华丰纺织厂、东风翻砂厂的粪便,过去免费送给江湾公社洪东生产队,现在要用副食品调换,该生产队只得每月送给他们鸭蛋 100 斤左右。上海市运输公司第三车场泔脚过去长期送给江湾公社浣纱生产队,现在以需自己养猪为借口说:"泔脚不给你们,要么拿副食品来换。"后来该队送去 250 斤鸭蛋才同意继续给泔脚。国棉 17 厂的泔脚每天有 10 担左右,可养六七十头猪,十余年

---

① 上海市第一、第二商业局委员会关于当前城乡市场管理中若干情况的材料,1959 - 05 - 13,上海市档案馆档案:B182 - 1 - 1102 - 32。

来一直给江湾公社虹江生产队,现在该厂要该队拿猪肉或肉票来换,由于该社拿不出肉和肉票,从 3 月 25 日起已停止供应泔脚。华生电机厂等通过中华书店下放干部张林生的关系向塘湾公社七大队购买绵羊 42 只,山羊 3 只。建筑公司 401 工区将市场供应他们的咸带鱼卖给农村,引起农民不满。

(3) 有些工厂商品片面从生产需要出发,至外地擅自向公社采购原材料。如上海益民食品一厂直接与浦东洋泾公社签订鸭子合同 15 万只,预付资金 10 万元并供给部分饲料(上海啤酒厂酒糟)。大中华造纸厂到宝山刘行公社收购稻草,市场规定价每担 2 元,该厂抬至 2.7 元购买,使当地商业部门收购不到。天章造纸厂于 5 月上旬向昆山蓬阆公社草品厂购买 6 号草绳 249 担,价每担 6 元 1 角,不仅大大超过当地商业部门收购价,而且超过本市销售牌价。据说是购来做造纸原料。利华造纸厂至金山县抬价购买草包 6 000 只,当地原价 3 角 2 分,被他抬至 5 角,据采购员彭宝良检查,曾请示该厂经济管理科陈龙生科长,陈不但没有制止,反而唆使彭抢购。

(4) 有些工厂伙食团饮食店甚至向个体小商贩高价采购副食品,助长商贩投机倒把获取暴利。如江宁区工足袜厂于 5 月 6 日晚派人到造币厂桥堍向小贩以每斤 1 元多的高价收购鸡蛋 21.5 斤。长宁路妇女食堂向吴志伟(临时户口)购买木柴、笋。查到时买了 243 斤柴每斤 5 分,并预付 10 元准备续购 500 斤。

(二) 有些公社基层干部,强调增加收入,不愿把产品卖给国家

部分公社认为执行国家收购价吃亏,谁给高价就卖给谁。如宝山东风公社北宗队出了好几张证明,说是食堂多余蔬菜到市场零售,江湾公社华浜社 4 月 22 日派几个女社员零售莴笋 300 多斤,据称也是食堂田生产的。劝其到蔬菜站收购,她们强调大队指示要增加收入,嘉定马陆公社将鸭蛋送至商业部门收购,看到收购价每斤 5 角 5 分,嫌价低,又将蛋运回。宝山东风公社在 4 月下旬卖给卢湾区万来奶糕厂蚕豆 4 000 多斤。宝山刘行公社南周生产队 100 多只鸡,一定要收购部门给零售价,否则自行到上海推销。罗店公社毛介中队将一头小牛以 1 500 元售给昆山县(实际只值 500 元左右)。该社第八队人民中队未经公社批准将两头耕牛出售给常熟县。江湾公社钢铁生产队于 4 月 24 日售给上海冶

炼厂雄鸡 100 余只,每斤 1 元。当商业部门去收购时,他们说:"我们不卖,还要养下去。"但转过身上海冶炼厂的车子已等在旁边,事后他们说,"我们这样做是为了增加收入,发展集体经济"。又说"你们商业部门利润太高,环节太多"。甚至有的人民公社将蛋售给小贩,使小贩投机牟利。如川沙张江公社供销部 5 月 7 日卖给小贩胡阿水鸭蛋 334 只、鸡蛋 48 只。

(三) 城乡部分商品供应紧张,小贩小商趁机活跃

据不完全估计,全市增加小贩 1 万人以上,人员成分复杂。有的是过去商贩经过改造现又重操旧业,有的是城市无业人员。还有的是农村倒流人口,其中也有少数社员、基层干部见贩卖有利可图,便从事商贩活动。在农村社员来沪贩卖中,又分偶尔一次经营和一连数次经营等情况,有附近农民,也有江苏、浙江、安徽等地来的。他们来沪后有的从事工匠修理服务行业,如打铁、皮匠、磨刀、补胶鞋、理发、木工等,也有的进行小商品贩卖活动。还有的从事捕捞蚌螺、拉劳动车、爆炒米花、拾荒货等。闸北区自 2 月 22 日至 4 月底止共查获无证小贩 5 491 人,其中无户口的 3 279 人,占 59.7%,临时户口 1 398 人,占 25.5%。正式户口仅 814 人,占 14.8%。从行业看,从事修理服务的 3 401 人,占 61.9%,贩卖及旧杂货的 2 090 人,占 38.1%。有些菜场、商店销货注意不够,被他们钻空子。如小贩胡阿水,于 5 月 7 日向川沙张江公社供销部以每只 6 分购进鸭蛋 334 只,鸡蛋 48 只(每只 7 分),转手以每只 0.15 元夜间卖给居民。大场姜家桥附近形成自由市场,农民把蔬菜直接卖给小贩。普陀区西康路菜场也有人将蔬菜卖给小贩。小贩向苏州和沿岸外地船户抬价收购木柴,转手高价卖给居民和饮食店摊。还有自己到郊区河浜中摸螺蛳、蚌蛤等在市场上高价出售。除了以上个体摊贩外,有些外地人民公社派来副业人员,如江苏江都县小纪公社派来 16 名竹匠等人员,并订有合同,每月每人上交 28 元,公社按月寄粮票给他们。普陀区有安徽当地的打铁匠 160 人,为该区纱厂等加工钳锻打杂件。

总的来说,全市活动小贩增加,进行抬价等投机倒把活动,不仅影响到城市小商品价格稳定和居民小贩水平,增加城市人口和吸引农村人口盲目流入城市,而且也对摊贩的改造带来不良影响。

（四）附近地区农村人口倒流城市，从事贩卖活动

除了上述增加的小贩中不少是农村人口，还表现在附近地区农民来沪人数增多。主要是苏北来的和从河道来的船民。他们来沪大多带有不同数量的农副产品，主要是蛋、鸡、肉、木制品等。如大达码头（苏北一带来的客船码头）4 月份查到带有大量鲜蛋的 1 188 人次，比一季度平均数增 12 倍，成交量平均每天 260 多斤，与一季度比也增加 12 倍。毛鸡成交 2 200 斤，比一季度增加 4 倍。农民在乡下听说上海鸡蛋每只可卖 1 角 5 分，毛鸡 3 元 1 斤，就将已有鸡蛋积蓄起来，有的还抬价收购，贩带来沪。他们不少与本市有人认识，以探亲访友、看病等名义向公社请假来沪，顺便带来这些东西，有的是赠亲友或自食，有的是高价出售。如 4 月 23 日在南大戏院门口发现蛋售 1 角 4 分，是嘉兴朱泾来沪的姚玉英带来近百只蛋①。

一方面是供需紧张，另一方面是工厂、生产队均为经济利益主体，形成特殊的市场关系，而不能仅仅视为国家的一个单位、部门，或是国家政策的代表者与执行者，简单与自由市场、商贩等对立。

1958 年初上海许多摊贩持区菜管所介绍信到嘉兴菱湖地区自由采购，通过当地公司转介绍给水产合作商店拨给，价格按当地收购价加 14%（包括税收）。已有黄浦区福州路菜场、金隆街菜场的采购员购买活鱼一批，用机帆装运，在南市区董家渡起卸。嘉兴所有淡水鱼，原由上海水产公司第一批发部负责运销，绝大部分供应上海市场，囤塘计划是 40 000 担②。上海市南翔、方家窑、七宝三个批发所，原先每天各有 200 担左右的鱼货供应，由于摊贩下乡，缩减至每天 30～50 担。自由市场开放摊贩到产区进行采购，到已经组织好的货源中抬价抢购，不仅违反自由市场开放的初衷，而且影响到春节供应货源的保证③。1961 年 6 月 25 日，2 个商贩和 40 个农民从黄岩运来一船草席共 1 015 条，商贩逃走，40 个

---

① 上海市第一、第二商业局委员会关于当前城乡市场管理中若干情况的材料，1959-05-13，上海市档案馆档案：B182-1-1102-32。
② 国营上海水产供销公司第一批发部关于本市摊贩在嘉兴地区采购淡水鱼影响我部计划请核示的报告，1958-02-03，上海市档案馆档案：B125-2-191-1。
③ 国营上海水产供销公司第一批发部关于鱼贩下乡抬价抢购影响春节供应货源转请及时设法制止的报告，报给上海市服务局、公司经理室，1958 年 2 月，上海市档案馆档案：B125-2-191-2。

农民吵了3天,甚至要到市委去请求解决①。

1962年第二、三季度,上海县投机贩卖活动相当多,在集市上公开设摊,贩卖统购、派购物资。北新泾、龙华集市上贩卖粮油的一度占集市摊位的70%左右,每日成交粮油上万斤。全县投机获利500元以上的176户,其中1000元以上的有79户。农民弃农经商十分严重,个别生产队曾达到80%。如莘庄公社青春大队张家宅生产队共有社员27户,1962年下半年有23户进行各种贩卖活动。上海县的贩卖活动主要集中在粮食、香烟、票证三个方面。市场违反案件总的数量比上年同期减少75%,而非法买卖粮、烟等一类物资的,由于浙江、江苏等地粮食市场相继开放,反而比上年同期增加了17.74%,票证案件基本与上年同期持平。贩卖手法更加隐蔽,如贩卖粮食,过去是公开贩运,集市设摊,现在则采取船底夹带,陆地窝藏,火车不进站半路抛货,人不熟悉不成交等办法②。

上海城市里陆续出现了一些买卖工业品的非法市场,在市区内自发形成的农副产品自由市场中商贩有所发展。外地商贩利用市场供应水平的不平衡,和上海黄牛商贩勾结,在城乡之间两头倒卖。贩卖的商品有农副产品、各种工业品、废品旧货以至票证、金融商品等。交易的价格一般高于牌价一两倍乃至数倍不等。盛行行话、黑话,往往利用一些茶楼、旅馆等公共场所作为交易据点。市区自由市场农副产品卖价高,收入大,影响了部分社员集体生产的积极性和国家的计划收购任务。嘉定长征公社、万里生产大队861亩菜田,国庆节前后每天送到计划市场不满100担,社员75亩自留地每天有30多担上自由市场,有些公社大田出工率下降。商贩活跃,被定义为滋长资本主义思想影响。据南市区不完全统计,1961年6月下旬有摊位1238个,9月下旬达2400个,增加一倍。商贩中很大部分是居民、学生、职工。三、由于农副产品自由市场与工业品非法市场交织在一起,增加了市场管理的困难。商贩两面倒手,城市工业品大量外流。根据闸北、南市、虹口、卢湾、黄浦、静安六个重点区的统计,1961年7~11月,共处理了投机违法案件42 438件,其中属于工业与票证非法交易的案件36 801件,

---

① 关于各区加强市场管理工作的情况和今后意见,1961-06-30,上海市档案馆档案:B182-1-1145-23。
② 农村市场调查专题报告之一:关于当前农村市场管理工作的调查报告(草稿),1963-08-28,上海市档案馆档案:B102-1-12-1。

农副产品非法交易的 3 439 件,其他 2 198 件。从城市市场的情况看,集中的非法市场已经全部取缔,违法案件相对减少①。

据对杨浦区市场的调查,农民大多在早晨 4 时到 7 时,由浦东陆续来市区,分散流到沿江相近的菜场和主要街道附近,多则 100 余摊,少至 20～30 摊,相形成市。设摊地区接近三个轮渡口(民安线、宁国路、定海路),1961 年 4 月 23 日在三个轮渡口的浦东来市区农民总计 831 人,蔬菜品种有 20 余种,数量 388 担,占定海、眉州两菜场一天供应量的 13.79%。肩挑的 61%,自行车占 8%,手提背驮的 31%。主要有三类人:一是公社社员占 73%,价格高,销路广,脱手快,基本上是自留地和大小边田。二是贩卖者 20 人,占 16.8%,其中城市居民 11 人(家庭妇女 7 人),职工 2 人,农村商贩 4 人,倒流户 3 人。三是城乡居民和单干户的自产品 14 人,占 10.2%。

出售的蔬菜花色品种多,整齐、新鲜,虽然价格高,但不需排队记证,选购便当。松潘路的松茂里工人家属李菊英说:"农民蔬菜好,花色品种多,价格比较大,而质量好,菜场质量差,我向菜场买来 12 斤鸡毛菜,只有 5 斤好的,其余都是黄叶和烂菜,两者算起来,价格还是差不多。"另一工人赵根娣说农民菜质量好,比较新鲜。而景星路菜场营业员董永根也说:"我也要买黑市菜,因为质量好,一斤可抵一斤用。"价格一般比国营零售牌价上涨两倍左右,据对六个农民的了解,喊价的依据大致有四个:看前一日售价、上市量多少、菜场供应情况、需求者多少。一般是开始喊价较高,中间稍平,收市较低。如 4 月 27 日菜场青菜不凭证限量供应,居民向农民购买减少,他们就主动地由每元七斤改为每元九斤十斤出售,有时因时间已近七时,急于回去劳动,也愿削价出售,总的来说是售完回去。有的消费者认为价格太高,农民就说:"国家可以有高级糖、糕饼,难道我们不好有高级蔬菜吗?"②

蔬菜市场价格不稳定,主要原因是蔬菜的生产赶不上需要的增长,公营商业经营蔬菜的力量薄弱。早在 1956 年国务院已对城市各种菜商菜贩进行改造:

---

① 上海市工商行政管理局关于上海城市市场管理工作,1961 - 12 - 13,上海市档案馆档案:B182 - 1 - 1145 - 29。
② 杨浦区农民进城出售蔬菜情况调查,上海市第一商业局工商处,1961 - 05 - 10,上海市档案馆档案:B182 - 1 - 1145 - 186。

①对资本主义的零售商店、腌酱业和豆类加工业的改造,基本上全行业公私合营;②对零售摊贩、腌酱业和豆类加工业中的个体劳动者的改造采取联购联销(合作小组)、联购分销和经销等形式;③对批发商、行商采取代批代购代运、直接吸收为国营商业的工作人员或转为零售商等形式加以改造。从而保证国营商业对蔬菜市场的领导地位。当蔬菜供应不足的时候,首先供应外宾、医院、托儿所、工厂、部队,其次供应机关、团体、学校,最后再供应一般居民。提出大中城市、工矿区的干鲜菜供应,由商业部统一经营管理。商业部下设立中国蔬菜公司,负责干鲜菜、酱腌菜、薯类(菜食部分)、调料及杂项食品的经营。各省(市)国营商业要负责组织省(市)内和省(市)之间的蔬菜购销和调剂工作。各省(市)加工副食品用粮,由粮食部拨给商业部,再由商业部分发给各省(市)商业厅(局),以便安排市场①。

在浙江省,1957年农民的自由运销引起了产销市场的某些混乱,其直接后果被视为:影响农业生产和合作化的巩固;影响物资有计划分配;造成国家与农民关系紧张,甚至不断发生闹事,使党和群众的关系也受到了损害。由于抬价抢购的结构,农民对国家的收购价格更加不满,骂供销社是"剥削",并打骂或扣留供销社干部,有的联名控告、请愿,如萧山戴村区复兴高级社。另外四个农业社派代表到中共中央办公厅请愿,要求自销土纸。梅家坞农业社因要求提高茶叶价格,扣留了公家的汽车不准装运。

农民并不如政府设想的那样,会明确开放自由市场的目的、范围,他们关心的是各种差价特别是地区差价潜在的商业利润,而不了解地区差价组成(税收、管理费、利润)和国家的关系,往往想通过自销或经商来增加社员收入。同时几年来形成的地区差价,吸引了农民与销地经营单位联系起来抢购物资,有的单位为了抓货源,还采取了高价吸引和写信联系等做法,造成了黑市猖狂,牌价脱离市价的情况非常严重。如杂铜浙江收价每斤0.7~0.8元,上海蓬莱区黑市2.5~3元;元胡东阳平均收购价54元一担,上海黑市价160~170元一担;白术产地中心价一担160元,上海黑市价360~380元;土丝收购价每百两45元,上

---

① 第一次全国大中城市、工矿区蔬菜工作会议总结(摘要),国务院转发给各省、自治区、直辖市人委,1956-03-26,上海市档案馆档案:B6-2-264-1。

海黑市价 70～100 元①。地区差价的构成,包括国家的税收和商业单位的利润与经营管理费用。因此,如完全采用缩小的办法去解决,将造成国家收入减少、社会的购买力相对提高,使得国家财经收支和物资供求之间难以平衡。

根据浙江省的报告,1957 年由供销合作社经营的二类和三类商品中需掌握一定货源的农副产品,其生产量在 1949 年后大部分是逐年增长的。但生产增加的速度赶不上国内外需求量的增加速度。因之,几年来特别自 1956 年以来,许多产品,尤其是毛竹、土纸、草席、若干主要药材、皮张、羊毛等购销之间难以平衡的情况比较严重②。

(1) 部分商业单位和工业、手工业单位,抬价收购统一收购物资,尤以毛竹等商品较为严重。根据掌握的材料,自 1956 年第四季度到 1957 年 3 月底,抬价抢购毛竹的省内外单位共 109 个(其中省外 100 个,省内 9 个。这些单位大部分是国营企业、供销社、手工业社),抬价幅度一般比当地供销社的牌价高一倍左右;数量亦是很大,仅扣留部分即达 1 455 635 支。如江苏省松江县城西供销社,于 1957 年 2 月中旬向临安县东乡朱村农业社抢购毛竹 2 450 担(7 350 支),每担价格 4.2 元,比当地供销社收购牌价高 2.8 倍。

(2) 有些手工业生产的发展与原料的供应可能不相适应,而且大量加工半成品运销外省。据丽水、常山等 23 个县的统计,自 1956 年第四季度到 1957 年 2 月底,手工业社加工竹片、竹笆条、竹跳板、毛竹簌等半成品所需的毛竹即 140 万根,孝丰县手工业联社卖给江苏省无锡市手工业联社等五个单位竹片 2 256 400 片,折合毛竹 168 855 支,商业利润 17.4%。有的地区的手工业直接进行贩运,如临海县手工业社于 1956 年第四季度将 30 000 支毛竹卖给上海交通大学。

(3) 有的国营农场和手工业单位自行运销统一收购物资。例如,鄞县手工业社于 1957 年 2 月底订出草席 50 000 条,枕席 300 000 条;杭州市国营农场所属的半山药物场,于 1957 年 1 月 13 日卖给广州、陕西等地药材公司白术 1 050 担,花坞农场的 200 担白术于 3 月中旬提出向外运销,不肯卖给供销社。

(4) 有些地区的农民长途运销统一收购物资。如吴兴县毛竹主要产区乔溪

---

① 关于浙江统一收购商品市场情况和今后意见的报告,1957 - 07 - 12,浙江省档案馆档案:J126 - 1 - 64。
② 关于开放国家领导下的自由市场以后第一、二类商品市场情况和今后意见的报告,1957 - 04 - 27,浙江省档案馆档案:J126 - 1 - 64。

乡,共 22 个高级社,其中出产毛竹的 21 个社,均先后向上海、江苏等地运销毛竹 1~3 次,仅 1957 年第一季度估计外运即达 13 000 帖,折合 15 万支。金华市有关部门于 1957 年 3 月间查出东阳等地农民走私的白术 2 000 多斤,东阳县玉山区的农民长途运销白术,远至陕西、广州。

(5) 三类商品中国营和合作社必须掌握一定货源的物资,目前总的情况是,市场价格抬得很高,国营和合作社又不能跟着跑,致国家采购计划没有保证。但另一方面,对土产中的个别品种,如醋石、腹水草(药材)在推销上还有困难,则无人去经营,影响农民的生产积极性。

由于各类商业和工业、手工业等单位抬价抢购,在群众中造成不良影响,农民和国家的关系较为紧张,如余杭、吴兴等地的农民骂供销社是"剥削社",吴兴县乔溪乡大冲社,因外运毛竹被供销社扣留,该社民兵队长朱鑫于 1957 年 2 月 21 日带了 10 多个民兵赶到钱塘村,将供销社在五联社收购的 26 000 多支毛竹、1 000 多支什竹全部强行扣留。鄞县有的农民搜集了供销社过去收购农产品的发票,要供销社补给与其他单位抬价抢购价格相比的差额。此外,由于农民长途运销,不安心农业生产,影响到合作社的巩固,如东阳玉山区云峰乡黄连村利群高级社,原来是全县较好的一个合作社,由于社长、会计(共产党员)去运销白术,大、小麦到 3 月份尚未施肥,马铃薯迄未下种;尖山乡东里村民丰农业社,要求每户种一亩药材并自己运销,否则就不组织高级社;友谊乡原来参加农业社的农户已达到总农户的 90%,而目前只占 20%。

其原因有:①生产的增加赶不上社会需求量的增加,产销难以平衡。如 1957 年毛竹产量 4 000 支,计划收购量 3 188 万支,省内外需要量 3 800 万支,不敷 612 万支;土纸产量 80 148 吨,计划收购 73 000 吨,省内外需要量 93 020 吨,不敷 20 020 吨;又如本省出产山羊毛 10 000 斤,需供应 28 个省市的制笔原料和支援出口。②产销差价,特别是省际产销差价幅度大,是农民远销和长途运销的主要原因。江苏省要经过江苏省社杭州采购站、苏州专区批发站、县(市)社、基层社等四道环节。浙江省嘉兴、温州、金华等地调拨给江苏省的 9 寸毛竹产地调拨价每支 0.561 元,到江苏的运什(杂)费统扎 0.623 元,仓租保险费 0.02 元,印花税 0.001 1 元,苏州进货价每支 1.205 1 元,苏州市批发牌价 1.57 元(进批差率 31.4%),零售价 1.82 元,购批差率 180%,吴兴县埭溪区与江苏吴江县仅一河之隔,9寸毛竹吴兴收购价每支0.92元,吴江批发价1.384元,购批差率50.4%,而且黑市价格盛行,比吴兴收价高出两倍。陕西、广东等地的白术、白芍等药材价格都比本省高出一倍,黑市价格有高出三倍的,更严重的是有些销地向产地农业社寄送批发牌价去吸引农民自产自销,如上海市药材公司所属的公私合营药材批发单位开列萸肉、菊花、黄支100余种药材的单价寄给浙江省海宁、桐乡、临海、黄岩等地药材产区的若干农业社。这样就使得农民为获取差价掺入了商业活动。此外,亦因此使得许多公私商业单位乘隙活动,甚至向浙江省销地以零售价格套购贩运,如上海行商杨仕华,于1957年2月13日分批向嘉兴县新丰供销社套购9寸毛竹200支,每支价格1.2元,转手以每支2元到4元的高价在上海黑市场上出售。③合作社经营单位的经营管理也存在问题,经营环节有的地区不合理。

　　在江苏省,1957年农村市场逐步开放,水产、蔬菜、鸡鸭蛋品已在全省范围内基本开放,其他土副产品及供应紧张产品仅14个县市全面开放。由于取消了地区封锁和层层限制,减少了商品流转环节,商贩自由贩运日益活跃,农民贸易日益发展,价值规律在一定程度上调节着市场供应,所有这一切都开始影响商品的生产、流通和消费,对活跃物资交流、刺激农民生产、满足供应等方面产生了良好的积极作用。增加了城乡物资供应的品种和数量,减少了商品流转环节,提高了收购价格,增加了多方面的收入,刺激了土副产品的生产发展。降低手续费促使国合商业开始注意改善经营管理,提高服务质量。改变统和包的做法,也暴露了过去经营环节多、费用高,收购价格偏低,业务不精,管理不善等问题。但是自由市场开放后,国营部门出现抬价收购。农民纷纷做生意,社员只管副业,不管农业。国家领导下的自由市场机构设置不合理,管理费用过高①。

　　据1962年调查,南京市投机场所主要有7处,搞投机的有千余人,买卖购物票券的600人左右。新街口最突出,在投机的七八百人中,有老捐客100多人,其中情节严重以此为业的40人左右。还有小偷五六十人,暗娼20人左右,夹杂卖香烟、旧货和看热闹的。买卖票证的多数是安排工作不干的或离职的,主要贩

---

① 江苏省供销合作社关于开放农村自由市场的情况报告,1957-01-03,江苏省档案馆档案:3205-长-190。

卖布票和粮票,绝大多数来自外地,其中布票90%以上来自南通,基本上是产棉区的奖励布票。黑市粮票80%以上来自安徽、山东、江西,多数是换成布票买回灯芯绒、经济呢等质量较好的棉布和旧衣、金银带回原地贩卖。南京成了中转站①。被认为影响市场安排,妨碍统购统销,影响社会治安,无正式户口亦可在城里长住,腐蚀人的思想。1961年12月至1962年2月,无锡、吴县减产地区的群众大量流入武进县,用衣服、被子、布票等日常生活用品换取大米、胡萝卜,最多时每天有1 000余人②。1962年11月,靖江县采购员杜正荣用肥皂、棉花、土布等物资与武进县农民私自交易,被粮管所发现制止。由于粮食减产,后经武进县有关方面同意,调换肥皂900余条,折合山芋8 200斤。杜正荣等又乘机活动,收购调换山芋23 500斤,小麦300余斤。其中公开调换12 700斤,100斤山芋调换肥皂11条,山芋每斤0.09元。③

　　自1954年江浙两省毗邻地区成立土丝、土绸市场管理委员会以来,有力地打击了两省地区历史性扰乱市场的黑市投机活动。吴江县、嘉兴县、吴兴县之间的茧、丝绸互流,不仅有个体零星的黑市贩运,还出现农业社集体流售。吴兴县塘南乡第六社将国家预购土丝1 223两流售到江苏震泽,逃避扣还定金,吴江县梅塘、大古等乡织机户套购国家加工土绸及原料,往上海、嘉兴等地进行黑市买卖。不法商贩相互勾结下乡黑市抢购,梅塘乡9人盗用乡人委、信用社主任公章,伪造私章及自产自销证,深入嘉兴抢购土绸,高价卖给上海商贩。外地公私合营企业也纷纷深入产地向农业社以抬价、收购、预购、订购等方式抢购土绸。上海李启昌、郑隆昌等合营商号向吴兴县荃仁乡一次性收购土绸1 619匹。苏州正和顺合营商店不但深入农村抢购一丈纱,并向农业社预购付款,价格超过当地国家牌价20%左右。农村织机户抬价抢购土丝,扩大土绸生产,吴江县芙蓉乡准备组织六七十台绸机扩大生产一丈纱,这样势必影响国家蚕茧、土丝采购任务的完成。因此江浙两省政府希望共同协作制止黑市走私活动,以确保国家采

① 关于买卖购物票券的情况和今后管理的初步意见,1962年,江苏省档案馆档案:3203-短-1885。
② 中共武进县委关于无锡、吴县减产地区的群众大量流入本县换取农村产品的情况报告,1962-02-23,常州市武进区档案馆档案:1-1-2-172。
③ 武进县市场管理委员会.关于靖江县敦仪公社荷花大队以大批紧张商品非法于我县雪堰公社调换山芋的调查报告,1962-12-13,江苏省档案馆档案:3203-短-1885。

购计划和税收任务的完成①。私商高价抢购,是蚕茧、土丝流入黑市的重要原因。在无锡、吴江县等地区,曾发给私商自产自销证,使私商的活动更为合法,部分农业社的负责干部也插手来搞黑市交易②。

1957 年 5 月 23 日,江苏浙江召开两省毗邻地区丝绸市场管理会议,反映黑市投机活动有所抬头,若干外来公私采购单位深入产区,联络当地无证商贩捎客等制造黑市哄抬价格抢购丝绸,刺激了土绸织生产,土绸织机户开始抢购土丝,引起农民远途自销,影响国家对内销市场的安排和出口任务的完成。因而决定蚕茧、土丝由国营商业和供销社统一收购,农业社及社员和个体农民将土丝卖给附近国营收购站,不宜从事长途运销。专业手工业和农村土绸织机户生产所需土丝,由国家按计划安排供应或组织加工,不能直接向生产者采购③,以便控制原料。

市场上公公之间、地区之间存在的矛盾,其基本原因在于经济利益。如上海化学工业研究院来武进套购木材。在汤庄乡发现江阴县运来 4 800 斤肥田粉,用来调换黄豆④。武进县小河区粮食投机,大米、黄豆、元麦黑市价达到每斤 18 元左右,最高 23 元。郑陆区沈法大等贩运小猪到浙江武康、武宁等地,收购大米、大麦、毛竹等。湖塘抢购蚕茧贩运上海⑤。魏村乡 2 018 户 11 167 人,贩卖白肉和粮食,进行投机的 460 户,占调查的六个农业社的 19.1%。包括党员 13 人,团员 12 人,小队长、小队会计、选区代表等 30 人⑥。

1956 年 12 月至 1957 年 7 月,武进县新闸乡贩卖白肉十分严重⑦。四社、三社的第 2、第 10 两个小队,贩卖总户数 59 户,其中党员 11 人,小队长、会计 9 人,惯贩等 9 人,社员 21 人。此外还有送白肉的 30 余人,送到新闸火车站每件 1

① 当前江浙两省毗邻地区土丝、土绸市场管理存在的问题,1957 - 05 - 14,江苏省档案馆档案:3203 - 长 - 944。
② 中华人民共和国对外贸易部驻江苏省特派员办事处关于土丝市场情况的报告,1957 - 07 - 22,江苏省档案馆档案:3203 - 长 - 944。
③ 关于江浙两省毗邻地区蚕茧、土丝、土网、丝绸市场管理的联合通知,1957 - 05 - 29,江苏省档案馆档案:3203 - 长 - 944。
④ 关于三季度市场管理工作总结报告,1957 - 10 - 22,常州市武进区档案馆档案:3 - 32 - 2 - 14。
⑤ 关于当前市场投机活动情况材料,1957 年,常州市武进区档案馆档案:3 - 32 - 2 - 14。
⑥ 关于魏村乡投机活动情况调查报告,1957 - 05 - 23,常州市武进区档案馆档案:3 - 32 - 2 - 14。
⑦ 关于新闸乡贩白肉情况调查报告,1957 - 07 - 15,常州市武进区档案馆档案:3 - 32 - 2 - 14。

元,常州站2元。主要有两伙人,三社以吴浩金为首,四社以李金荣为首,抓住市场供应紧张和管理不严的机会,到薛家乡、吕市乡、安家舍、新岳乡等地,以每担比公司价高5~6元抢购宰杀贩运。其贩运方式和季节、管理松紧有关,包括:①站岗放哨,最多有五道岗站;②利用车站周围群众送上车;③行李包写上海,车票买常州和戚墅堰;④放在麦田、豆田里,或熟人家里,事先买好票,车来就走;⑤装在皮箱里或打成行李包蒙混过关;⑥查到后抓住政府弱点,强调持有自产自销证为理由吵闹;⑦查到本人不出面,叫原业主去顶,或装腔作势要还白肉款。吴浩金联系上海国棉一厂张永发、王品兰,在农村大肆收购生猪和白肉。从1956年12月14日到1957年3月5日贩运生猪66头,逃税42头。3月5日到16日收购白肉1 040斤,每担72元到上海82元,另有活猪25头计白肉1 628斤,前后共贩运生猪299头。以猪下脚、钱拉拢税所代征员,以香烟、吃喝物品拉拢队长、会计和全村社员,屡教不改。

四社二队唐家塘以李金荣为首,父子二人纠集了石惠泉、沈腊苟、唐文金、唐伯仁(党员)等人,并与吴浩金集团关系密切(二人为寄亲关系)。李金荣1949年前一直跑单帮贩黄豆,做过三年伪保长,背景是阿舅周浩泉(老新桥区三青团指导员),中式裁缝出身,44岁,家里6个人,土改中以粮食和看戏等手段贿赂干部、民兵等积极分子,后又继续跑上海做生意。石惠泉为管制分子(三年),1956年撤销,1949年前在宜兴曾任过职,在常州任青山桥警察局警长,1956年入社,蔑视生产搞贩运,7月5日抢购生猪一头,毛重250斤,仍继续活动。据屠工李开泉承认在四社杀猪25头,屠工王小苟在丁家塘杀9头,群众李听宝反映最多一天杀8头,社员石国荣检举"我晓得的有15次"。拉拢社里财务主任(党员)、社员等几十人集体贩运。惯贩李金荣"手段高明阴险",开始以做工为名,先后在奔牛区吕市乡和本社本队抢购贩运,开始时以请客看戏和送猪下脚给本队(村)的社员拉拢。后来社员眼红,都以自己生猪作本,发展到集体宰杀贩运。李金荣与儿子两人不仅贩运白肉赚钱,还抽头聚赌,春节赌麻将,赌沙哈(扑克赌博——引者注),甚至坐在田埂上赌。现有罪状两条:一条是违反统购政策,明知故犯;一条是破坏社会秩序,历史情况是惯贩,又是伪保长。

两个贩运集团带来了消极后果:①影响生产以及合作社社员之间的团结和巩固。如三社吴浩金在年7月中共劳动15个工,戴甫根也是15工。吴浩金的口粮大部分通过贩白肉所得购入。吴浩生 1957 年劳动 45 个工，一次就向社里购进 1 000 余斤粮食，也是以贩肉赚的钱买的。四社李金荣自 1956 年麦种下田，一共劳动 15 个工分左右。其余时间投机和抽头聚赌。预分口粮时，社员认为不劳动也秤麦，今后还有谁高兴劳动呢。三社吴家塘（十队）18 户只有 1 户不搞投机，四社九队连树坝有 25 个劳力，一半以上运送白肉到常州和戚墅堰。四社六队和九队正当抢收抢种时，杀 3 头猪，12 人参与，影响插秧和下河泥等农活。②影响了统一收购计划的完成和价格稳定，同时大量逃税影响了国家对农村的税收。根据四社核发的饲料证统计，4 月 395 头，7 月 10 日只有 293 头，出售的 102 头猪中宰杀贩运数占 80% 以上。公司收购 10%，价格高于公司每担 3～5 元。三、四社应征税额 2 500 元，实际完成 20%。③破坏了社会治安，经常抽头聚赌。贩运者认为，查到了不亏本，顶多教育教育。

由上例可见，贩运对象主要是农民、党员干部、惯贩等。生产集体化背景下私人收益不足，农民想办法赚钱。贩卖者利用乡土的种种便利来和政府周旋。而基层干部的反应是不想管、不做冤家，认为贩运是农民的副业，而信用社不贷款、政府不支援，有困难不能叫农民在家等死，管了还要找社里的麻烦。

当时的理论界对于计划市场和自由市场的关系进行了深入的讨论。高翔指出，中华人民共和国成立初期国营商业从城市到乡村建立了一整套的采购和供应机构，构成了一个庞大的商业网。由于许多商业机构是为了贯彻资本主义工商业的改造政策，国营商业的体制环节就不得不按照行政区划来逐级建立。为了加强对私人工商业的管理，实行了加工订货、统购包销以及经销代销等形式，这就促使商业部门相应地按照各行各业的需要，成立了许多专门机构——各级专业公司、专业批发站、采购站、供应站等。因此在整个商业体系中，庞大的机构环节就这样建立起来了。农副产品的采购从农村到城市，一般需要经过基层采购站，到区域镇的集中点，再送到县城，然后经县城转运城市，还要经市专业公司批发部，最后才进入零售与消费者见面。一共要经过五至六个环节。工业品从城市到农村也要经过中央批发站、省二级批发站、县三级批发站，到零售商店四个环节①。

---

① 高翔. 大砍商品流转的多余环节是商业企业经营管理的革命[J]. 经济研究, 1958(10): 58-67.

在胡铁生看来,商业部门包下来,割断了生产者和消费者的直接联系,必然会只追求数量,忽视质量,因此要"适当增加商业的机动性和灵活性"。过去社会主义改造为了稳定物价,统一集中是必要的,但随着时间的推进,就不灵活了。"过去城乡关系是千条线,现在变成了两条绳,所以经济就不活跃了。"他敏锐地指出,工商利润之争,本质上是个财政任务问题[①]。赵清心主张,既要防止自由泛滥,侵夺统一市场,也要防止过多过严的限制,使自由市场失实。值得注意的是,他提出"国家商业行政和社会主义商业企业划开"[②]。问题并不在于公家商业替代经纪人的作用,而是当时市场单一化,竞争性削弱,导致了商品流通渠道不畅。尤其是公私合营几乎消灭了私人商店和商贩,国营商业和供销合作社垄断市场,长期形成的流通渠道市场网络不再畅通,造成了供需不平衡,积压与脱销并存。江淮认为在社会主义制度下,不论是哪种性质的流通费用的节约,都是增加社会主义积累、扩大社会主义再生产的源泉,是加速社会主义建设的重要条件[③]。实质上是把商品流通视为生产过程的延伸,将流通费用看作生产性支出。那么国家行政化的管理本身也是一种巨大的支出,其成本高昂,超出了原先的设想。

---

① 胡铁生.关于国家领导下的自由市场问题[J].财经研究,1957(1): 1 - 4.
② 赵清心.关于开放国家领导下的自由市场的初步研究[J].经济研究,1957(3): 78 - 99.
③ 江淮.论流通费用的节约[J].经济研究,1964(12): 36 - 40.

第五章

城乡人民的收入与消费

　　中华人民共和国成立以后,随着社会秩序的安定和国民经济的恢复,城乡人民安居乐业,生活水平总体提高。由于仍是农业为主的经济底子,而在民族独立以后通过工业化达到国家富强的目标,需要解决资源集聚特别是资本积累的问题,当时拥有广大人力物力的农村被赋予这个重任,同时也造成农民与国家在占有和消费农业剩余方面的矛盾。而在集体化时代的农村人民公社,所谓积累和消费的关系主要指生产队在全年总收入中扣除生产费用等后的纯收入的分配问题,它是农村人民公社收入分配工作中最重要和最复杂的问题,牵涉到国家、集体和社员三方面的经济关系[①]。

　　就上海市农村而言,1956 年上海全郊区总收入为 6 700 万元,其中农业社的总收入为 5 400 万元。这 5 400 万元的积累和消费的比例是:生产费用 20 976 242 元,占总收入的 38.84%;农业税 3 185 105 元,占总收入的 5.9%;公积金、公益金 1 175 115 元,占总收入的 2.21%;社员分配 28 562 642 元,占总收入的 53%。社员每人每年平均收入 71 元(加上其他副业收入共 99 元)。1957 年全郊区总收入估计为 7 430 万元,比 1956 年增加 10.9%,1957 年农业社的总收入约 6 130 万元,比 1956 年增加 13%[②]。

　　再以国民收入来衡量。国民收入是在一定时期内劳动人民新创造的物质财

---

① 舟展,尚农.论农村人民公社中积累和消费的关系[J].学术月刊,1964(4):22—27.
② 中共上海市委农村工作部关于 1957 年农业生产合作社积累和消费问题的说明,1958 - 01 - 14,上海市档案馆档案:A70 - 1 - 12 - 76。

富,它是从各物质生产部门的总产值中减去生产过程中所消耗的生产资料而得,即平常所说的净产值。"一五"期间,全国国民收入用于积累的比例为23%,用于消费的比例为77%。而上海市的国民收入用于积累的达到66.1%,用于消费的仅有33.9%,在66.1%的积累基金中,有56.1%提供全国统一使用,有10%留在本市用作积累。从全国来看,第一个五年计划期间,上海市创造的国民收入占全国国民收入的6%,消费基金占全国消费基金的2.4%～3.1%,平均为2.6%,而积累基金则占全国积累基金的17.2%,且逐年有所增长(1953年为15.8%,1957年增至18.6%)[①]。"一五"期间,上海市国民收入总计251.6亿元,其中工业占63.7%,商业占30.8%,农业、建筑及运输业占5.5%(商业部门的国民收入有一部分是通过价格因素从工业、农业等部门转移过来的)。工业比重扩大,从1952年的58.2%上升为1957年的69%,商业的比重缩小,从1952年的36.2%下降为1957年的26.2%,其他部门变化不大。

总的来看,国民收入增长很快,从1952年的30.8亿元增长到1957年的61.2亿元,五年内增长98.9%,每年平均增长14.7%(全国8.8%)。国民收入增长的主要因素是工业生产的迅速发展,五年中工业提供的国民收入增长141.1%,绝对额增加23.9亿元。从积累基金看,"一五"期间,上海市积累基金达166.1亿元。从国民收入增长看,从1952年的15.4亿元增长到1957年底的42.8亿元,增长178.5%,年均增长22.7%,超过全国7%。各年的积累率如下:1952年49.9%,1953年59.3%,1954年63.5%,1955年64.8%,1956年70.2%,1957年69.9%。五年来净支援全国经济文化建设141.5亿元,占85%,留在本市作积累的25亿元占15%。从消费基金看,"一五"期间,上海市消费基金合计85.4亿元,占国民收入的33.9%。其中居民的商品性消费和集体性消费占97.2%,国家管理机构的消费占2.8%[②]。

上海市居民的货币收入1957年较1952年实际增加19.1%,同期消费基金增长19.5%(剔除了物价上升因素)。虽然人均消费水平增长不多,但实际高于

---

① 第一个五年计划期间上海市国民收入、积累和消费的资料,1958年8月,上海市档案馆档案:B123-3-1571。

② 第一个"五年计划"期间上海市国民收入、积累和消费的资料,1958年8月,上海市档案馆档案:B123-3-1571。

全国的人均消费水平。1957年人均物品消费253元,较全国人均的105元高出141%。其中职工人均物品消费252元,较全国职工的212元高出20%左右,农民人均物品消费140元,较全国农民的89元高出57%左右(见表5-1)。

表5-1　1952—1957年上海市居民消费水平　　　　　　　　单位:元

消费类别	消费水平					
	1952年	1953年	1954年	1955年	1956年	1957年
按现行价格计算						
全市居民人均物品消费	250.35	295.62	261.96	242.99	277.76	277.25
职工人均物品消费	246.06	279.33	260.04	241.32	285.67	275.99
农民人均物品消费	112.18	143.54	124.70	151.25	135.19	149.51
按不变价格计算						
全市居民人均物品消费	250.35	281.79	245.63	226.06	256.37	252.98
职工人均物品消费	246.06	266.52	244.02	224.66	264.02	252.29
农民人均物品消费	112.18	139.22	119.61	143.65	127.24	139.58

资料来源:第一个五年计划期间上海市国民收入、积累和消费的资料,第25页,1958年8月,上海市档案馆档案:B123-3-1571。

从消费结构来看,1952—1965年上海居民消费中的食品类占47.5%～59.4%(见表5-2)。

表5-2　上海市若干年份消费构成比例表(%)

年份	社会消费品零售总额	食品类	衣着类	用品类	燃料类
1952	100	53.5	13.6	28.9	4.0
1957	100	52.4	14.4	29.4	3.8
1960	100	47.5	15.3	34.2	3.0
1962	100	59.4	10.7	26.3	3.6
1965	100	56.9	16.0	24.1	3.0

资料来源:祝兆松.上海计划志[M].上海:上海社会科学院出版社,2001:238.

一、农民的收入结构与支出分析

新政权的逐步巩固,土地改革的基本完成,社会的日益安定,为农业经济的恢复奠定了坚实的基础[①]。据 1951 年 10 月至 12 月对苏南青浦、南汇、金坛、溧阳、句容、高淳 6 县 12 个村的调查,农业总收入(折成稻)由 1950 年的 4 966 799 斤增至 1951 年的 5 839 545 斤[②],增加了 17.5%。手工业副业纯收入(折成稻)由 1950 年的 145 756 斤增至 1951 年的 148 783 斤,增加了 2.02%。由于经济收入的增加,农民的购买力提高,所需生活资料(布、洋袜、豆油、盐、糖、肉、火油、桐油、肥皂、毛巾、火柴等)和生产资料(罱泥船、轧稻机、轧花机、犁、耙、锄头、锹、镰刀、水车、铁耙等)增加很快。

但是生活资料占总支出的比重仍然较高,1950 年为 81.54%,1951 年为 71.37%[③]。可见消费仍然是为了满足基本生活,农民的生产投资还很有限(见表 5-3)。

表 5-3　苏南 12 个典型村 1950—1951 年支出统计　　　　　　　单位:元

年度	总支出	户均支出	人均支出
1950 年	769 180	556	138
1951 年	1 092 518	766	197

资料来源:12 个典型村调查情况综合汇报(1951 年),江苏省档案馆档案:3006-短-242。

据宜兴县前红乡良庄村的调查,上改后农家经济随着农业生产逐步好转,农民生活开始改善,总收入和稻麦销售量都有增加(见表 5-4),人均收入折成稻计算,1952 年超过土改以前 13%[④]。

---

① 1950—1952 年苏南农家收支情况主要引自张一平.地权变动与社会重构[M].上海人民出版社,2009:317-324.

② 1951 年因土改调进 200 亩田,该年发生灾害,亩产量可能下降。

③ 12 个典型村调查情况综合汇报,1951 年,江苏省档案馆档案:3006-短-242。

④ 中共江苏省委农村工作委员会.江苏省农村经济情况调查资料[G].1953-02-20:115.

表5-4 宜兴县前红乡良庄村各阶层收入比较表(稻：市斤)

时期	雇农	贫农	中农	地主	其他	平均
1950 年	1 162.80	1 049	1 626.95	2 625.50	1 304.83	1 473.60
1951 年	1 537.78	1 190.31	1 349.63	1 261.45	1 160.40	1 375.12
1952 年	2 068.86	1 485	1 570.42	1 557.18	1 402.80	1 664.58
1952 年比 1950 年	178%	140%	97%	60%	107%	113%

资料来源：中共江苏省委农村工作委员会。《江苏省农村经济情况调查资料》,1953 - 02 - 20,第115 页。

1951 年水稻歉收,总产量降低,因此平均收入最低,中农由于土改中退出租田较多,使用田减少了 97.31 亩,因而收入不如 1950 年。但贫雇农因土改中分得土地,所以 1951 年的收入比 1950 年增加。各阶层收支尚不平衡,根据 14 个典型户调查,各阶层周年内人均收入总值 1 540 511 元,其中以富农最多,雇农由于在土改中得到照顾,多分土地,加以工资收入较多,因此收入超过贫农,地主因劳力少,产量不高,因此收入最少。在周年内收入总值中,现金收入占37.783%,现金来源主要是农产品、牲畜出售、贷款等项收入①(见表 5 - 5)。农家经济收入来源包括农产品及养猪、养蚕和其他收入、上期结余等各项收入。

表5-5 14 个典型户周年内各阶层每人平均各项收入比较表

项目	雇农	贫农	中农	富农	地主	平均
	占总值比例/%	%	%	%	%	%
农产品	55.03	65.35	66.46	72.56	69.90	66.575
蔬 菜	1.15	1.21	0.83	2.78	0.43	1.15
畜禽产品	1.98	5.42	12.28	7.42	0.97	8.324
副业产品		2.00	1.09	2.38	3.40	1.653
其他收入	29.61	16.72	9.175	5.72	19.86	12.79
肥 料	10.20	6.65	7.715	7.54	4.02	7.165
上期结余	2.03	2.65	2.45	1.60	1.42	2.343

资料来源：中共江苏省委农村工作委员会。江苏省农村经济情况调查资料[G].1953 - 02 - 20：117.

① 中共江苏省委农村工作委员会.江苏省农村经济情况调查资料[G].1953 - 02 - 20：115 - 117.

由表 5-5 可知各阶层各项经济收入中,以农产品为主,占各项收入总值的 66.575%,其他收入占第二,禽畜收入占第三。肥料收入是指自给肥料,如人粪、圈肥、水草、河泥等,不包括红花草。中农因农本足,养猪多,因此禽畜收入占第二。由于本地区无主要副业,养蚕、编草鞋等收入很少,因此副业收入在各阶层收入中比重最小,富农的经济条件较好,养猪也多,因此禽畜肥料收入占第二,地主一户,主要得到亲友借贷和补助,因此其他收入比重较大,占各项收入的 19.86%。

支出方面,14 个典型户在周年内人均支出总值 1 501 196 元,生活费用占 47.51%,生产投资占 32.61%,其他支出占 19.88%(包括公粮、租稻、借出、还债、地方费用等支出)。其中富农支出最大,中农支出大于雇贫农,地主最少。各阶层各项支出比重也有差别,地主因大儿子读初中,次子及两个女儿读小学,周年内共付教育费用 276 斤稻,家中吃口又重,因此生活费用占总支出的 54.23%,富农、中农因养猪多,农本足,因此生产投资均超过贫农半数,也有个别中农因养猪多,生产投资超过生活费用,贫农、雇农因经济条件差,生产投资所占比重最小。生活费用中以粮食支出最多,占生活费用的 54.386%,副食品支出占第二,燃料支出最少,其中个别户杂项支出很大,主要是医药、修建、教育等各项支出为多,用于迷信较少。生产投资以肥料为主,占生产投资总值的 44.00%,饲料第二,种子第三,个别养猪户饲料支出大于肥料支出,副业生产设备投资最少[①]。

周年内 14 个典型户每人平均亏空 100 500 元,其中以地主、雇农负债最多,贫农负债次之,在各项负债中,大多是春借秋还,除地主系亲友借贷外,其他阶层以政府贷款比重最大,期末实际盈余数很少(见表 5-6)。

表 5-6　14 个典型户周年内人均经济盈亏与购买力比较　　　单位:元

项目	表面盈亏		借出实物与现金总值	实际盈余	已实现的购买力	潜在的购买力		全部购买力	
	盈(期末总结余)	亏(欠债)				表面的	实际的	表面的	实际的
雇农	—	176 900	—	−176 900	423 780	—	−176 900	423 780	246 880
贫农	32 255	120 228	1 855	−86 118	387 468	34 110	−86 118	421 578	301 350

① 中共江苏省委农村工作委员会.江苏省农村经济情况调查资料[G].1953-02-20:118-119.

（续表）

项目	表面盈亏		借出实物与现金总值	实际盈余	已实现的购买力	潜在的购买力		全部购买力	
	盈（期末总结余）	亏（欠债）				表面的	实际的	表面的	实际的
中农	51 397	61 439	936	−9 106	660 633	52 333	−9 106	712 966	651 527
富农	73 750	58 213	—	15 537	837 675	73 750	15 537	911 425	853 212
地主	14 243	177 543	—	−166 300	346 017	14 243	−163 300	360 300	182 717
平均	39 315	100 300	1 138	−60 047	520 201	40 453	−60 047	560 654	460 154

资料来源：中共江苏省委农村工作委员会.江苏省农村经济情况调查资料[G].1953-02-20：120.

期末结余总值加借出款项，即表面潜在购买力，减去负债部分，即实际潜在购买力；已实现购买力加潜在购买力，即全部购买力。各阶层人均购买力460 154元，其中以富农最高，中农第二，地主最低，各阶层间差距悬殊。期末禽畜结余未计在内，各阶层周年内人均期末禽畜结余总值59 252元，富农最高，人均结余100 575元，中农77 679元，地主54 286元，贫农41 945元，雇农4 166元。其中，贫农2户、雇农1户没有养猪，期末禽畜结余很少。亏空部分大多是投资生产，1952年水稻丰收，一般较1951年增产两到三成，加上禽畜结余，各阶层还有相当潜在购买力。

土改后经济总体好转，但由于1949年前长期亏欠多，底子空，因此短期内仍未完全摆脱贫困，表现在生产投资大多是政府支持，良庄村86户农家，1952年商品肥料政府贷款达61%。青黄不接时，仍有高利贷存在，1952年全村借山芋、南瓜的户数占总户数的75%以上。贫雇农在土改后生活生产虽改善速度很快，但由于底子亏，农本不足，还跟不上中农，主要表现在中农各项收支均多于贫雇农。另外从生活费用上看，各阶层的粮食支出比重很大，副粮代替主粮为数也多，用于衣着日用品等费用比重较轻，根据典型村86户的调查，周年内（1951年秋收起到1952年秋收止）能保持两粥一饭的有41户，农忙期间能吃到两饭一粥的也很多，亏粮的45户（包括雇农3户、贫农27户、中农14户、小土地出租者1户），一般亏2~3个月的食量。永安组盛玉良等3户有3个月只吃山芋南瓜，1952年秋收后86户中还有8户食粮只能吃到阴历年底。其原因主要是底子亏,缺乏劳力,产量低①。

据无锡三蠡乡第三村典型调查,农村经济已有了好转,农民生活水平亦日渐改善。该村的收支情况如表5-7和表5-8所示(包括地主1户、富农2户、小土地出租者2户、中农2户、贫农2户、雇农1户)。

表5-7　无锡三蠡乡第三村土改前后收入统计表　　单位:稻/斤

		家庭人口		农业收入		其他收入				剥削收入		全年总收入	占总数比例/%
		人数	占人口比例/%	使用田	折稻	蚕茧	牲畜	副业、雇工	外出工	地租	债利		
1950年	地主	8	21	15.5	6 169	1 588	2 461	400		5 400	1 500	17 518	31.1
	小土地	9	23.7	11	3 605	1 880	923		1 000	2 940		10 348	18.3
	富农	7	18.3	22.6	9 868	1 220	1 830	1 200				14 118	24.9
	中农	6	15.8	10.2	4 286	1 501	1 230	400	400			7 817	13.8
	贫农	7	18.3	6.9	3 187	1 754	923	220				6 084	10.8
	雇农	1	2.6					600				600	1.1
	合计	38		66.2	27 115	7 943	7 367	2 820	1 400	8 340	1 500	56 485	
1951年	地主	8	21	6	3 014	710	1 000	200				4 924	10.1
	小土地	9	23.7	14.9	5 663	1 910	1 000		1 200	924		10 687	21.8
	富农	7	18.3	22.3	11 337	1 361	2 000	1 200				15 898	32.7
	中农	6	15.8	9.9	5 253	928	1 000	800	600			8 581	17.7
	贫农	7	18.3	11.1	4 347	1 384	1 000	70				6 801	14
	雇农	1	2.6	2.9	1 720			60				1 780	3.7
	合计	38		67.1	31 334	6 293	6 000	2 330	1 800	924		48 681	

资料来源:农村阶级经济情况调查报告——无锡三蠡乡第三村典型调查材料,1951-12-10,锡山区档案馆档案:B1-1-13。

---

① 中共江苏省委农村工作委员会.江苏省农村经济情况调查资料[G].1953-02-20:120—121.

表 5-8　无锡三蠡乡第三村土改前后支出统计表　　　　单位：稻/斤

		家庭人口		支出情况											
				生产资料		生活资料			被剥削		其他			全年总支出
		人数	占人口比例/%	工具	肥料	衣着	食料	用品	地租	债利	公粮	雇工	其他	
1950年	地主	8	21		538	477	1 509	766			1 700	1 270	50	6 310
	小土地	9	23.7	5	444	483	1 857	750			940	205	65	4 749
	富农	7	18.3	5	947	488	1 504	838			2 520	360	248	6 910
	中农	6	15.8	17	421	324	1 727	381	420		975		136	4 401
	贫农	7	18.3	6	14	155	3 933	467	400		332	30	22	5 359
	雇农	1	2.6				32	34					10	76
	合计	38		33	2 364	1 927	10 562	3 236	820		6 467	1 865	531	27 805
1951年	地主	8	21	45	131	70	2 330	478			449	20	50	3 573
	小土地	9	23.7	152	456	291	1 484	557			1 324	205	256	4 725
	富农	7	18.3	35	323	390	1 516	629			3 491	360	448	7 192
	中农	6	15.8	135	359	323	1 266	310	140		822	100	277	3 732
	贫农	7	18.3	154	177	229	2 700	341			754	30	152	4 537
	雇农	1	2.6	6	58	39	104	64			377		109	757
	合计	38		527	1 504	1 342	9 400	2 379	140		7 217	715	1 292	24 517

注：由于工农业产品差价缩小的原因，统计中土改后有部分实物数虽增加，但折成稻的数字就缩小了（如贫农土改后衣着支出数等）。其他支出包括爱国捐献、冬学、代耕及迷信品等其他用品。

资料来源：农村阶级经济情况调查报告——无锡三蠡乡第三村典型调查材料，1951-12-10，锡山区档案馆档案：B1-1-13。

随着农村经济情况的好转，农民对生活与生产资料的需求逐步上升，据无锡三蠡乡第三村 487 户的统计，在生产资料上，1951 年（土改后）比 1950 年（土改前）单豆饼多购进 1 万斤，农具多购 110 件（含 2 部轧稻机）。生活资料方面在食用上并未显著上升（因农民消费有一定数量，相差甚微），但棉花、布及日用品等项较高，213 户中农（919 人）、216 户贫农（1 048 人）中，土改前中农需布 4 820 尺、棉花 443 斤，每人平均布 3.2 尺、棉花 0.4 斤。土改后需布 8 887 尺、棉花 884 斤，每人平均布 9.5 尺、棉花 0.8 斤。贫农土改前需布 5 193 尺、棉花 460

斤,每人平均布 4.8 尺、棉花 0.3 斤,土改后布 7 497 尺、棉花 756 斤,每人平均布 7.1 尺、棉花 0.6 斤。在建筑材料上也逐步需要购买。土改后农民购买力提高的原因有:农民分到田,农业收入增加,同时产量增加;农产品与工业品差价比 1950 年高,1950 年麦季小麦平均价每斤 600 元,龙头细布平均每尺 2 500 元,1951 年小麦价格为 960 元,布价仍旧[①]。社会经济好转,副业产品有销路,参加其他劳动的工资也得到合理调整。

农村经济的"好转",实际上是属于社会动荡后的恢复。根据宜兴县闸口乡五村的调查,每亩农田的投资以 1948 年指数为 100 计,则 1952 年贫农为 191.59,中农为 205.53,地主、富农为 64.44。中农和贫农的投资水平均大幅提高,但主要是生产资料内部再分配的缘故,1952 年指数仅为 104.84,1951 年甚至只有 91.03,故总的变化不大。再看该村的收入与消费水平,1948—1952 年该村人均纯收入分别为(折主粮)1 265.55 斤、1 150.69 斤、1 302.07 斤、1 014.44 斤、1 348.94 斤,而这几年的人均生活消费分别为 1 152.13 斤、1 156.49 斤、1 136.76 斤、1 066.68 斤、1 186.69 斤[②]。这说明该村的农业生产生活水平主要是结构性的调整,还没产生实质性增长。

以上主要是中华人民共和国成立初期的农村收支,之后在 20 世纪 50 年代中期,国家又一次对农村做了大量的调查。比较著名的有 1957 年江苏省统计局对无锡县 11 个村进行了经济调查,据其中 336 户、常住人口 1 485 人的一个统计,全年共消费布 24 533 尺,人均消费 16.52 尺,为 1929 年的 127.96%;全年消费食油 5 754.76 斤,人均消费 3.82 斤,为 1929 年的 75.05%;全年消费猪肉 8 645.75 斤,人均消费 5.74 斤,为 1929 年的 93.64%。在调查的 945 户 3 962 人中,负债户 261 户,负债 20 642 元,其中货币 17 223 元,人均负债 5.21 元。从借款的来源看,来自地主富农 62 元,银行 638 元,信用社 3 224 元,典当 52 元,工商业者 257 元,合会 1 193 元,其他 15 216 元[③]。而 1957 年无锡农村人均收入 101.07 元,为 1929 年的 113.35%。贫农人均消费口粮 401 斤,雇农人均消费 406 斤。据曹庄、邵巷两个村的调查,1957 年共有 16 架矿石收音机,5 架缝纫

---

① 无锡县江溪乡土改后农村阶级经济情况变化调查报告,1951-10-20,锡山区档案馆档案:B1-1-13。
② 宜兴工作组关于农业税负担的报告,1951-12-17,江苏省档案馆档案:3006-永-157。
③ 无锡市(县)农村经济调查资料,第 66 页,1958 年 11 月,江苏省档案馆档案:3133-永-171。

机。另据 4 个村的统计,农民有钟表 48 件,热水瓶 290 个,手电筒 227 个①。

在江苏松江专区,1955 年有 2 000 人以上城镇 34 个,2 000 人以下城镇 127 个。其中实行定量供应的为 141 个,69 773 户计 323 124 人,每人每月 24.47 斤。按年龄段分配粮食,宝山、奉贤、南汇等县,10 周岁以上一律 24 斤。松江县新桥镇对 10 周岁以上居民公开规定:10～13 岁 22 斤,14～49 岁 24 斤,50～60 岁 23 斤,60 岁以上 22 斤,有老年人反映"年纪越活越大,粮食越吃越少"②。而 1953—1963 年无锡县农民实际吃粮数提高较慢,1953 年 502.5 斤,1954 年 509.7 斤,1955 年 545.9 斤,1956 年 531.2 斤,1957 年 527.5 斤,1958 年 561.8 斤,1959 年 342.5 斤,1960 年 346.8 斤,1961 年 286.8 斤,1962 年 486.9 斤,1963 年 540.5 斤③。尤其是 1959—1961 年三年中,农民的人均粮食消费下降非常明显。

其中统购统销对农民的生活影响较大。据苏州市计划委员会史纪洪反映,由于统购统销,饮食业紧张,吴县农民从农村赶到苏州来买生面。1954 年水稻亩产 450 斤,被评产为 600 斤,口粮也卖给了国家。还见到许多农民在饭店里,有的吃饱后带了很多大饼回去。原因主要有:评产普遍偏高 20 斤到 30 斤,干部报喜不报忧;口粮不足以维持到秋收或夏收;少数富农藏粮,到城里吃喝,造成农民不满,歪曲统购统销政策④。而在上海沪东船厂的几个附属单位里,发现个别团部在国庆假日回乡探亲中带来了农村没有吃喝、乡下干部没收群众杂粮等传言。该厂的一个附属单位电机厂团支部召开团小组长会议,汇报节后情况,小组长浦孝根在会上说:"我这次回乡(去无锡)连我吃的饭也没有,还是我母亲去向人家借的。乡下每人每月只有 10 斤粮,其中米 2 斤,面粉 8 斤,不够吃,自己想办法,吃树叶子、南瓜叶子。"接着小组长范银丁(家在无锡)说:"这情况是有的,主要是乡下的下级干部不好,干部要在路口检查,如果检查出来是饼干等物都没收,自己吃掉。"又说:"在整风时,如果群众贴了干部大字报,当夜干部就来

① 无锡农村经济调查分析报告(初稿),1958 年 9 月,江苏省档案馆档案:3133 -永- 172。
② 松江区委财政贸易工作部.城市粮食定量供应工作总结,1955 - 11 - 23,江苏省档案馆档案:3065 -短- 182。
③ 无锡县统计局.无锡县国民经济统计资料汇编(1949—1963 年),1964 年 11 月,第 50 页。
④ 江苏省委农工部办公室编印:《农村工作情况》第 8 期,1955 - 02 - 25,江苏省档案馆档案:3062 -短- 78。

你家,叫你去将大字报撕掉。"当场也没有人起来对此驳斥[①]。

再来看 1957 年上海郊区农民生活的调查。郊区农民的收入和消费水平,由于种植作物的性质不同,相差很大。近郊蔬菜地区高于远郊棉粮地区。选择了 10 个典型户,对 1957 年的收入消费进行调查。蔬菜地区 3 户,棉稻地区 5 户,工人家属 1 户,五保户 1 户[②]。从收入来讲,蔬菜地区,人均全年收入 145 元,达到富裕中农水平(140 元左右)。如罗金生 1957 年全年收入为 580 元,其中集体经济收入占 97%,副业收入 3%。较高水平的上中农褚焕庭 1957 年总收入为 1 591 元,人均 244 元,其中集体经济收入占 94%,副业收入占 6%,比中等水平高 68%,较低水平如下中农徐宝荣 1957 年总收入为 994 元,人均 124 元,其中集体经济收入占 97.4%,家庭副业收入占 2.6%,比中等水平低 16.9%。而在棉粮地区,中等水平的曹阿毛总收入 502 元,人均每年 83 元,其中集体经济收入占 82%,家庭副业占 18%。较高水平的上中农俞五林 1957 年收入为 948 元,人均 135 元,其中集体经济收入占 82%,家庭副业收入占 18%,人均每年收入比中等水平高 62.6%,较低水平的管阿二人均每年收入 40 元,比中等水平低 51.8%。

而家里如有工人,则会提升整个家庭的生活水平。如工人家属朱洪兴,家有 9 人,其中 1 人参加社内劳动,1 个是纺织工人,1957 年总收入为 1 394 元,人均 154 元,其中社内集体经济收入占 21.1%,家庭副业收入占 7.2%,工资收入占 64.5%,其他房租收入占 7.2%。每人每年的收入比蔬菜地区的中等水平高 6.2%,比棉粮地区中等水平高 85.5%。

从支出来看,蔬菜地区一般每人每年支出 130 元,高的 234 元,比一般水平高 80%,较低的 112 元,比一般水平低 13.8%。下中农徐宝荣全年总支出为 899 元,人均每年 112 元,其中伙食费占 68.7%,衣着占 12.5%,日用品占 5.7%,零用费占 6.7%,学习费占 0.8%,其他占 39.6%。较高水平的上中农褚焕庭,全年支出 1 525 元,人均每年 234 元,其中伙食费占总支出的 42.5%,衣着占 14.5%,日用品占 3.7%,零用费占 21.6%,医药费占 3.2%,其他占 14.5%。棉粮地区一般每人每年支出 82 元,较高的 109 元,比一般水平高 32.9%,较低的

---

① 回乡探亲中带来的谣言——陈翠英.1960 年,上海市档案馆档案:C21-2-1578-101。
② 上海郊区农民收入和消费水平的典型调查,1958 年,上海市档案馆档案:A70-1-53-68。

75 元,比一般水平低 8.5%。如贫农曹阿毛,全年总支出为 493 元,每人每年平均支出 82 元,其中伙食费占总支出的 61%,衣着占 16.6%,日用品占 4.5%,零用费占 17.8%,棉粮地区中等消费水平比菜区中等消费水平低 58.5%。

工人家属朱洪兴全年总支出为 1 390 元,人均每年支出 154 元,其中伙食费占 58.1%,衣着占 10.4%,日用品占 88.5%,零用费占 8.7%,医药费占 4.4%,学习费占 1.8%,其他占 10.2%,人均支出比菜区中等消费水平高 18.4%,比棉稻区中等消费水平高 87.8%。

五保户如上海县群力公社(纯稻社)沈吴氏一个人全年消费 70.6 元,其中伙食费占总支出的 77.3%,衣着占 14.2%,零用费占 8.5%,每人消费比棉稻地区中等消费水平低 14.6%,比菜区中等消费水平低 46.1%。

可见郊区农民的收入水平悬殊较大(见表 5-9)。如菜区最高的每人每年 244 元,已大大超过了富裕中农的生活水平,比工人的收入还要高,但是棉粮地区较低水平的每人每年只有 40 元,二者相差六倍多,以菜区中等水平与棉粮地区的中等水平来分析,菜区比棉粮区高 50.9%,这一差别只有在建立了人民公社后实行半供给制和半工资制,才能逐步缩小。

就消费部分而言,伙食费占的比例较大,一般都在 60%~70%,最高的达到 79%,消费水平高的伙食费的比例就小,消费水平低的占的比例就大(见表 5-10)。如褚文焕一户,每人每年消费 234 元,伙食费占 42.5%,五保户沈吴氏全年消费 70 元,伙食费支出占 77%[①]。

表 5-9　上海市郊区农民 1957 年收入水平典型调查

社类型	姓名	人口			劳动力		收入部分/元				
	成分	大	小		工人	收入/元	人均	集体收入	副业	工资	其他
蔬菜	褚焕庭	上中	3.5	3	3		1 591	244	1 496	95	
蔬菜	罗金生	贫农	3	1	2		580	145	568	12	
蔬菜	徐宝荣	下中	4	4	3		993.7	124	988.9	48	
蔬菜	朱洪兴	工属	3	6	1	1	1 394	154	294	100	900	100

---

① 上海郊区农民收入和消费水平的典型调查,1958 年,上海市档案馆档案:A70-1-53-68。

（续表）

社类型	姓名	人口			劳动力		收入部分/元				
	成分	大	小	工人	收入/元	人均	集体收入	副业	工资	其他
稻	俞五林	上中	6	1	3	948	135	858	90		
棉稻	吴小付	贫农	2	4	2	778	129	720	40		18
棉稻	沈洪炳	下中	2.5	2	2	439	97	312	97		30
棉稻	曹阿毛	贫农	2	4	2	502	83	412	50		40
棉稻	管阿二	贫农	2	3	2	229	40	129	80		20
棉稻	沈吴氏	五保	1			70.1	70.1				

资料来源：上海郊区农民收入和消费水平的典型调查，1958年，上海市档案馆档案：A70-1-53-68。

表5-10　上海市郊区农民1957年支出水平典型调查　　　　单位：元

姓名	支出合计	人均	伙食费
褚焕庭	1 525	234	648
罗金生	516.41	129	411.4
徐宝荣	899.8	112	619
朱洪兴	1 390.5	154	808
俞五林	763	109	537
吴小付	599	100	420
沈洪炳	424.8	72.1	306.8
曹阿毛	493.6	82.26	301.6
管阿二	377.5	75.5	284
沈吴氏	70.6	70.6	54.6

资料来源：上海郊区农民收入和消费水平的典型调查，1958年，上海市档案馆档案：A70-1-53-68。

　　据1957年嘉定县三个乡的农家收支调查，全部调查户总计为45户，合计103个劳动力，总收入23 080.80元，来自农业社11 070.64元，来自家庭副业7 130.04元，其他来源4 880.12元。其中南翔8 314.51元，娄塘6 427.42元，方太8 338.87元。三个乡各选取15户，劳动力分别为31人、35人、37人。人均收入为 127.31 元,其中从社收入 61.49 元,家庭副业收入 39.02 元,其他收入 26.80 元[①]。分乡统计如表 5 - 11 所示。

表 5 - 11　1957 年嘉定县三个乡收入构成表　　　　单位:元

地区	人均收入	从社收入	家庭副业	其他
南翔	136.27	52.48	47.88	35.91
娄塘	114.57	71.80	29.36	13.41
方太	127.36	58.31	39.79	29.26

资料来源:嘉定县人民委员会计划统计科.1957 年嘉定县农家收支调查资料简编,1958 - 06 - 16,上海市档案馆档案:B31 - 2 - 78。

　　根据调查户的支出情况,计算得出总人数约 183 人。合计支出 25 853.72 元,生产消费 2 221.56 元,纳税 279.34 元,生活消费 22 731.66 元。其中物质消费 21 767.31 元,包括主食 8 751.56 元,副食 4 939.38 元,衣着 2 088.26 元,燃料 1 529.68 元,住房 797.50 元;非物质消费 964.35 元,包括学杂费 183.20 元,医疗费 290.70 元,娱乐费 11.07 元。其他支出 621.16 元。人均消费为 142.46 元,包括生产消费 12.16 元,纳税 1.53 元,生活消费 125.38 元。其中物质消费 120.11 元,包括主食 47.82 元,副食 26.94 元,衣着 11.41 元,燃料 8.36 元,住房 4.30 元;非物质消费 5.27 元,包括学杂费 1.00 元,医疗费 1.62 元,娱乐费 0.06 元;其他支出 3.39 元。最高的南翔人均支出为 150.74 元,最低的娄塘人均支出 121.61 元,而方太人均支出为 149.93 元。

　　从调查户的纯收入和积累来看,纯收入合计 20 579.90 元,其中生产性纯收入 15 699.78 元,本年积累为－2 772.92 元,年末储存合计 1 963.43 元,包括现金 197.93 元,粮豆折价 1 765.50 元。人均 113.62 元,其中生产性纯收入 86.82 元,本年积累为－15.15 元,年末储存 10.72 元,其中现金 1.08 元,粮豆折价 9.64 元。

　　从调查户主要消费品的消费量来看,粮食类小计:嘉定县 89 180 斤,人均 440 斤。其中稻谷 71 368 斤,人均 390 斤;小麦 1 565 斤,人均 8.5 斤;杂粮

[①] 嘉定县人民委员会计划统计科.1957 年嘉定县农家收支调查资料简编,1958 - 06 - 16,上海市档案馆档案:B31 - 2 - 78。

16 159斤,人均87斤;薯类600斤,人均3.2斤。粮食复制品120.38元,人均0.66元;猪肉1 997斤,人均11斤;牛羊肉359斤,人均2斤;蛋2 096个,人均11个;鱼虾2 720斤,人均15斤;蔬菜50 216斤,人均165斤;糖537.5斤,人均3斤;食油740斤,人均4.05斤;盐2 416斤,人均13斤;香烟3 367盒,人均19盒;酒721斤,人均4斤;在外饮食367.33元,人均2.01元;棉布1 822尺,人均10尺;毛巾24条,人均0.13条;胶鞋21双,人均0.11双;肥皂327块,人均1.78块;煤油381斤,人均2.08斤;暖水瓶3个;火柴3 232盒,人均18盒。

从调查户的现金平衡来看,全县年内结存人均1.36元。年内收入76.84元,从社收入17.53元(22.81%),出售产品20.82元(27.31%),工资收入4.89元(6.36%),借贷收入8.79元(11.44%),在外人口寄回21.04元(27.39%),其他3.77元(4.69%)。支出77.12元,购回商品62.58元(81.15%),文化生活服务5.27元(6.84%),借贷支出5.05元(6.55%),其他4.22元(5.46%)。年末结存1.08元[①]。

除了统购统销外,城乡购销差价也影响着农民的生活水平。根据1957年对上海市郊区和周边接壤地区的调查,每百斤粳稻可以加工中等粳米73斤左右,每百斤小麦可以加工标准面粉85斤左右。但以上海市郊区现行的购销价格,农民出售一担粳稻只能换回中白粳米59.4斤,出售一担小麦只能换回标准粉57.6斤。蚕豆和元麦、大麦等杂粮的购销差价更大,购价一般只有销价的七折左右。油料类似,每百斤菜籽可以出油36斤和出饼55斤,除去加工费,两者的价值共为24.33元,1957年菜籽的购价已提升为19.2元,但其间的差价仍有5元之多。百斤棉籽可加工棉油13斤和棉仁饼42斤,除去加工费,包括下脚棉壳在内的价值为8.67元,其间的差额达棉籽购价的0.7倍。百斤棉花(折成絮棉)的收购价格是81.72元,销售价格是127元,购价为销价的64.3%。再如一头130斤重的生猪,按出白率65%计算,可以宰得白肉84.5斤,但按现行生猪收购价0.42元和白肉零售价0.79元计算,只能换得69.2斤,折成差价就达12元。

购销差价偏大的问题,还表现在与毗邻地区的对比。上海市郊区与松江接

---

① 嘉定县人民委员会计划统计科.1957年嘉定县农家收支调查资料简编,1958-06-16,上海市档案馆档案:B31-2-78。计算公式为:1.36+76.84-77.12=1.08元。

壤,其收购价格是相应摆平的,但上海方面的销售价格一般要高于松江,某些品种很突出。如粳米要高出 10.6%,蚕豆和元麦、大麦等杂粮要高出 22%～32%,猪肉和牛肉等高出 9.7%～13.3%。由于松江销价较低,因此其购销差价也小,对比之下,上海市和郊区的购销差价更为突出[①]。偏大的购销差价,使得农民特别是既向国家出售又向国家购回的农民(1956—1957 年粮食年度国家收购市郊的粮食竟要超定购数的 10 倍)产生了抵触情绪,而接壤地区销价悬殊脱节问题,不但衬托了市郊购销差价的偏大,而且在一桥一陌之隔的毗邻情况下,亦使一般消费居民产生了不满。

二、城市职工的收入水平与消费质量

据王玉茹对国内城市劳工家庭生活费之百分比分配的研究,1930 年食物消费占生活费的比重,上海为 56.8%,苏州为 54.1%,无锡为 49.0%,武进为 52.2%,镇江为 61.8%,宜兴为 60%,南京为 62.4%,吴兴为 59.8%,杭州为 56.3%,嘉兴为 44.2%[②]。

中华人民共和国成立之初,根据苏南的调查,当时城市的消费水平总体较高,像无锡市民消费的米、面粉和糖,分别达到了 322 斤、29.97 斤和 3.35 斤(见表 5 - 12 和表 5 - 13)。

表 5 - 12 苏南城市居民日常食物人均年消费数量表(1950 年)

地区	级别	米/担	面粉/斤	食油/斤	盐/斤	酱油/斤	糖/斤	蔬菜/斤
镇江		3.08	26.93	8.34	11.99	—	—	10.38
	1	3.74	21.29	15.38	9.11	—	—	28.43
	2	3.27	45.31	11.99	25.19	—	—	20.32
	3	3.21	15.61	8.16	8.46			9.85
	4	2.91	—	6.76	9.61			6.17

---

① 上海市粮食局农产品价格研究小组关于大城市郊区农产品购销差价和周围接壤地区价格及衔接问题的材料,1957 年,上海市档案馆档案:B123 - 2 - 1162 - 162。
② 王玉茹. 近代中国物价、工资和生活水平研究[M].上海:上海财经大学出版社,2007:120 - 121.

(续表)

地区	级别	米/担	面粉/斤	食油/斤	盐/斤	酱油/斤	糖/斤	蔬菜/斤
常州		2.67	23.34	7.40	9.23	11.58	2.53	12.64
	1	2.67	7.52	9.19	7.08	6.00	3.13	41.04
	2	2.99	20.10	12.57	10.30	12.32	7.74	23.63
	3	3.75	11.08	9.55	9.83	19.00	7.10	12.18
	4	2.02	31.58	4.52	8.73	8.00	1.00	7.36
无锡		3.22	29.97	10.19	7.10	8.45	3.35	13.52
	1	2.79	38.90	17.86	6.94	8.92	6.86	25.37
	2	3.34	26.35	10.72	7.54	7.91	3.80	14.51
	3	3.14	41.74	11.20	5.72	8.24	2.59	18.28
	4	3.25	25.00	9.03	7.63	8.72	3.33	10.12
苏州		2.50	21.98	11.06	7.73	6.52	—	18.35
	1	1.70	22.30	17.65	10.97	11.81	—	20.28
	2	1.69	14.90	11.10	6.72	8.11	—	10.10
	3	3.21	26.14	15.97	8.83	7.91	—	16.25
	4	2.42	22.00	8.05	7.23	4.96	—	20.81
松江		3.12	13.48	5.91	8.40	—	2	12.35
	1	3.51	9.43	2.81	7.00	—		11.67
	2	3.33	—	6.20	6.50	—	2	24.00
	3	3.47	16.00	5.33	8.00	—		8.50
	4	2.85	12.50	6.31	9.31	—		10.50

资料来源:《苏南城市人民消费典型调查》(一),江苏省档案馆档案:3070-永-1938。引自马俊亚.
混合与发展——江南地区传统社会经济的现代演变(1900~1950)[M].北京:社会科学文献出版社,
2003:327.

表5-13 苏南城市居民衣着人均年消费数量总表(1950年)

地区	级别	人数/%	布/丈	棉花/斤	衬衫/件	袜/双	鞋/双
镇江		100	0.85	0.33			
	1	3.54	1.65	0.73			
	2	17.31	1.48	0.63			

（续表）

地区	级别	人数/%	布/丈	棉花/斤	衬衫/件	袜/双	鞋/双
	3	26.35	0.88	0.37			
	4	52.80	0.57	0.18			
常州		100	0.78	0.40		1.17	0.46
	1	3.54	1.70	1.31		3.58	2.36
	2	17.31	2.66	1.83		2.59	0.88
	3	26.35	0.71	0.42		1.55	0.86
	4	52.80	0.13	0.06		0.33	—
无锡		100	1.77	0.58			
	1	3.22	1.92	0.48			
	2	19.01	1.03	0.65			
	3	25.48	1.51	0.47			
	4	52.29	2.15	0.61			
苏州		100	1.79	1.32	0.017	2.52	
	1	3.88	4.47	2.45	0.45	—	
	2	15.49	2.33	1.14	—	—	
	3	27.29	2.00	1.47	—	6.08	
	4	53.34	1.33	1.21	—	1.61	
松江		100	1.96	0.75			
	1	3.54	4.29	—			
	2	17.31	1.40	0.40			
	3	26.35	2.58	2.50			
	4	52.80	1.67	0.04			

资料来源：《苏南城市人民消费典型调查》(三)，江苏省档案馆档案：3070-永-1938。引自马俊亚.混合与发展——江南地区传统社会经济的现代演变(1900~1950)[M].北京：社会科学文献出版社，2003：338.

而当时上海那些较好的工厂，如国棉十九厂特别是上烟一厂工资就很高（见表5-14），后来还做了下调。

表5-14 上海国棉十九厂、上烟一厂职工平均工资(1952年—1955年上半年)

时间	国棉十九厂			上烟一厂		
	工人数/人	月工资/元	工资分	工人数/人	月工资/元	工资分
1952年	4 469	61.10	239	2 796	93.4	366
1953年	4 956	64.60	249	3 160	86.5	333
1954年	4 891	67.33	256	3 353	78.7	300
1955年	4 547	63.84	240	3 527	62.9	236

注:工资分是1950年9月全国工资改革准备会议后到1956年工资改革前,按粮、布、油、煤等实物的当地价格计算工资的单位。

资料来源:国棉十九厂、上烟一厂职工平均工资,1955-09-01,上海档案馆档案:B127-1-945。

一方面由于1956年工资改革后,上海市职工工资水平提高和家属就业扩大,每家平均实际货币收入增加较快;另一方面由于国家调高若干商品价格及部分工业品涨价,特别是一年来新生婴孩增加,职工物质消费量提高不显著。根据对700户职工家庭的调查(见表5-15),1957年第二季度平均每户实际收入为127.10元,较上年同期增加11.93元,涨幅为10.36%。平均每月每户支出119.78元,较上年同期多用11.52元,增加10.64%。因人口增加,人均计算实际收入增加5.3%,人均实际支出增加6.08%。第二季度每人每月平均用于购买商品的为18.78元,较上年同期增加7.42%,其中食品12.89元,较上年同期增加7.15%,衣着日用品5.89元,增加8.07%[①]。

表5-15 1957年第二季度人均每月主要商品消费量

项目	单位	平均消费	较上年同期增减	占上年同期比例/%
粮食	市斤	24.90	+0.55	102.24
猪牛羊肉	斤	1.5	-0.08	94.93
鱼虾	斤	2.89	+0.05	101.88
鸡鸭	斤	0.24	+0.12	205.71
蛋	个	8.46	-0.71	92.80

[①] 上海市统计局.《国民经济统计简报》第31期,一年来本市工业职工家庭收支及消费水平变化状况,1957-08-16,上海市档案馆档案:B31-2-33-100。

（续表）

项目	单位	平均消费	较上年同期增减	占上年同期比例（%）
鲜菜	斤	15.79	+2.15	115.79
食油	斤	0.86	+0.08	110.21
食糖	斤	0.32	−0.03	90.48
乳饼干水果	元	1.12	+0.15	115.41
棉布	市尺	2.31	−1.04	69.12
成衣	元	1.24	+0.45	156.96
鞋帽	元	0.32	−0.05	88.18
袜子	双	0.16	−0.03	87.50
日用杂品	元	0.84	−0.03	96.18
家具	元	0.37	+0.17	183.33
文教用品	元	0.52	−0.03	95.12

注：保姆28人未计算在家庭人口中，实际上也参加了消费，因此食品消费增加实际要小。新生婴儿较多，物价有所增加，增加了支出。700个家庭，共有3 354人，其中五年内新生的821人，相当于24.5%。人口增加较快，增加了国家安排和改善职工生活的困难。

资料来源：国民经济统计简报，第31期，上海市统计局1957-08-16，上海市档案馆档案：B31-2-33-100。

　　根据对1956年上海市工业系统707户家庭的调查（其中工人550户，工程技术人员60户，职员97户），实际记账户数，4月份690户，5月份692户，6月份700户。被调查户除储蓄借贷收支不计外，家庭收入的来源绝大部分（占94.95%）是靠工资及其他得自机关企业的奖金等[1]。

　　从被调查户的基本情况来观察：①家庭人口及就业人数。6月份实际记账的700户3 263人，平均每户4.66人，就业人员共1 079人，平均每户1.5人，因此，从职工家庭负担看，每一就业人员连本人在内须负担3.02人。全部调查户每月还需负担不在调查范围的家属500多人（每月付出赡养费5 000元以上），可见上海市职工负担较重。从就业面来看，在全部人口中18～60岁，即所谓就

[1] 上海市国民经济统计简报第23号：本市工业系统职工家庭收支调查综合资料分析，1956-09-01，上海市档案馆档案：B31-2-32-105。下述同一案例的情况均来自本件档案，不再逐一注释。

业年龄的共有 1 596 人,其中尚未就业的共有 517 人,这些人多数从事家务。全部被调查户中共有家属 379 人就业,其中 1949 年后就业的达 193 人,占半数以上。由于职工家庭人口增加较快,每一就业人员负担的人口数还是逐年增加。据调查 7~9 岁的儿童 240 人,平均每年 80 人,反之足岁以下的儿童 1 015 人,平均每年则有 169.16 人,人口增长明显。②职工文化程度。在 3 263 人中,除 6 岁以下儿童,大学生 34 人,占 1.51%,中学生 456 人,占 20.23%,小学生 1 000 人,占 44.49%,未就学的儿童 83 人,占 3.69%,文盲 675 人,占 30.03%。有大学文化程度的除 3 人为工人家庭成员外,其余均为工程技术人员和职员,工人一般是小学程度,部分是文盲和初中程度。③居住状况。自有房屋 187 户,占 26.71%,租公房的 257 户,占 36.72%,租私房的 256 户,占 36.57%。居住面积包括阁楼在内,人均 5.04 平方米,其中工人 4.85 平方米,职员 5.43 平方米,工程技术人员 6.26 平方米。房屋质量差,51 户无电灯,288 户无自来水,工人家庭近半数无自来水设备。住自有房屋的 19 户,人均 7.29 平方米,条件最好的每人住 22 平方米,最差的只有 1.49 平方米。住租公房的 19 户,人均 4.18 平方米,条件最好的 13.17 平方米,最差的 2.14 平方米。住租私屋的 16 户,人均 4.02 平方米,条件最好的 12 平方米,最差的 1.09 平方米。大部分职工居住条件很差。

再从职工收支及消费情况来看。

(1)总的收支,除去储蓄借贷等虚假收支,实际收支一般是平衡的,也有结余的(见表 5-16 和表 5-17)。如 1956 年 5 月每户平均收入 112.11 元,支出 108.99 元,结余 3.12 元;6 月份收入 118.84 元,支出 111.47 元,结余 7.37 元,较之上海市劳动局 1951 年初所调查的 87 户工人家庭,实际收支相抵后每户平均结余人民币 3 分已有很大提高。再就收支水平看,1951 年劳动局调查每人平均实际收入 20.81 元,支出 20.78 元。而 1956 年 6 月工人人均收入 24.42 元,支出 22.80 元,不论收入和支出均较 1951 年初有了较大提高。实物消费方面,1951 年人均月消费猪牛羊肉 1.52 斤,1956 年则为 1.55 斤,鱼虾 1951 年 1.80 斤,而 1956 年 2.66 斤,食糖 1951 年 0.22 斤,1956 年 0.33 斤,只有食用植物油因计划供应关系略为减少。职工物质享受有所改善。

表 5 - 16 1956 年 6 月按部门及人员类别分每户平均收入、支出情况(Ⅰ)

	户数	现金收入/元					
		每 户 平 均					
		合计	其中实际收入	工资收入		工资以外的收入	储蓄借贷收入
				小计	其中被调查者		
总计	700	140.24	118.84	109.18	78.85	9.64	21.41
工人	544	135.01	114.78	105.04	74.68	9.74	20.23
工程技术人员	59	179.34	152.18	144.29	109.21	7.89	27.16
职员	97	145.82	121.31	111.03	83.83	10.29	24.51

注：其中化学矿开采及加工部门 52 户,钢铁冶炼部门 45 户,金属加工部门 259 户,橡胶加工部门 27 户,造纸工业 29 户,纺织工业 208 户,食品工业 49 户,印刷部门 31 户。实际收入和支出系指剔除储蓄借贷后的数字。

表 5 - 17 1956 年 6 月按部门及人员类别分每户平均收入、支出情况(Ⅱ)

	现 金 支 出/元											
	每户平均/元						比重/%					
	合计	实际支出	食用品的购买	非食用品的购买	非商品支出		储蓄借贷支出	实际支出	食用品的购买	非食用品的购买	非商品支出		储蓄借贷支出
					小计	赠养赠送					小计	赠养赠送	
总计	137.47	111.47	56.77	28.60	26.11	7.15	26.00	81.09	41.30	20.80	18.99	5.42	18.91
工人	132.20	107.07	55.71	27.44	23.91	6.66	25.13	80.99	42.14	20.76	18.09	5.04	19.01
技术人员	175.56	143.72	67.55	36.58	39.59	9.53	9.53	81.86	38.47	20.84	22.55	5.43	18.14
职员	143.89	116.57	56.13	30.21	30.22	8.46	27.33	81.01	39.01	21.00	21.00	5.88	18.99

资料来源：上海市国民经济统计简报第 23 号；本市工业系统职工家庭收支调查综合资料分析,1956 - 09 - 01,上海市档案馆档案：B31 - 2 - 32 - 105。

(2) 各类职工支出水平和消费构成：一般收入越高,衣着日用品类及非商品支出的比重越大,食品类的支出比重越小,但绝对金额仍较大。1956 年 6 月工程技术人员及其家属月人均支出 31.52 元,其中食品 14.81 元；职员支出 25.76元,其中食品 12.40 元；工人 22.80 元,其中食品 11.86 元。不论全部支出或食品支出均以技术人员为高。但就食品所占比重看工程人员只占其全部支出的38.47%,而工人占 42.14%。就各类职工本人工资收入看,基本上与其职务及熟练程度相适应。6月份第一组工人平均96.51元,第二组工人72元,第三组工人56.97元,工程人员109.21元,职员83.83元。

职工收入水平不同,因而支出构成亦有很大差异(见表5-18)。收入高的职工支出情况是:食品吃得精、吃得好。据1956年6月的资料,工程技术人员的食粮消费与工人相差不大,但荤菜支出人均3.70元,而工人只有2.74元。又如鲜菜的消费量相差亦小,但平均价格高、质量较好。特别如饼干、水果、乳类,工程技术人员人均支出1.63元,但工人只有0.82元。就非食用品看,文娱用品及日用品支出较大,如文娱用品工人人均支出约0.50元,但工程人员则为1.33元。日用品支出工人为1.06元,工程人员则为1.74元。衣着类支出则相差较小。就房租水电及其他非商品开支看,工程人员每户支出:房租水电、服务性及文娱费三项分别为10.60元、13.88元及2.97元,而工人相应项目的支出只有4.17元、9.66元及1.14元。就5月和6月比较,6月收入较5月平均每户增加6.73元,实际支出亦有相应增加。但支出中食品类不变,非食用品每户增加4.61元。从上述情况可以看出随着职工收入的增加,对副食品中的肉禽蛋类及呢绒毛线、日用品、文娱用品的需要也有所增加。

表5-18 1956年6月按人员类别食用品与非食用品的人均消费情况

	单位	总计	工人	工程技术人员	职员
总计	元	18.31	17.71	22.84	19.08
食用品	元	12.18	11.86	14.81	12.40
一、粮食	市斤	25.32	25.74	25.54	22.74
其中,大米	斤	23.30	23.78	22.96	20.73
二、副食	元	5.45	5.27	6.51	5.84
(1)肉禽水产蛋类	元	2.88	2.74	3.70	3.16
其中,猪肉	市斤	1.44	1.39	1.87	1.45
鱼虾	斤	2.66	2.60	3.03	2.81
蛋	个	8.09	8.57	10.92	3.60
(2)菜蔬类	元	1.51	1.50	1.60	1.55
其中,鲜菜	市斤	14.06	14.12	13.49	14.03

（续表）

	单位	总计	工人	工程技术人员	职员
（3）调味品类	元	1.06	1.09	1.21	1.12
三、其他食品	元	0.97	0.82	1.63	1.44
四、烟酒类	元	0.90	0.90	1.28	0.64
五、支付给饭馆小吃	元	0.98	0.93	1.41	1.00
非食用品	元	6.13	5.84	8.02	6.68
一、衣着类	元	2.90	2.81	3.55	3.06
其中，棉布（色花白）	市尺	3.75	3.85	3.82	3.08
二、燃料类	元	0.66	0.68	0.58	0.61
三、日用杂品	元	1.12	1.06	1.74	1.13
四、文娱用品	元	0.60	0.50	1.33	0.75
五、医药卫生	元	0.44	0.45	0.38	0.44
六、其他	元	0.22	0.20	0.14	0.40

注：非食用品中包括家具类在内。

资料来源：上海市国民经济统计简报第23号：本市工业系统职工家庭收支调查综合资料分析，1956-09-01，上海市档案馆档案：B31-2-32-105。

（3）除上述现金收支较过去增加外，职工还自企业劳保福利中得到不少好处。如1956年6月职工非现金收入（即不必付出现金而能得到的物质和服务享受）达3421元，平均每户4.89元，其中得自企业的即达2539元，平均每户3.84元。这些收入说明目前职工生活，即实际物质享受增加幅度，较之现金收支的增加幅度更大。

总的来看，职工的居住条件和日常物质文化生活均有改善，但仍有问题有待进一步解决。①子女多的职工生活仍较困难。抽查12个多子女的职工家庭，平均每户5.83人。12户实际收入包括企业补助共873元，即每户平均72.75元。但除购买食品及日用必需品外，每户只存1.5元，可是从全部工人房租水电、交通费及其他服务性支出统计，平均每户约需20元以上，因此这12户每户平均不敷在20元左右，在6月除企业补助外，还净借入约200元才能维持。这类家庭人均食品支出只有8.50元，较之一般工人平均11.86元低了很多。又据调查员反映个别甚至连蔬菜也吃不起，寅吃卯粮，经常负债度日。②本市职工收入水平较高,但从实际支出构成看食品类已占半数以上,为50.93%。房租水电服务性及交通费用占24.42%,其他占25.65%,在食品中副食品约占半数。因此,改善副食品供应的数量、办法和价格,对进一步改进职工生活影响很大。③居住问题,据调查平均每人住房不到两平方米的最少有10%的户数,部分家庭表面上居住面积较大,但很多是棚户或层层叠叠临时搭起来的阁楼。调查的一般都是大厂职工,尚且如此,中小企业的职工可能更糟。

当时上海职工工资与农民相比,优势相当明显。上海职工工资按年度算,1952年67.0元,1956年72.0元,1957年73.1元,1959年75.95元。全国职工工资,1952年为37.2元,1956年50.9元,1957年53.1元,1959年57.3元。根据1957—1959年上海市职工工资与郊区农民收入变化的调查,全市原有职工工资,1957年比1956年增加1.6%,1958年比1957年增加3.44%,1959年比1958年增加0.4%。各县每个劳动力平均收入,1957年比1956年增加6.3%,1958年比1957年增加20.0%,1959年比1958年增加20%左右。而农民收入与职工工资比较,其差距由1957年的1:6.2,到1959年缩小为1:4.5。如果按照全部职工计算,则两者差距更小,1959年为1:3.9。其中蔬菜地区的农民收入高于棉粮地区。嘉定长征人民公社1959年每个劳动力月平均收入为28.4元,与同期全部职工月平均工资67.84元比价,为1:2.4。再将1953—1959年上海与全国职工工资相比,职工工资增长较慢,年均1.75%,合计13.04%,而全国年均增长6.35%,合计53.7%。但两者基数不一样,上海工资水平较高①。

再来看1956年的另一次大型调查(见表5-19和表5-20),总计1178户5344人,其中就业人数1715人,占家庭人员数的32.09%。非家庭成员长期在被调查户用饭人数为282人。其中大学文化122人,中学文化869人,小学文化1659人,未就学儿童91人,文盲1002人。年龄方面,18岁以下有2560人,18~61岁有2612人,61岁以上有172人②。

---

① 上海市劳动局关于近年来上海市职工工资及郊区农民收入与全国职工工资的几个比例关系的材料,1960年,上海市档案馆档案:B127-1-691。
② 被调查户家庭基本情况综合表,1956年8月,上海市档案馆档案:B5-2-164。

表 5-19　上海被调查户家庭基本情况综合表(1956 年 8 月)

	户数	家庭成员数			非家庭成员	住房所有情况			面积	有下列设备	
		合计	就业人数	就业比重/男/%		自有户	租公房	租私房	人均/㎡	电灯	自然水
总计	1 178	5 344	1 715	32.09	282	262	415	494	4.75	1 101	715
一、工业	834	3 804	1 259	33.11	195	221	296	316	4.79	774	456
工人	654	2 983	986	33.05	136	200	214	239	4.64	600	312
技术员	64	288	105	36.46	28	7	36	21	6.21	61	50
职员	116	531	168	31.64	31	14	46	56	4.83	113	94
二、基本建设	27	104	34	32.69	2	8	4	14	4.22	22	15
三、交通运输	88	415	103	24.82	14	24	17	47	3.64	82	46
四、商业饮食业	116	547	142	25.96	25	4	26	81	3.92	111	92
国营商业	60	281	75	26.69	10	2	14	42	4.00	58	45
公私合营商业	38	200	45	24.50	11	2	10	24	4.07	36	32
饮食业	18	66	22	33.33	4	—	2	15	3.18	17	15
五、文化艺术卫生	83	339	133	39.23	36	4	52	27	6.78	82	76
1. 教学人员	49	210	78	37.14	23	4	28	17	6.80	48	43
大学	14	48	20	41.67	6	—	14	—	10.70	14	14
中学	15	67	25	37.31	10	2	8	5	5.51	14	12
小学	20	95	33	34.73	7	2	6	12	5.75	20	17
2. 文艺工作者	15	61	26	42.62	7	—	9	6	5.79	15	15
3. 医务人员	19	68	29	42.65	6	—	15	4	7.60	19	18
六、国家机关	30	137	44	32.12	10	1	20	9	5.75	30	30

注：9 月份调查户数为 1 177 户，合计 5 360 人。其中工业增加 1 户，基本建设减少 4 户，交通运输增加 2 户，其他行业户数未变。10 月份调查户数为 1 169 户，合计 5 322 人。11 月份调查户数 1 183 户，合计 5 414 人。12 月份调查户数为 1 174 户，合计 5 358 人。

资料来源：被调查户家庭基本情况综合表，1956 年 8 月，上海市档案馆档案：B5-2-164。

表 5-20　被调查户现金收入支出及非现金收入综合表(1956 年 8 月)　　单位：元

	实际现金收入			非现金收入	实际现金支出					
	小计	户均收入	人均收入		小计	户均支出	人均支出	食用品	非食用品	非商品
总计	137 103.03	116.39	25.66	5 578.19	140 282.74	119.09	26.25	69 190.82	33 982.26	37 109.66
一、工业	100 392.55	120.38	26.41	4 469.36	99 311.28	119.08	26.12	49 440.80	24 723.83	25 146.65

(续表)

	实际现金收入			非现金收入	实际现金支出					
	小计	户均收入	人均收入		小计	户均支出	人均支出	食用品	非食用品	非商品
工人	76 117.10	116.39	25.52	3 607.19	74 717.95	114.25	25.05	37 614.23	19 441.83	17 661.89
技术员	10 169.24	158.89	35.31	252.52	10 279.81	160.62	35.69	4 885.87	2 350.36	3 043.58
职员	14 106.21	121.61	26.57	609.65	14 313.52	123.39	26.96	6 940.70	2 931.64	4 441.18
二、基本建设	2 491.66	75.59	23.96	19.76	2 362.87	87.51	22.72	1 263.41	591.01	508.45
三、交通运输	8 139.72	92.50	19.61	271.79	8 316.23	90.05	20.04	4 626.43	1 733.19	1 956.61
四、商业饮食业	10 685.89	92.12	19.54	428.38	12 145.59	104.70	22.20	6 251.39	2 566.49	3 327.71
国营商业	5 421.94	90.37	19.30	174.36	6 476.12	107.94	23.05	3 232.47	1 407.75	1 835.90
公私合营商业	4 056.18	106.74	20.28	239.47	4 228.30	111.27	21.14	2 216.88	882.38	1 129.04
饮食业	1 207.76	67.10	18.30	14.55	1 441.17	80.07	21.84	802.04	276.36	362.77
五、文化艺术卫生	12 515.11	150.78	36.92	279.62	14 129.28	170.23	41.68	5 691.31	3 536.81	4 901.16
教学人员	7 397.39	150.97	35.23	114.56	8 412.45	171.68	40.06	3 351.92	2 142.31	2 918.22
大学	2 483.81	177.42	51.75	38.25	2 949.09	210.65	61.44	964.66	1 015.45	968.98
中学	2 130.23	142.02	31.79	32.74	2 308.56	153.90	34.46	981.21	454.99	872.36
小学	2 783.35	139.17	29.30	43.57	3 154.80	157.74	33.21	1 406.05	671.87	1 076.88
文艺工作者	2 786.09	185.74	45.67	97.17	3 083.21	205.55	50.54	1 196.91	843.75	1 042.55
医务人员	2 331.63	122.72	34.29	67.87	2 633.62	138.61	38.73	1 142.48	550.75	940.39
六、国家机关	3 333.82	111.13	24.33	109.28	4 017.49	133.92	29.32	1 917.48	830.93	1 269.08

资料来源：被调查户现金收入支出及非现金收入综合表,1956年8月,上海市档案馆档案：B5-2-164。

　　根据此次调查，食用品购买占 67.06％，非食用品购买占 32.94％。在食用品购买中，粮食购买占 26.82％，副食占 44.43％（肉禽、水产、蛋类 21.10％，菜蔬类 14.63％，调味品类 8.70％），其他占 28.75％。在非食用品购买中，衣着类占 47.95％，燃料类占 10.22％，日用品类占 15.20％，家具类占 3.41％，文娱用品类占 12.46％，医药卫生用品类占 7.46％，其他占 3.30％①。具体的分类消费如表 5-21～表 5-23 所示。

表 5-21　被调查户主要商品人均消费量综合表（1956 年 8 月）

	计量单位	总计人均	工业	基本建设	交通运输	商业饮食业	文化艺术卫生	国家机关
合计	元	19.31	19.51	17.83	15.32	16.12	27.22	20.06
一、食用品	元	12.95	13.01	12.15	11.15	11.43	16.79	14.00
（一）粮食	市斤	22.54	22.73	21.96	22.83	20.53	23.27	22.93
其中，大米	市斤	20.11	20.38	19.25	20.20	18.51	19.90	20.09
面粉	市斤	1.38	1.34	1.79	1.44	0.99	2.12	1.54
（二）副食	元	5.75	5.75	5.44	4.79	5.21	7.64	6.53
1. 肉禽、水产、蛋类	元	2.73	2.74	2.68	1.93	2.38	4.13	2.94
其中，猪肉	市斤	1.30	1.33	1.68	0.87	0.91	1.94	1.21
鸡鸭	市斤	0.19	0.18	0.12	0.09	0.17	0.40	0.17
鱼虾	市斤	1.32	1.29	1.32	1.08	1.45	1.76	1.28
蛋	个	7.10	7.10	6.16	6.15	5.29	10.57	9.28
2. 菜蔬类	元	1.89	1.90	1.73	1.85	1.72	2.14	2.23
其中，鲜菜	市斤	14.20	14.14	12.59	15.46	13.06	14.53	16.34
豆腐豆制品	元	0.29	0.29	0.28	0.27	0.26	0.36	0.38
3. 调味品类	元	1.13	1.11	1.03	1.01	1.11	1.37	1.36
其中，植物油	市斤	0.82	0.81	0.77	0.83	0.80	0.91	0.93
动物油	市斤	0.06	0.06	0.05	0.03	0.04	0.11	0.09
（三）其他	元	1.57	1.57	0.84	1.01	1.09	3.01	2.17

---

① 被调查户食用品与非食用品购买综合表，1956 年 8 月，上海市档案馆档案：B5-2-164。

（续表）

	计量单位	总计人均	工业	基本建设	交通运输	商业饮食业	文化艺术卫生	国家机关
糕点糖果	元	0.39	0.41	0.26	0.26	0.33	0.55	0.49
水果	元	0.65	0.66	0.39	0.42	0.42	1.05	0.90
卷烟	包	2.67	2.72	4.76	2.23	2.87	2.02	2.18
酒类	市两	6.96	7.63	8.05	3.61	0.07	3.76	3.82
二、非食用品	元	6.36	6.50	5.68	4.17	4.69	10.43	6.06
（一）衣着类	元	3.05	3.24	2.41	1.66	1.77	4.91	2.90
其中,棉及棉纺织品	元	2.06	2.26	1.84	1.14	1.16	2.66	1.68
针织品	元	0.16	0.16	0.13	0.12	0.10	0.23	0.31
（二）燃料类	元	0.65	0.66	0.51	0.65	0.64	0.56	0.66
其中,煤球	市斤	17.58	17.54	14.06	16.96	18.93	16.57	20.26
（三）日用杂品	元	0.97	0.96	0.73	0.80	0.84	1.52	0.86
（四）家具类	元	0.22	0.18	—	0.03	0.29	0.80	0.13
（五）文娱用品	元	0.79	0.77	1.70	0.33	0.47	1.83	0.98
（六）医药卫生用品	元	0.47	0.46	0.19	0.38	0.61	0.64	0.51
（七）其他	元	0.21	0.23	0.14	0.32	0.08	0.17	0.02

资料来源：被调查户主要商品人均消费量综合表,1956 年 8 月,上海市档案馆档案：B5-2-164。

表 5-22　1956 年 8—12 月被调查户人均现金收入支出综合表　　单位：元

	人均实际现金收入					人均实际现金支出				
时间	8 月	9 月	10 月	11 月	12 月	8 月	9 月	10 月	11 月	12 月
总计	25.66	30.81	24.74	26.72	29.29	26.25	27.24	26.17	26.31	28.34
一、工业	26.41	31.26	24.75	27.51	29.00	26.12	27.61	26.13	26.44	28.38
1. 工人	25.52	30.90	23.35	26.69	27.75	25.05	26.90	24.85	25.45	27.29
2. 技术人员	35.31	38.18	36.88	34.78	39.32	35.69	35.68	38.16	35.22	36.77
3. 职员	26.57	29.49	25.78	28.07	30.26	26.96	27.22	26.55	27.13	29.76
二、基本建设	23.96	27.12	16.32	24.45	22.74	22.72	21.01	20.97	24.61	24.33
三、交通运输	19.61	29.08	22.00	20.90	23.56	20.04	23.46	23.34	21.48	23.21

（续表）

	人均实际现金收入					人均实际现金支出				
四、商业饮食业	19.54	24.54	19.09	20.30	21.97	22.20	22.63	22.38	20.69	23.06
1. 国营商业	19.30	25.32	20.95	20.31	20.87	23.05	22.69	24.17	21.09	23.18
2. 公司合营商业	20.28	22.95	18.16	20.80	24.72	21.14	20.91	20.10	20.04	22.36
3. 饮食业	18.30	25.96	14.13	18.66	18.25	21.84	27.33	21.65	20.89	24.73
五、文化艺术卫生	36.92	39.47	40.90	36.41	54.58	41.68	36.78	37.39	39.85	44.80
1. 教学人员	35.23	39.33	32.63	31.56	61.94	40.06	35.49	32.76	36.39	45.00
大学	51.75	69.21	45.60	32.80	122.33	61.44	45.19	42.33	46.35	72.56
中学	31.79	31.86	31.74	31.06	52.32	34.46	33.31	31.18	29.80	40.54
小学	29.30	29.51	26.18	31.23	34.32	33.21	32.13	28.69	35.83	32.47
2. 文艺工作者	45.67	41.79	64.44	49.19	46.68	50.54	41.46	54.61	52.99	45.22
3. 医务人员	34.29	37.89	36.49	39.07	41.24	38.73	36.56	36.20	38.41	43.90
六、国家机关	24.33	29.76	26.56	25.89	28.22	29.32	27.33	27.16	28.58	27.49

注：原数据只有每户平均收入和支出，因家庭规模不同无法直接比较，现根据 1956 年 8—12 月的被调查户家庭基本情况综合表和现金收支综合表，按人均对 10 张表格进行了全盘重新计算。

资料来源：1956 年 8—12 月被调查户人均现金收入支出综合表，上海市档案馆档案：B5-2-164。

表5-23　被调查户主要商品人均消费量综合表(1956 年 8—12 月)

	计量单位	8 月	9 月	10 月	11 月	12 月
合　计	元	19.31	20.45	19.99	20.16	21.71
一、食用品	元	12.95	14.07	13.76	13.22	14.09
（一）粮食	市斤	22.54	24.03	25.44	26.93	28.70
其中，大米	市斤	20.11	21.47	21.13	22.23	24.53
面粉	市斤	1.38	1.58	1.45	1.17	1.46
（二）副食	元	5.75	6.56	6.38	6.10	6.42
1. 肉禽、水产、蛋类	元	2.73	3.13	3.39	3.35	3.72
其中，猪肉	市斤	1.30	1.36	1.20	1.18	1.44
鸡鸭	市斤	0.19	0.48	0.41	0.51	0.43
鱼虾	市斤	1.32	1.38	1.67	1.88	3.30

（续表）

	计量单位	8月	9月	10月	11月	12月
蛋	个	7.10	5.08	5.54	4.63	5.08
2. 菜蔬类	元	1.89	2.02	1.82	1.54	1.44
其中,鲜菜	市斤	14.20	14.66	18.85	25.36	20.09
豆腐豆制品	元	0.29	0.32	0.29	0.25	0.26
3. 调味品类	元	1.13	1.41	1.16	1.20	1.26
其中,植物油	市斤	0.82	1.25	0.86	0.85	0.89
动物油	市斤	0.06	0.03	0.05	0.08	0.08
(三)其他	元	3.72	3.85	3.77	3.43	3.60
糕点糖果	元	0.39	0.72	0.49	0.45	0.54
水果	元	0.65	0.44	0.45	0.33	0.30
卷烟	包	2.67	2.64	2.59	2.59	2.69
酒类	市两	6.96	7.93	7.56	6.81	7.20
二、非食用品	元	6.36	6.38	6.23	6.94	7.62
(一)衣着类	元	3.05	2.91	3.37	3.96	4.10
其中,棉及棉纺织品	元	2.06	1.45	1.62	1.99	2.01
针织品	元	0.16	0.21	0.33	0.57	0.63
(二)燃料类	元	0.65	0.66	0.67	0.77	0.91
其中,煤球	市斤	17.58	17.63	18.00	19.55	23.87
(三)日用杂品	元	0.97	0.90	0.92	0.85	0.90
(四)家具类	元	0.22	0.23	0.19	0.15	0.15
(五)文娱用品	元	0.79	0.93	0.50	0.59	0.78
(六)医药卫生用品	元	0.47	0.46	0.43	0.91	0.59
(七)其他	元	0.21	0.29	0.15	0.20	0.19

　　注:1956年8—11月食用品第三大类"(三)其他"原统计金额有误,现按8—11月每个月的《被调查户食用品与非食用品购买综合表》的有关金额,更正后做了重新计算。11月份的煤球消费根据资料亦做了更正。
　　资料来源:被调查户主要商品人均消费量综合表,1956年8—12月,上海市档案馆档案:B5-2-164。

　　另外1957年1—12月上海还有一次非常翔实的家计调查,现根据每月具体数据综合整理如表 5-24～表 5-28 所示。

表 5-24　1957 年 1 月上海市 820 户家计调查职工生活费支出综合情况

类别	调查户数/户	户均人口数/人	户均就业人数/人	户均生活费支出金额/元	人均生活费支出/元
合计	820	4.64	1.53	194.10	41.83
工人	639	4.61	1.52	182.77	39.65
技术人员	63	4.59	1.62	210.66	45.89
职员	118	4.81	1.52	214.58	44.61

资料来源：上海市劳动局关于 820 户家计调查职工生活费支出综合情况，1957 年，上海市档案馆档案：B127-1-1000-21。

表 5-25　1957 年 2—11 月上海市职工生活费支出情况调查表

时间	户数/户	户均人数/人	就业/人	户均生活费/元	人均支出/元	食品比重/%
2 月	819	4.69	1.53	110.21	23.50	43.08
3 月	817	4.71	1.53	134.23	28.50	45.62
4 月	804	4.74	1.52	143.71	30.32	42.89
7 月	967	4.58	1.50	140.54	30.68	41.95
8 月	967	4.60	1.51	148.84	32.35	41.70
9 月	967	4.60	1.52	179.58	39.03	35.93
10 月	967	4.61	1.51	167.57	36.34	36.49
11 月	967	4.64	1.51	144.74	31.19	41.34

资料来源：上海市劳动局关于 820 户家计调查职工生活费支出综合情况，1957 年，上海市档案馆档案：B127-1-1000-21。

表 5-26　1957 年 1 月上海市职工生活费支出情况表

项　　目	户均生活费/元	为上月指数	占总计比重/%	占大类比重/%
总计	194.10	127.83	100	
甲、食用品	88.22	134.60	45.46	100
一、粮食	19.89	104.85	10.25	22.55

（续表）

项　　目	户均生活费/元	为上月指数	占总计比重/%	占大类比重/%
二、副食	45.42	152.08	23.40	51.47
三、其他(乳类、糕点、糖果、水果)				
四、烟酒茶	22.92	137.16	11.81	25.98
五、饭馆、小吃店、食摊				
乙、非食用品	40.13	113.88	20.67	100
一、衣着类	19.76	100.46	10.18	49.24
二、燃料	4.88	115.37	2.51	
三、日用杂品	6.37	153.86	3.28	
四、家具类	1.47	196.00	0.76	
五、文娱用品	4.18	158.33	2.15	
六、医药卫生用品	2.01	68.13	1.04	
七、其他	1.46	169.77	0.75	
丙、非商品支出	37.80	129.13	19.47	
一、房租水电	5.46	100.92	2.81	
二、服务性支出	13.40	119.64	6.91	
三、文娱支出	2.18	145.33	1.12	
四、其他	16.76	141.32	8.63	
丁、储蓄借贷支出	27.95	132.53	14.40	

注：1957年1月，适逢春节，生活费较上月增加较多，职工拿到了2月份部分预发工资或年终生活困难补助。

资料来源：上海市劳动局关于820户家计调查职工生活费支出综合情况，1957年，上海市档案馆档案：B127-1-1000-21。

表5-27　上海市劳动局关于1157户家计调查职工生活费支出综合情况(1957年)

类别	调查户数/户	户均人口数/人	户均就业人数/人	户均生活费支出金额/元	人均生活费支出/元
合计	1 157	4.59	1.48	189.87	41.37
工人	820	4.64	1.53	194.10	41.83
基本建设	25	3.92	1.32	132.89	33.90

（续表）

类别	调查户数/户	户均人口数/人	户均就业人数/人	户均生活费支出金额/元	人均生活费支出/元
交通运输	86	4.70	1.22	151.15	32.16
商业饮食业	114	4.83	1.28	172.72	35.76
国营	60	4.73	1.25	176.46	37.31
合营	38	5.32	1.32	175.45	32.98
饮食业	16	4.00	1.31	161.90	40.48
文化艺术卫生	83	3.94	1.59	233.68	59.31
教学人员	50	3.86	1.52	218.67	56.65
文艺工作者	14	4.57	1.93	303.17	66.34
医务人员	19	3.68	1.53	221.97	60.32
国家机关	29	4.41	1.41	176.42	40.00

注：其中食用品 86.73 元，占 45.68%。非食用品 37.77 元，占 19.89%，含衣着类 18.28 元，占 9.63%。非商品支出 37.52 元，占 19.76%。储蓄借贷支出 27.85 元，占 14.67%。

资料来源：上海市劳动局关于 1 157 户家计调查职工生活费支出综合情况，1957 年，上海市档案馆档案：B127-1-1000-30。

表 5-28　1957 年 2—11 月上海市职工生活费支出情况调查表

时间	户数/户	户均人口数/人	就业人数/人	户均支出/元	人均支出/元	食品比重/%
2 月	1 156	4.64	1.48	111.15	23.95	42.53
3 月	1 154	4.66	1.48	133.59	28.67	45.10
4 月	1 134	4.67	1.47	141.93	30.39	42.70
7 月	1 318	4.54	1.49	139.91	30.81	41.78
8 月	1 318	4.55	1.50	147.12	32.33	41.76
9 月	1 318	4.56	1.50	176.95	38.80	35.96
10 月	1 318	4.56	1.5	159.91	35.06	37.97
11 月	1 318	4.60	1.5	141.76	30.81	41.52

资料来源：上海市劳动局关于 1 157 户家计调查职工生活费支出综合情况，1957 年，上海市档案馆档案：B127-1-1000-30。

据 1964 年上海职工工资和家庭生活开支调查，同样级别职工的工资水平，上海虽然比某些城市高一些,但职工家庭生活的开支费用要比其他城市高得多。上海是八类工资区,同样级别职工的工资比七类工资区的福州高3%,比六类工资区的北京、天津高6%,比四类工资区的武汉、南京、杭州、南昌、合肥、济南高12%,比十类工资区的广州则低6%。上海每一户职工家庭(以每户5人计算)每月的电费、水费、房租、学费、交通费、煤球、米七项支出,以相同的消费量计算,要比外地高得多。上海每户每月的支出为41.62元,而其他城市分别为:北京32.75元,天津30.28元,武汉33.85元,广州35.76元,南京34.66元,杭州35.63元,合肥28.31元,济南32.72元,南昌29.79元,福州37.51元。1964年上半年上海全部职工平均工资为70.33元(包括奖金在内),天津62元,杭州58元,武汉56.5元,重庆62.7元。上海职工平均工资比较高的原因主要是:老职工多,技术等级高的职工多;高级知识分子多,有6万余人;资本家和小业主多,有9.4万人。此外还有一小部分职工有保留工资[1]。上海市区条件较好的居民还会在国庆节期间抢购高档品[2]。

上海职工家庭的生活开支费用比较高,电费每度0.295元,工房房租每平方米0.34元,交通费职工月票每张6元,学生月票6元,水费每立方米0.12元,学费一学期小学6元,初中12元,高中16元。上海的主副食品及燃料的价格与各地相比也较贵,如中等籼米(百斤):早籼13.10元,晚籼13.00元,中等粳米百斤15.15元,标准面粉百斤17.00元,豆油百斤88元,食盐百斤15元,猪肉(二级带骨)0.95元,煤球百斤2.80元。白布每市尺0.275元,蓝卡其布0.74元,蓝哔叽布0.48元,9号力士鞋3.31元,洗衣肥皂每条0.52元,白玉牙膏每支0.49元。同时,上海职工家庭购买日用工业品的支出(包括穿、用、药品等各种工业品)只占16.7%,而非商品性支出则占18.3%。根据市统计局的调查统计,1963年吃的商品支出占60%,穿的用的商品及药品支出占16.7%,非商品支出占18.3%,烧的商品支出占3.4%,书报杂志支出占1.6%[3]。

---

① 上海市物价委员会.上海职工的工资水平和家庭生活开支状况,1964年9月,上海市档案馆档案:B30-1-21。
② 国庆期间的市场销售情况,1960-10-06,上海市档案馆档案:C21-2-1578-96。
③ 上海市物价委员会.上海职工的工资水平和家庭生活开支状况,1964年9月,上海市档案馆档案:B30-1-21。

　　上海较高的生活水平使得一部分职工不愿意调到外地去工作。主要因素有：吃的方面，全是大米和面粉，没有杂粮。蔬菜花色多，质量较好，价格公道。穿的方面，品种多，花色全，用工业券可以买各种人造纤维等衣料，缝制的衣服式样也好。用的方面，日用工业品品种齐全，质量较好，购买方便。其他自来水、电灯、汽车、老虎灶等方便，卫生、医疗、文化等方面条件比较好。同时也习惯了上海的气候。职工外调离开家庭，生活上增加困难，两地分居情绪上不安定。而且上海是八类工资区，调到外地，可以领取原工资，但外地工资调整时，往往升了级，却加不到钱。

　　当时上海的青年工人收入较高，有的生活水平已经非常高。据1960年共青团上海市委宣传部的调查，青年工人的生活需求与勤俭、限制消费政策相矛盾。如26岁的青年男工芮忠康，常在集体宿舍烧菜，上班生产时总想找舒服安静的地方。国营第一印染厂机动车间五六个青年，认为做人要有九个头："一个人要出风头，穿衣服要有花头，要经常翻行头，皮鞋要穿小方头，裤脚管要五寸头，朋友要有噱头，头发要梳大包头，小跑车要冲前头，小菜要吃八样头，这样做人才能搭得够。"[1]青年工人除了一部分艺徒外，一般平均工资50元左右。据1960年9月的调查，国棉九厂某车间80％的女青年家里有收音机、手镯和金项链。据对大中袜厂48个青工的调查，有些青年讲究吃喝玩，结婚摆酒席，国家大事、技术革新等想得很少，宿舍里青年闲谈的内容"五多一少"：谈政治少，谈生活琐事多，男女多，吃穿多，白相看戏多，神鬼胡诌多。青年工人爱议论"四头"：看风头、别苗头、有派头、翻行头[2]。青工48人的平均工资63.9元，最多为97元，最低也有40元左右。调整工资后为67.51元，人均增加3.61元。全体团员青工的储蓄为6 810元，平均为142元。一个未婚团员从9岁工作到当时已16年，本人积蓄有1 000多元，吃穿很富裕，买了手表、金链条。已婚的25人大部分两人工作，生活条件较好，基本都有2～3双皮鞋，一般毛货衣服4～6件。其中周祥秀有呢大衣3件，绒线衫裤5条，呢裤子5条，计瑞美有呢大衣2件，丝绵被（绸

---

① 共青团上海市委宣传部关于结婚材料及团员、青年思想情况等的材料，1960年，上海市档案馆档案：C21‑2‑1578‑170。

② 关于青年职工经济生活情况的调查，1960年9月，上海市档案馆档案：C21‑2‑1578‑122。

缎)3 件,呢裤子 5 条,绒线衫 4 件①。

1960 年 6 月,据对国棉九厂青年经济生活情况的调查,青年工人家庭人口少,而参加生产的人数多,生活水平一般比老工人高。从 82 个青年的情况看,青工家庭人均生活费一般为 25 元,少数生活水平较低的经济也没有什么困难。其中生活水平 30 元以上的 44 人,占 53.54%,在 25 元左右的 28 人,占 34.1%,15～20 元的 10 人,占 12.20%。因此俭朴风气不够,"劳动所得,吃光、用光是应该的""生病有纺健医院,父母死掉有劳保,工钱不吃、不用,藏着发霉""经济困难的人,用钱应该紧些,经济不困难的,赚 70 元,就用 70 元,赚 100 元,就用 100 元,这有啥不对?""只要不做脱底棺材,多用点钞票,有啥道理"。未婚的男女青年"讲吃讲穿",其中男青年偏重于吃,用钱无计划,如未婚的团干部罗盛祥,每月工资 90 元,除了寄 20 元给家庭外要花 70 元,银行存款只有 1 元,平时穿得较考究,一身毛货,一发工资,袋里总装上半磅、一磅糖果。工资月月用光。女青年吃较省,穿较讲究,毛货行头多,绒线衫、金链、金戒指多。已婚的女工人对本人装饰不像未婚女工那样考究,但对家庭小乐惠很感兴趣,要"住得舒服些,吃得好些,穿得好些,小囡打扮得漂亮些"②。

据上海松江专区的调查,一方面,自 1949 年以来工农业发展都有较大提高。工农业总产值以 1952 年为基数,1953 年为 113.92%,1954 年为 116.44%,1955 年为 116.68%,1957 年为 127.06%。其中工业总产值以 1952 年为基数,则 1953 年为 122.5%,1954 年为 129.52%,1955 年为 137.11%,1956 年为 149.50%。农业方面的粮食总产量以 1952 年 16 012 万斤为基数,则 1953 年增产 3 175.2 万斤,1954 年增产 2 073.1 万斤,1955 年增产 3 562.9 万斤,1956 年增产 5 415.2 万斤,1956 年比 1952 年增长了 33.82%。1956 年松江工农业总产值为 73 167 万元,其中工业占 42.98%,手工业占 7.99%,农副业占 49.03%③。另一方面,工厂职工与农村劳力的收入差距实际上在扩大。以南汇县为例,1956 年工厂职工人均收入为 1952 年的 117.76%,而农民仅为 108.63%,详见表 5-29。

---

① 团大中袜厂团员青工思想活动情况分析——共青团上海市委宣传部摘录,1960-08-29,上海市档案馆档案:C21-2-1578-136。
② 关于国棉九厂青年经济生活的情况,1960 年 6 月,上海市档案馆档案:C21-2-1578-130。
③ 松江专区工农关系问题的调查,1957-10-11,江苏省档案馆档案:3065-短-143。

表5-29 南汇县工厂职工与农村劳动力的人均收入 单位：元

	1952 年	1953 年	1954 年	1955 年	1956 年	1956 年为 1952 年比例/%
职工	294	447	467	446	464	117.76
农民	192.4	218.47	201.62	200.6	209	108.63

资料来源：松江专区工农关系问题的调查，1957-10-11，江苏省档案馆档案：3065-短-143。

当然，松江专区的调查也指出这种差别的原因，社会主义的分配原则是按劳付酬，确定劳动报酬的高低主要根据劳动创造的价值和劳动的消耗等条件。第一，从工农劳动创造的价值来看，工人创造的价值比农民大。1956 年松江专区工人人均生产产值为 10 717 元，而每个农业劳动力创造的价值，按南汇县的情况是 289 元。第二，就工农一年中的劳动消耗而言，工人的劳动消耗量比农民大。工人的劳动复杂程度、劳动紧张程度超过农民，工人一年中的工作日超过农民，工人一年工作 306 天，按南汇县的平均工资计算，每人日均报酬为 1.51 元。农民一年的工作折成劳动日计算，平均不到 150 天。根据对松江专区 169 个农户的调查，每个农民劳动力的日均报酬为 1.39 元。同时也承认少部分工人工资高得不合理，调查的部分学徒工月津贴达 30～37 元，纱厂的挡车工月工资 40 元以上，这些工人进厂时间不长，技术也较差。另外部分粗壮工人，只要有力气不需什么技术，如达丰化工厂的包装工，每月工资 90 多元[1]。

可见工人工作具有相当的吸引力，普通劳动力通过做学徒工就可在较短时间内得到不错的工资，不同的厂也有较大的差别，不难想象，好厂好工资会成为人们心仪的目标。再以南汇工人和农民的支出情况对比，差别依然很明显（见表5-30）。

表5-30 南汇县工人、农民典型调查户商品与非商品支出情况表

	户数	1952 年支出/元						1956 年支出/元					
		合计	商品支出				非商品支出	合计	商品支出				非商品支出
			伙食	衣着	日用品	其他食品			伙食	衣着	日用品	其他食品	
工人	18	174.35	99.85	12.56	9.14	13.83	38.97	181.02	100.97	20.01	9.45	16.87	33.72
农民	33	97.5	75	4.33	3.88	4.66	9.63	118.64	78.60	10.60	4.98	10.55	13.91

资料来源：松江专区工农关系问题的调查，1957-10-11，江苏省档案馆档案：3065-短-143。

---

[1] 松江专区工农关系问题的调查，1957-10-11，江苏省档案馆档案：3065-短-143。

根据 1957 年第一季度对南汇县周浦印刷厂职工钱景先和惠中乡农民罗友根的调查,两家都是 8 口人,全家人口在家吃饭,工人钱景先比农民罗友根多支出 66.70 元,包括房租费 27 元,水电灯油费 1.66 元,燃料费 3.05 元,蔬菜费 17.10 元,荤菜 5.89 元,大米 12 元等①。虽然如此,城市工人的生活在农民看来还是具有无比的吸引力。

---

① 松江专区工农关系问题的调查,1957 - 10 - 11,江苏省档案馆档案:3065 -短- 143。

第六章

城乡分治下的身份塑造和社会心理

生活于城市与乡村不仅是两个空间的差异,更多还是身份与心理的分野。工人与农民看上去只是职业的区别,但是产权结构形成了国有、集体、个体级差。相应的是,工人基本通过企业将生老病死包下来,农民是自我负担为主,集体组织并无此福利。国家集中人、财、物力建设城市,将多余人口及包袱留给农村。城市是抽水机,农村成为蓄水池,但是城乡之间和各自内部、区域之间都不流畅。

一、固化的城乡身份

通过政府看得见的手来安排方方面面,包括收入消费、就业、户籍和教育、卫生、金融等公共服务,将人们划分为城乡两大利益群体。久而久之,不仅形成了固定的身份,而且容易使计划体制中的职工不适应市场,养成依赖心理,而体系外的农民更希望自由流动,从市场获得就业机会。单一的就业环境削弱了竞争力,时间长了丧失冒险进取精神,而体制内干部易于保持现状。这在改革开放之初上海与其他沿海省份的比较中尤其明显。

(一) 户籍和就业差别

上海县粮食局在夏收中需要 200 名季节工,从 1962 年 5 月下旬到 6 月 8 日,粮食局只经过县劳动科的同意,从社会上吸收了 71 人,其中 3 人来自农村。上海市劳动局知道后数次打电话和该县劳动科及县委领导联系,指示如需要季节工,应尽量从县办企业内部解决,如果人数不足,可将所需工种、人数报市劳动局,在市内工厂企业的职工中调剂解决,尽可能从社会上招收,以免增加国家工资开支。但县劳动科请示王县长后,仍强调市区职工业务不熟悉,不符合需要,决定上述200人中有60人在县办企业中调剂解决,其余140人,除已招收的71人外尚缺69人,仍要从社会上招收。上海县之前也有未经请示市有关部门而从社会上招收人员的情况,如1962年1—2月即从城镇和农村吸收长期工380人(其中农村10人)①。

针对企业招工出现的这种情况,1962年10月国务院制定了《关于国营企业使用临时职工的暂行规定》,为了保证临时性、季节性的生产和工作的需要,节省人力、财力,并适当安排社会劳动力,特对国营企业使用临时职工的有关事项,暂作如下规定:临时性的工作指临时搬运,临时修建,货物临时加工、翻晒,临时增加生产任务和基本建设中的部分壮工活动等。季节性的工作指晒盐、制糖、制茶、扎花和烧取暖锅炉等。对于临时职工,应当是有生产任务时招用来厂(场)生产,无生产任务时辞退离厂(场),都不得转为长期职工。需要纳入劳动计划,招用时上报主管部门批准。企业不得动员使用民工②。

但是企业招用农民并未停止,如上海市企业事业单位因临时修建、搞技术措施等需要临时的建筑技术工人较多,但是由于精简职工、动员一批建筑工人回乡,不能满足需要,而郊区各县特别是川沙南汇等地有一批有建筑技术的农民,有农忙务农、农闲做工的习惯。当时发现企事业擅自去农村招工的情况有几十起,"情况比较混乱"。因而提出,在从严控制的原则下,在国家批准的劳动计划范围内,对于市区无法调剂的少数建筑技术工人,经过一定的审批手续,可以酌情从农村临时招用一部分有建筑技术的农民。但是需要满足相应的要求。

首先经主管部门审查后,向所在区劳动部门申请招用,由劳动部门在市区现有职工中借用或从市区人口中招用,如确实不能解决,则经市劳动局审查批准,向近郊川沙、南汇等县劳动部门申请,招用有建筑技术的农民,不得招用普通工。其次,招用单位应与被招用人员所属的社、队签订劳动合同,并分报有关区、县劳

---

① 市劳动局郊区工作组苏昔寄给党刊编辑室的信稿,1962年6月12日,上海市委办公厅6月22日转发给市委农村工作委员会。上海市档案馆档案:A69-2-82。
② 国务院关于国营企业使用临时职工的暂行规定,1962-10-14,上海市档案馆档案:A69-2-82。

动部门备案,合同期满必须辞退(严格限制人员流动)。再次,工资待遇按建筑工人的常规工资办理,至于被招用人员与所在生产队的分配关系,一般可采取收入统一归集体,由生产队对本人评工计分,并酌情另给生活补助费的办法。被招用人员的户口不迁,油、粮仍由农村负责供应。最后,现自行招用农村建筑人员的单位,应进行检讨并立即将其辞退①。

当时招工对于户口要求特别重视。1962 年 11 月 9 日,上海市供销合作社、上海市劳动局发出关于郊县基层供销社继续招收职工的特急通知:招收名额1 550 名,对象包括当时在青浦水产养殖劳动锻炼的社会青年,以及 1961 年以来从工厂企业等单位被精简辞退的职工,其他从各县编余人员中吸收。条件首先是家居各县城镇(包括公社所在城镇)的非农业常住户口;其次是年满 17 周岁以上、40 岁以下;再次是身体健康,无慢性疾病;最后政治历史清楚。工作分配主要是营业员和学徒。营业员有 3~6 个月的试用期,学徒(练习生)有 3 年的学习期②。

1962 年 10 月 14 日,上海市人委发布关于贯彻国务院《关于使用临时职工暂行规定的文件》的通知,11 月 14 日,中共上海市劳动局委员会向市委发出《关于制止各企业、事业单位私自从农村招用劳动力的请示报告》,强调:①本市企事业单位不得私自招用农民,农村社、队也不得自行介绍农民来市区做工。已招用的单位应作深刻检查,保证不再违反,工程未开工的立即辞退,已开工的能辞退则立即办理,不能立即辞退则工程告一段落后辞退。②今后企业、事业单位因临时修建任务等需要使用临时建筑工人,经主管部门审查后,应向所在区劳动部门申请招用,由劳动部门在市区现有职工中借调或从市区具有常住户口的居民中招用,如少数市区确实不能解决,必须经市劳动局审查批准介绍,向近郊各县劳动部门申请。③从农村临时招用建筑技术工人时,各单位应当与被招用人员所属的社、队签订劳动合同,并分报有关区、县劳动部门备案。到期要辞退,被招

---

① 中共上海市劳动局委员会.关于企业、事业单位招用郊区有建筑技术的农民从事临时的零星修建工作的请示报告,1962-11-05,上海市档案馆档案:A69-2-82。
② 上海市供销合作社、上海市劳动局.关于郊县基层供销社继续招收职工的通知(特急),1962-11-09,上海市档案馆档案:A69-2-82。

用人员的户口不迁①。

1962年11月20日,上海市人民委员会发布《关于国营企业使用临时职工的实施办法》,对于使用临时职工的范围、使用临时职工的审批程序、临时职工的招用办法、工资福利待遇、使用临时职工的监督和检查等,均做了详细规定。如用工范围主要为临时性的工作或季节性的工作,有生产任务时招用,无生产任务时辞退,不得转为正式职工。程序上,纳入企业年度劳动计划,或由主管部门统一编制计划。优先从本系统、本区县富余职工中调剂解决,不能调剂解决的,由企业所在区县劳动部门从市区或县属城镇具有常住户口的非在职、在学人员中招收。最后才能从地少人多的社队中招用。临时职工在合同期需要增加的粮食,由企业报请所在区县粮食部门补助②。

同时,在企业里广泛实行子女顶替制度,将工人身份进行传递和延续。1962年9月11日,上海市第一商业局、上海市第二商业局、上海市供销合作社联合发文《关于商业、修理、饮食、服务行业集体所有制单位招收学徒和子女顶替老弱人员的试行意见》,规定了招收学徒的权限和原则:①凡区属合作企业,都必须在有利于减少城镇人口的前提下,根据本单位的实际需要和可能,向归口主管区公司提出计划。②招收学徒,可首先吸收本单位职工的子女进企业学艺,鼓励一些具有传统技艺和专门技术的工人,传艺给自己的子弟。但吸收的职工子弟只限于居住在市区职工的直系亲属和有供养关系的其他亲属。在安排本单位职工子女后还有余额时,各区可向本区劳动部门申请安排其他社会青年,以及其他需要照顾的对象。名额有限则按困难大小、技术高低的次序。此外还明确了招收学徒的条件:具有本市市区常住户口的非在职在学人员;年满16周岁(个别行业根据需要可略低于16周岁),身体健康,无慢性疾病和传染病;具有高小或高小以上的文化程度;政治历史清楚,思想进步,品德良好,志愿参加商业、修理、饮食、服务行业工作者③。

---

① 中共上海市劳动局委员会.关于制止各企业、事业单位私自从农村招用劳动力的请示报告,1962年11月14日,11月17日市委批复同意,上海市档案馆档案:A69-2-82。

② 上海市人民委员会关于国营企业使用临时职工的实施办法,1962-11-20,上海市档案馆档案:A69-2-82。

③ 上海市第一商业局、上海市第二商业局、上海市供销合作社关于商业、修理、饮食、服务行业集体所有制单位招收学徒和子女顶替老弱人员的试行意见,1962-09-11,上海市档案馆档案:B102-1-96-2。

1962 年 9 月 4 日,还专门下达了一个招收学徒和子女顶替的文件,总计 9 622 人,具体情况如表 6-1～表 6-3 所示①。

表 6-1　各局下达集体所有制单位吸收学徒和子女顶替的任务情况表(1962-9-4)(Ⅰ)

各区	人数	子女顶替	照顾职工子女	社会吸收	手工业局							
					小计	子女顶替	照顾职工子女	社会吸收	服装鞋帽	竹木器	工艺美术	工具设备
总计	9 622	1 572	4 020	3 360	1 528	97	1 025	406	893	366	195	74
黄浦	1 051	166	509	296	188	10	118	60	94	28	55	11
南市	1 053	160	598	225	251	16	189	46	112	77	58	4
卢湾	863	184	407	202	173	15	115	43	132	17	10	14
徐汇	844	100	341	352	102	1	46	55	47	23	29	3
长宁	638	200	195	190	121	6	93	22	80	26	7	8
静安	721	84	363	204	139	2	83	54	85	44	2	8
普陀	1 042	113	365	489	111	30	63	18	43	56	6	6
闸北	1 180	208	427	490	143	11	97	35	112	19	7	5
虹口	859	71	451	266	163	2	119	42	86	47	17	13
杨浦	1 187	270	254	588	125	4	100	21	102	19	4	—
吴淞	77	10	50	17	2	—	2	—	—	—	—	2
闵行	107	6	60	41	10			10		10		

表 6-2　各局下达集体所有制单位吸收学徒和子女顶替的任务情况表(Ⅱ)

	商业一局									
	小计	子女顶替	照顾职工子女	社会吸收	衣着	五金交电	百货	土产什器	综合商店	废品
总计	1 144	152	777	215	384	193	207	217	113	30
黄浦	121	13	96	12	41	30	31	19		
南市	171	19	93	59	50		68	53		

---

① 各局下达集体所有制单位吸收学徒和子女顶替的任务情况表,1962-09-04,上海市档案馆档案:A30-2-7-7。

（续表）

| | 商 业 一 局 | | | | | | | | | |
	小计	子女顶替	照顾职工子女	社会吸收	衣着	五金交电	百货	土产什器	综合商店	废品
卢湾	129	29	100		40	25	23	41		
徐汇	82		67	15	18	16	13	35		
长宁	72	2	70		24	30	18			
静安	55	2	53		40	15				
普陀	120	4	52	64	79	10	4		27	
闸北	66	13	41	12	31	35				
虹口	85	2	63	20		13	24	48		
杨浦	210	68	109	33	41	13	19	21	86	30
吴淞	5		5				5			
闵行	28		28		20	6	2			

表6-3　各局下达集体所有制单位吸收学徒和子女顶替的任务情况表(Ⅲ)

| | 商 业 二 局 | | | | | | | 房地产局 |
	小计	子女顶替	照顾职工子女	社会吸收	副食品	饮食服务	食品杂货	小计
总计	6 280	1 323	2 218	2 739	3 583	1 750	947	670
黄浦	662	143	295	224	183	265	214	80
南市	561	125	316	120	285	94	182	70
卢湾	491	140	192	159	244	116	131	70
徐汇	609	99	228	282	340	128	141	51
长宁	392	192	32	168	282	80	30	53
静安	457	80	227	150	305	112	40	70
普陀	736	79	250	407	545	100	91	75
闸北	916	184	289	443	620	264	32	55
虹口	540	67	269	204	168	352	20	71
杨浦	777	198	45	534	535	182	60	75

（续表）

| | 商业二局 | | | | | | | 房地产局 |
	小计	子女顶替	照顾职工子女	社会吸收	副食品	饮食服务	食品杂货	小计
吴淞	70	10	43	17	35	32	3	
闵行	69	6	32	31	41	25	3	

说明：①房地产局670名，因顶替、照顾子女和社会吸收未分析，所以在人员来源中应加上670名，即总人数为9 622人；②9 622名任务中，属于招收学徒和子女顶替的是6 660名，另外2 962名是属于商业二局各区商场新进的普工、营业员。

资料来源：各局下达集体所有制单位吸收学徒和子女顶替的任务情况表，1962-09-04，上海市档案馆档案：A30-2-7-7。

1962年9月10日，上海市房地产管理局下发关于集体所有制房屋修理服务行业培训艺徒和吸收子女顶替数额的批复，确定子女顶替人数为665名，其中黄浦80名，静安70名，长宁53名，徐汇25名，卢湾70名，南市70名，杨浦75名，闸北55名，普陀90名，虹口71名，吴淞6名。培训工种一般是泥工、木工、白铁工、沟路工以及其他缺门工种，但如系属吸收子女顶替性质的，可不受此限。吸收的原则应该是：先吸收子女顶替，后吸收一般职工的子女学艺，再吸收由劳动部门安排的社会青年①。

1964年4月20日，上海市劳动局发布《关于老、弱、残职工退休、退职回乡后子女顶替工作问题的补充规定》，包括：①老弱残职工退休、退职回乡时，允许他们在城镇或农村的子女及其直接供养的亲属顶替进入企业工作。②顶替人员的条件是，必须政治历史清楚，身体健康，年龄一般在25岁以下。③具体手续由退休、退职职工向工作单位提出申请，原单位征得顶替人员所在城镇或人民公社同意，报主管部门审查后，转报企业所在地的区、县劳动部门批准，并应在职工办妥退休、退职及迁出户口等手续后再办理顶替人员进企业的手续。④上述规定自发文之日起执行，过去已经退休、退职的人员不适用上述规定②。

1965年4月27日，上海市人民委员会批转劳动局关于上海市企业单位老

① 上海市房地产管理局关于集体所有制房屋修理服务行业培训艺徒和吸收子女顶替的数额的批复，1962-09-10，上海市档案馆档案：A30-2-7-15。
② 上海市劳动局关于老、弱、残职工退休、退职回乡后子女顶替工作问题的补充规定，1964-04-20，上海市档案馆档案：B103-3-469-20。

弱职工子女顶替的几点意见,文件指出为了妥善处理部分老弱职工,适当安排部分城市劳动力,各企业单位可以根据本单位实际情况和生产需要,按照规定吸收老弱职工的子女顶替工作。对于顶替的范围、对象、条件以及审批手续等,都必须严格掌握,不得放宽。对于家在农村和外地的职工子女,除了个别情况特殊可以照顾以外,一般不得吸收来本市顶替工作。具体规定如下①。

一、顶替范围

限于本市企业单位退休、退职的职工。对于机关、团体和事业单位,除了工勤人员退休、退职以后,可以根据工作需要,照顾其子女顶替工作,或者由劳动部门另行安排工作,其他人员一律不予顶替。

为了有利于回乡职工安心农业生产和减少城镇人口,今后,对于家在农村和外地的职工子女,除了个别情况特殊需予以照顾,一般都不得顶替。

二、被顶替人员的条件

(1)生活困难,家庭生活费平均每人每月市区低于15元,郊区低于12元。

(2)退职职工子女顶替,只要符合企业生产需要,可以不受生活条件限制。

三、顶替对象的条件

(1)限于退休、退职职工的儿子和未婚女儿。职工直接供养的其他亲属,一般不能顶替。为了鼓励不符合退休条件的病弱职工及时退职,如果职工本人没有子女或者子女幼小,而直接供养的其他亲属符合企业生产需要的,可予顶替。个别职工退休以后,家庭中无人在业,或者虽有人在业,但是生活严重困难(家庭生活费一般平均每人市区低于10元,郊区城镇低于8元),直接供养的其他亲属符合企业生产需要的,也可以照顾顶替。必须经过主管部门审查同意,由所在区县劳动部门批准。

(2)顶替人员必须政治历史清楚,作风正派,身体健康,年龄一般在16

---

① 上海市人民委员会批转劳动局关于上海市企业单位老弱职工子女顶替的几点意见,1965-04-27,上海市档案馆档案:B103-3-585-28。

周岁以上，25周岁以下，个别在25周岁以上，有一定技术专长或者有比较强的劳动力，以及接近16周岁，符合企业生产需要的，也可以照顾顶替。

四、下列人员不得顶替

（1）在学的大专、中专、技工学校和半工半读学生。

（2）不服从分配去外地的大专、中专、技工学校毕业生和国家培训的学徒。

（3）没有正当理由自动离职倒流回来的人员。

（4）已经有固定工作，包括在街道里弄集体生产、生活服务组织工作、生产的人员（个别由于工作不稳定，收入很少，确实难以维持生活的，如果符合企业生产需要，可以顶替）。

（5）刑满释放，解除劳教，被清洗以及其他品质恶劣的人员。

五、企业单位吸收退休、退职职工的子女顶替工作，应当报上级主管部门审查批准，由区、县劳动部门统一办理调配手续，介绍进企业。劳动部门对于职工子女顶替工作应当加强监督，发现有不符合规定条件的情况，应当及时向有关主管部门提出意见。凡是吸收已经有固定工作，或者不满16周岁的亲属顶替工作，都必须经过区、县劳动部门审查批准。

六、顶替人员进入企业以后，应当根据企业生产需要，结合本人的条件，安排为学徒或者工人。在学习或者使用期间，如果发现道德败坏、品质恶劣，或者有严重慢性疾病，难以继续学习、工作的，企业在报经上级主管部门和区、县劳动部门同意以后，可予辞退。

七、顶替工作的人员，除了安排在被顶替职工所在单位工作以外，主管部门可以根据需要，在所属单位内部适当调剂。

（二）粮食等供应的差别

1961年上海市郊区吃城镇定量供应粮的人数为78.1万人，比1957年的58.9万人增加了32.5%，农民负担加重。每个农民的平均负担量，1957年为159斤，1961年为220斤，增加了38.4%。而农民口粮下降较多，每人平均口粮1957年445斤，1961年422斤，下降了5%（如与1956年的509斤比较，则下降了 20.6%)。而 1961 年底城乡人口共 411.09 万人,其中在城镇 66.21 万人,占 16.11%;在乡村 344.88 万人,占 83.89%。这些人口的吃粮情况是:78.11 万人是国家定量供应的,占 19%,90.64 万人是国家按农村统销办法供应的,占 22.05%;242.34 万人是吃农村自有粮的,占 58.95%。各类人口及粮食供应情况如下[①]。

①县、公社、生产大队的党政干部有 12 693 人,占总人口的 0.31%,全部吃城镇定量。大队干部 26 701 人,参加农村粮食分配,享受 60%左右的工分补贴。②县级企业、事业职工 131 042 人,占总人口的 3.19%,全部吃城镇定量供应粮。③国家在公社企业、事业的职工 23 155 人,占总人口的 0.56%,全部吃城镇定量。④社办企业、事业职工 113 385 人,占总人口的 2.76%。其中吃城镇定量供应粮的 63 087 人,占 55.64%;吃农村统销粮的 25 796 人,占 22.75%;吃农村自筹粮的 24 503 人,占 21.61%。⑤大队企业、事业人员 59 110 人,占总人口的 1.44%。其中吃农村统销粮的 18 856 人,占 31.90%,吃农村自筹粮的 40 254 人,占 68.10%。⑥经济作物农民 782 924 人,占总人口的 19.05%,其中吃城镇定量供应粮的 11 879 人,占 1.52%;吃农村统销的 771 045 人,占 98.48%。⑦干部和职工的家属 408 926 人,占总人口的 9.95%。其中吃城镇定量粮的 326 758 人,占 79.90%;吃农村统销粮的 82 168 人,占 20.10%。⑧一般居民有 130 879 人,占总人口的 3.18%。全部吃城镇定量供应粮。⑨户口在县、人在市属单位工作的有 81 682 人,占总人口的 1.99%,全部吃城镇定量供应粮。⑩从事粮食生产的农民有 2 340 434 人,全部吃自有粮。以上十项人口共 4 110 931 人,其中不从事粮食生产的人口有 1 770 497 人,占城乡总人口的 43.06%。吃城镇定量供应粮的 781 175 人,占 44.12%;吃农村统销粮的 906 383 人,占 51.19%;吃农村自筹粮的 82 939 人,占 4.69%。

1961—1962 年国家净统购粮食 63 220 万斤(原粮),另有集体自筹粮食 9 712 万斤,两项合计 72 932 万斤。比 1957—1958 年度的 50 628 万斤(国家净统购粮食 47 112 万斤,集体自筹粮 3 516 万斤)增加了 22 474 万斤。1961—

---

① 郊区城乡各类人口口粮及农民粮食负担情况资料,1962-07-07,上海市档案馆档案:B135-1-1039。第一份是 7 月 4 日的草稿,删改后形成 7 月 7 日文稿。

1962 年平均每个农业人口负担上交粮食 220 斤,比 1957—1958 年平均每个农业人口负担上交粮食 159 斤,增加 61 斤,增长 39％。现将自筹粮 6 196 万斤的分配情况分述如下:①大队干部吃农村自筹粮的有 18 183 人,需口粮720 万斤,按 60％左右的工分是生产队补贴的比例计算,全年需从生产队提取口粮 430 万斤。②社办企业事业人员吃农村自筹粮的有 24 502 人,全年需粮食 924 万斤。③大队企业事业人员吃农村自筹粮的有 40 254 人,全年需要粮食 1 642 万斤。④经济作物农民大部分是国家供应的,吃自筹粮的约 20 万人,全年需粮食 6 716 万斤,比 1957 年增加约 3 200 万斤[①]。另外,公社、大队提取的储备粮、机动粮还有 1 647 万斤(已剔除生活安排拿出的粮食数),但大部分已用于工、副业人员口粮补贴、下放人员口粮以及拨付缺少的种子方面,剩下的不多了。

除了粮食外,布、油的供应也是城市优先,从下述江苏案例可见其差别(见表6-4 和表 6-5)。

表6-4　1954—1966 年江苏省定量民用布票发放标准表

年度	定量标准/市尺	备 注
1954.9—1955.8	人均 23.2	城市高于农村,职工高于居民,居民高于农民
1955.9—1956.8	人均 23.45	同上
1956.9—1957.8	人均 26.31	同上
1957.9—1958.2	人均 10.14	同上
1958.3—1958.12	人均 15.63	同上
1959.1—1959.12	人均 22.5	不分城乡、阶层
1960.1—1960.12	城镇 20.5,农村 18.5	市郊每人 19.5
1961.1—1961.8	1.6	不分城乡、阶层
1961.9—1962.8	城镇 7.5,农村 3.5	宁锡苏和连云港区 15 岁以下儿童增补 2 市尺
1962.9—1963.8	城镇 7.5,农村 3.5	开始给海洋渔工、盐工、淡水渔民增补布票
1963.9—1964.8	城镇 7.5,农村 3.1	

[①] 郊区城乡各类人口口粮及农民粮食负担情况资料,1962-07-07,上海市档案馆档案:B135-1-1039。

（续表）

年度	定量标准/市尺	备　注
1964.9—1965.8	城镇 10.5,农村 5.7	
1965.9—1966.12	城镇 17,农村 11.2	另给宁锡苏和连云港区每人增补 5 市尺

注：1969 年后不分城乡、阶层,实行一个标准。1984 年以后棉布全部敞开供应。
资料来源：江苏省地方志编纂委员会.江苏省志·商业志[M].南京：江苏人民出版社,1999：193.

表 6-5　1953—1962 年无锡市居民食油定量标准　　　单位：市斤

年　份	城　市	农　村
1953 年度	1	1
1954 年第一季度	1	0.625
第二季度	0.437 5	0.25
1955 年第一季度	0.562 5	0.375
第二季度	0.687 5	0.437 5
1956 年第二季度	0.75	0.50
1957 年第一季度	0.562 5	0.375
1961 年第四季度	0.35	近郊 0.15,远郊 0.10
1962 年第三季度	0.20	近郊 0.15,远郊 0.10

资料来源：江苏省无锡市国民经济统计资料汇编(1949—1962 年),1963 年 6 月编印,第 114 页.

（三）劳保福利的差别①

　　1951 年政务院颁布实施《劳动保险条例》。上海按条例规定,先在百人以上的工厂企业实施,百人以下企业随后陆续由工会与企业行政协商签订劳动保险集体合同。从此,上海职工生老病死伤残等种种困苦得到了物质帮助,解除了职工多年来的许多后顾之忧。一些老工人说："有了劳保比子女还可靠。"到 1957 年,符合养老条件的 2 500 名职工办理了养老手续,他们根据本人在本企业的工龄长短,按月享受本人工资的 50%～70%的养老补助费(见表 6-6)。

――――――――
① 本节主要引用了《上海劳动志》(上海社会科学院出版社,1998 年)第五编《劳动保险和职工福利》中养老、医疗的相关内容。

表6-6　1951年《劳动保险条例》规定的养老补助费标准表

养 老 条 件	养 老 待 遇
（1）一般职工，男年满60岁，一般工龄满25年，本企业工龄满5年；女年满50岁，一般工龄满20年，本企业工龄满5年。 （2）从事井下、高空、高温工作的职工，退休年龄提前5年，工龄1年按1年3个月计算。 （3）从事有害健康的化工、兵工工作的，退休年龄提前5年，工龄1年按1年半计算	养老补助费： 本企业工龄满5年不满10年的，为本人工资50%，年满10年不满15年的，为60%，满15年以及15年以上的为70%

同时，上海市人民政府筹集资金着手建造职工住房，在市区周边开发建设了第一批9个工人新村，建房60万平方米，解决了2万户职工的居住困难，一批劳动模范和居住条件十分恶劣的职工首先搬进了新居。在国家开始有计划经济建设和对私营工商业进行社会主义改造时，上海除继续建造职工住宅以外，还在国营、公私合营企业中建立职工福利基金制度，在私营企业中按"四马分肥"的原则，规定从盈利中提取职工福利费，建立职工食堂、浴室和托儿所、哺乳室等必要的职工集体生活福利设施。逐步建立了职工上下班交通费补贴制度。同时，市总工会兴建了一批职工疗养院，组织劳动模范、先进生产（工作）者分批疗养休养。

1958年，国家颁布《工人、职员退休处理规定》，职工退休养老按新规定执行。在退休条件中，一般工龄由原来男需满25年，女需满20年，分别放宽为20年和15年。上海根据国家规定，把实施范围扩大到百人以下劳保集体合同的企业和集体所有制工业企业。

疾病医疗方面，1949年以后，职工的健康得到国家的关心和保护。上海陆续新建、扩建了上百所医院，纺织、邮电、电力、建工、房产等不少部门开办了职工医院，医疗设备条件不断改善。根据国家颁发的《劳动保险条例》和有关规定，从1951年2月起对企业职工实行劳保医疗，1952年7月起对机关、事业单位职工实行公费医疗。全市企业职工以及职工供养的直系亲属治疗待遇规定为，职工因工负伤，其全部诊疗费、药费、住院费与就医路费均由企业负担，住院时的膳费开始时也全部由企业负担，1966年4月改为企业负担三分之二，后又改为企业负担一定的金额；职工患病和非因工负伤，其诊疗费、手术费、住院费及普通药费均由企业负担,贵重药费、住院膳费及就医路费由本人负担;职工供养直系亲属在企业所在地指定医院诊治,其诊治费、化验费、手术费及药费企业负担二分之一,其他一切费用由本人自理。机关、事业单位职工本人的公费医疗待遇与企业职工基本相同。

二、分化的社会心理

在城乡二元化体制下,个人身份与单位捆绑,缺少流动和退出机制。工人依附于城市、企业,农民局限于乡村、社队,形成新的区隔体系,强化了身份标识,待遇差别导致人群间的歧视。通过比单位、比城乡、比行业,强化了不平等的身份认知,削弱了个体角色和自我辨识,甚至婚姻生活也深受影响。为了降低这样的消极影响,当时展开了针对性的工农联盟教育和工农关系的辩论。

(一)"工农联盟"教育

当时加强工农联盟的一个重要方式,就是利用职工春节回乡进行思想教育。但是情况比较复杂,反而引起了诸多的议论。

1956年春节,上海回乡职工约有22.5万人,占全市产业职工总数90万人的25%。回乡地区大多数分布在沪宁线一带和浙东农村,其次是苏北。春节以后,大多数工厂支部和工会分别召开了回乡工人座谈会,或个别谈话。江阴一个农会主任说:"过去工人回乡,手里大包小包,今年工人回来,大有变化,生活朴素多了。过去工人回乡看不起农民,嫌农民龌龊,派头很大,今年对农民的态度亲热了,还主动慰问乡干部真是工农打成一片。"也有职工回乡,认为农村生活很苦,想把家属接到上海来,对农村食油定量有意见,要带食油回乡。从回乡职工反映的情况看,工人和农民的关系问题主要有以下几点①。

(1)认为工人和农民生活差距过大。国家对工人、农民待遇不同,把工人抬得高些。太湖附近农民对工人疗养院的设备太好,表示不满,认为农民床上盖的

---

① 关于春节期间工农联盟教育工作的情况和问题的报告(草稿),1957年2月,上海市档案馆档案:A36-2-151-11。

棉被还不及工人疗养院踏在脚下的毛毯好。个别工人回乡穿得好,农民反映说:"上海老板回来了,我们做一年才顶上工人个把月。我们不要工人联盟。"常州农民批评工人生活太好说:"头上戴一只鸭(呢帽价钱相当于一只鸭),手上牵一只驴(手表价钱相当于一只驴),脚上穿一只猪(皮鞋价钱相当一只猪)。"某农民算了一笔生活对比账,认为工人生活水平要比农民高12倍,上海回乡工人吸的纸烟是牡丹牌(每包4角2分),合作社干部吸的是红星牌(2角4分),农民吸的是全禄牌(1角5分)。有些工人回乡摆阔,嫌家里火油灯太暗,花了钱租汽油灯等,引起农民反感。报告还提道,建在靠近农村一带的工人疗养院有的过于讲究是不对的,务必力求俭朴,避免脱离农民群众。

(2)工人家属与农民关系不够协调。一方面,农民对工人家属有意见,说工人家属劳动态度不好,参加生产有六不干:工分低不干,下雨下雪刮大风天太热不干,难活不干,脏活不干,零碎活不干,路远不干。有些工人家属还说风凉话:"你们一年做到头,也不过填饱肚子,我们高兴就做,不高兴就不做,也吃白米饭。"东郊区瞿家木桥有一个社,多数是工人家属,因社里生产不好,生活费发得很少,大家都情愿不干活。另一方面,有些合作社在分配上对工人家属区别对待。合成钢丝绳厂从南通海门回来的工人反映,合作社对工人家属分配产品,总是要比一般农民少些,工人非常不满。工人家属如果分到盈利,一定投资合作社,而且要一次缴清,农民可以分几次付。工人也很有意见。

(3)农民对工业产品质量意见很多,尤其对于双轮铧犁。认为积压了资金,浪费了钢铁。甚至有人骂:"双轮双铧犁,骗走农民的钱。"流行的民谣提道:"双轮双铧犁,看看一肚气,小囡当马骑,甩在一角边。"有的人埋怨说:"工人做不及,农民勿欢喜,黄牛穷叹气。"春节工人回乡时,农民公开对工人提出:"现在增产节约,请你们带回去,还可以当原料用。"1956年出产的农药223、666比1955年质量差,西郊区的农民反映:"价钱虽然便宜,但白费。"上海华昌机器厂制造的五部电力灌溉机,螺丝有长有短,质量很差,乡下配个零件很困难。有的农村干部反映,上海造的割稻机一熟未用完就坏了。

(4)部分合作社动员工人投资没有根据自愿原则,引起工人不满。春节工人回乡时,一般合作社都动员工人投资,密切工农联系,发展工农友谊,总的工作精神是正确的。由于有的干部要回乡职工参加投资,带有强制性,工人回乡连座谈会、联欢会都不敢出席了。如提篮区万顺恒厂有个工人在崇明参加工农联欢会,会上干部要工人当场答应投资,这个工人只得拿出 30 元。提篮区胜利橡胶厂有些工人说:"农村干部真不好,开座谈会也要钱。"有些人就不满说:"以后不敢回乡了。"

同时很多单位把工农联盟工作看作一年一度的例行公事,仅仅做一次报告、召开几次座谈会,就认为工作结束了。春节过完了,工农联盟工作也跟着完了。

江南造船厂工会还专门印发了春节回乡宣传手册,目的是巩固工农联盟。1955 年 1 月 20 日上海矿山机器厂还印发了春节回乡守则(十条),并标有"不准遗失,回厂缴销"的字样。希望搞好和农民的关系,向农民学习艰苦朴素的作风。反对大吃大喝、铺张浪费①。1955 年春节长航二厂回乡职工的 49 人,占全厂职工的 5.4%。回乡工人的一个重要任务就是参加工农联欢座谈会,宣传统购统销政策,互助合作,动员家属把余粮卖给国家。农民刚看到工人的时候说,"你们发财回家了,我们辛苦一年吃不饱",对统购统销不满②。1955 年春节,上海柴油机厂团员沈照发说:"报纸上统购统销讲得很好,但乡下农民每天每人只有六两米,吃不饱饭。"团员俞某回厂后发牢骚:"我回乡很愉快,每天吃粥。"一般工人和部分家庭有田的工人普遍同情农民的诉苦,认为统购统销政策好是好,但定量高,农民生活苦。冷作车间李延生回厂后说:"农村一人一天吃五两米,去年我家就只能吃南瓜过活。"有的提出疑问:"为什么上海买米不限量,农民饭也吃不饱,太不公平。"③有意思的是,油泵车间老师傅金瑞芝回乡前家里来信说,农村大米少,为了使他回去吃饱饭,只得节省国粮。然后金瑞芝回乡第一天,村干部按计划供给他四天粮食,报告提到金师傅非常感动,但是村干部供粮的行为恰恰反映了金瑞芝家缺粮的现实。

春节回乡,有的农民羡慕工人生活,希望将自己的子女都带到上海念书,这样一方面可省吃一份口粮,另一方面可使子女能去城市谋取工作(家属有人在上海做工)④。也有因为郊区部分地区农村生活改善,一些春节回乡职工产生了羡

---

① 上海矿山机器厂春节回乡守则(十条),1955 - 01 - 20,上海市档案馆档案:A42 - 2 - 76。
② 中共长航二厂委员会. 春节回乡工人总结简报,1955 - 02 - 01,上海市档案馆档案:A42 - 2 - 76。
③ 中共上海柴油机厂委员会. 春节宣传工作小结,1955 - 02 - 06,上海市档案馆档案:A42 - 2 - 76。
④ 中共二机党委宣传部. 1955 年春节宣传工作,1955 - 02 - 05,上海市档案馆档案:A42 - 2 - 76。

慕农民生活的思想，产生了不安于工业生产、要回农村的思想。久新搪瓷厂 5 个回乡的工人，回厂后说：农民收入很大，工分有的每工 1.8 元，有的 2 元多。一个每月拿 40 余元工资的工人说："农民每月起码有 40 元，比我多，在乡下好照顾老父幼子收入又多，这样想来还是回乡种田好。"中华搪瓷厂回乡职工说："农民吃得穿得都比我们好。"铸丰搪瓷厂一个工人说："农民骑的都是新脚踏车，我做了几十年工还买不起一部脚踏车。"陈德兴制罐厂一工人说："我的哥哥去年参加互助组，今年参加高级社，去年分了 500 元，买了很多日用品和布。"[①]工人这种言行除反映他们羡慕农民生活外，实际上隐藏着对自己工资低生活苦的不满情绪。

工厂组织工人春节回乡宣传工农联盟，恰恰反映了工农之间的差距已经产生相当影响。浙江麻纺织厂的情况比较有代表性，兹详述如下[②]。该厂工人讽刺挖苦农民、夸耀自己，如"我们工人一人劳动，要抵好几个农民"，有的说"农民土头土脑"，农民生活很苦，既无电灯，又无自来水，如果到农村去生产，死也不去。夏天工人向农民买西瓜，劈开后不要，转身跑进厂内，卖瓜的农民无服务证进不去。有部分从农村来的青年工人，只讲究自己吃穿，不顾家庭生活。如布机间乙班挡车工人王振庭，春节回家穿得很好，家里连被子都没有，却还准备去无锡旅行结婚。工人高德朝长期不寄钱回家，其父亲说："我儿子譬如被抓了壮丁去。"不少农民觉得工人舒服，如高亭乡的农民说："你们麻纺厂的工人，吃肉一车一车地拉，工人翻身，农民没有翻身。"瓜山乡有的农民反映："麻纺厂的工人到时间上班下班，吃饭还听无线电（广播），到了月底拿工资，我们农民风里来、雨里去，一年忙到头，还是吃得差、穿得破，天不下雨还没办法。"有的说："工人享福，农民受罪，叫我们卖粮给国家支援重工业，你们（指工人）拿钱买东西。"

从农民反映的情况看来看，主要是对工人生活有嫉妒思想，不少农民认为工人吃得好、穿得好，机器生产很轻松。经过实地参观，许多农民初步认识到了工人在生产时集中、紧张、积极，生产效率高。有的说："我们过去对工厂不了解，第

---

① 关于职工春节回乡及工农联盟教育问题的报告（草稿），1956 年，上海市档案馆档案：A36－2－102－81。
② 华东局宣传部批转浙江麻纺织厂党委会关于执行《中央关于在春节期间进行工农联盟教育和组织工农联欢的指示》情况的初步报告，1954 年 1 月 22 日印发，上海市档案馆档案：A47－2－66－1。

一次到麻纺厂参观,心里想一个工人只管一部机器,这次看到有的管两台,有的管四台,下雪天还穿着单衣积极生产。"一个妇女说:"过去只看到工人吃得好,星期日还能去游玩……看了后,工人生产真快,有许多女工管了三四台机器,要我一台都管不了。"同时,使农民进一步认识了自己生活水平不能提高,主要是因为散漫、个体劳动、工具落后。有的农民说:"工人生产量高,一分钟出产就许多,我们农民一分钟只耙几下地。""麻纺厂每个工人一年生产等于我们半个村的收获量。"有的说:"如果我们农民生产像工人一样多,我们吃穿也能与工人一样好了。"此外还了解了一些工厂的生活情况。有的农民原以为工人开会也有钱,后来知道开会是抽空开的。同样工人的认识也有改变:"农民下雨天还在田里挖荸荠,夏天是上晒下泡,一点没怨言。我们夏天厂房里有喷雾器,还叫热。""农民生活很艰苦,一般只吃一干两稀,下雨天不下地,饭就烧稀一些。""农民烧菜很少放油,一般都是白菜、芋艿,最多买条鱼蒸蒸,而我们过去菜稍差些,就发火,现在感到很惭愧。"不少工人说:"我们麻纺厂洋房住惯了,感到很平常,看到农村住房后,觉得天差地别。"①

　　工人和农民一方面生产生活条件有差距,另一方面城乡又有联系,所以会关注当时的形势,传播粮食供需状况等信息。据1955年国营五四二厂职工宿舍家属委员会的了解和统计,住在曹杨新村的职工,由外埠来沪常住的(一般三个月)亲属有162人左右,这些家属中有的是因为家中闹灾害来沪的,也有的是为了来沪找工作和探亲的。职工杨文廉妻子因乡下水灾来沪,杨文廉原来生活已很困难。妻子一来光吃饭每月就要增加60斤米,再加上其他费用,经济负担很重。因而无法安心生产,经过动员其妻决定回乡生产,但缺乏路费,家属委员会动员杨文廉妻子在曹杨新村做临时工,得来的工资作回乡路费。先后动员了两批共40多人回乡。

　　当时工人发现在各粮食店里,许多郊区农民排队购面条及其他熟制品,因而普遍反映"农民没粮吃了",从而担心城市里的人也要没粮吃了。党员周根元说其姐姐家中有许多人反映乡下有许多农民没有粮食吃,都到上海来了,而且其中

---

① 华东局宣传部批转浙江麻纺织厂党委会关于执行《中央关于在春节期间进行工农联盟教育和组织工农联欢的指示》情况的初步报告,1954年1月22日印发,上海市档案馆档案:A47-2-66-1。

一个老头子逢人就说没有粮食吃。党员朱欣荣说在弄堂里有许多农民都在买大饼吃，职工吴企良的妹妹由昆山来沪说："乡下没有粮食吃，连种子也吃光了"，又说："肚子都吃不饱还种啥田呢？"党员陈学启的弟弟（党员）从乡下来上海，对陈学启说："乡下闹水灾没东西吃了。"对着哥哥抱头痛哭，说："乡下连树皮、荷花叶都吃光了。"还反映农村干部有私人感情和贪污现象，农村群众不敢提意见，提了意见就说是"打倒干部"。陈学启给了他弟弟一些钱送他回乡，说一路上他弟弟"没有买到东西吃"，还说买一只馒头一定要搭两角钱小菜否则不卖。一三车间有个职工要买 30 多只面包带回乡下，事后被劝阻了①。

另外，工人和农民结婚会受到家庭和社会的舆论压力。"找爱人找到农民最笨了，钱少，又要被打骂。如果找到个工人，钱多，回来又亲热。"②1970 年上海青年周培富到江苏宝应县城郊插队落户，1976 年认识了在社办厂当车工的农村姑娘韩凤，1978 年两人确立恋爱关系，1979 年 2 月周培富顶替父亲回上海工作，在上海市商业储运公司北苏州路仓库当工人。周培富希望与韩结婚的想法受到父母阻挠，韩凤来上海探望受到周的父母冷落，周的弟弟带女朋友上门却买鱼买肉。连亲友同学也来开导小周，不要做"笨蛋"，脑子要活络点，不要自讨苦吃，非要娶一个乡下姑娘，有的还主动提出帮其在上海介绍对象。1980 年春节小周到宝应农村，同韩凤举行了简单的婚礼。后来小周又请求调回宝应工作③。

（二）工农关系的辩论

自 1959 年 8 月下旬至 11 月上旬，上海团校先后举办了两期农村团干部学习班。每期一个月，共 1 831 人，其中公社团委书记、委员 423 人，总支、支部书记、委员 1 384 人，其他 24 人。学习内容是以党的社会主义建设总路线为纲，进行形势、政策、共产主义人生观和团的业务教育④。1959 年 11 月，上海团校短训

---

① 中共国营五四二厂委员会宣传部关于工农联盟方面问题的反映，1955 - 05 - 03，上海市档案馆档案：A49 - 1 - 29 - 199。
② 共青团上海团校短训第廿八、廿九期学员（农村基层干部）右倾思想排队，1959 年 11 月，上海市档案馆档案：C24 - 2 - 81。
③ 我为什么坚持同农村姑娘结婚，1981 年，上海市档案馆档案：C31 - 6 - 51 - 13。
④ 共青团上海团校短训第二十八、二十九期农村学员思想情况分析和结论情况及团市委批转农村团干部学习班总结报告.1959 年 9 月至 1960 年 1 月，上海市档案馆档案：C24 - 2 - 81。

第廿九期崇明班针对工农关系展开辩论,争论焦点主要为:①工业品价格高,农产品价格低,是对农民的剥削。农民出售一只旧铜面盆只有一元多,而买一只新的洋面盆要十多元。要想农民生活好,只有提高农产品价格,降低工业品价格,降低工人工资。②工人钱多、福利多,劳动条件好、生活好;农民钱少、福利少,劳动条件差、生活苦,工农生活真是天差地别。上海工人吃得好,穿得好,政府还要造高楼房给工人住;而农民吃得差,穿得差,住的草房还要自己造。工人有了病,用救护车送进医院;农民有了病,自己扛进去,一进医院要先付挂号费。上海工人热天有电风扇,冷天有热水汀;农民热天面孔晒得黑不溜秋,冷天喝西北风。③工人是亲娘养的,农民是后娘养的①。

　　针对第一点,有人不同意提高农产品价格,认为会引起物价波动。还有人驳斥工人剥削农民的观点,认为是挑拨工农之间的团结。有人认为降低工业品价格不可能改善农民的生活,相反对农民不利,因为国家建设资金主要依靠工业利润,如果降低工业品价格,就会减少国家收入。改善生活唯一的出路就是搞好农业生产,增加产量。

　　针对第二点,反对的观点主要是工人有技术,农民没有技术,工人生产复杂,农民生产简单。工人劳动时间比农民多,农民一下雨就可以休息,而工人天天要劳动。农民在总产值中缴纳农业税只有8%,而工人则把总产值的88%交给国家。国家之所以快速发展,主要是依靠工业的上缴利润。光比收入,是一种个人主义思想。

　　针对第三点,反对方认为"工人是亲娘养的,农民是后娘养的"说法不对。中华人民共和国成立以后党领导土地改革、组织互助合作,引导农民走社会主义的致富道路。用很多的资金,发展农业生产,兴修水利,在崇明造了8座水闸,兴建水电站。过去衣服都穿不上,现在都是洋布衣服了,还有绒线衣、毛货裤等。因而认为"农民是后娘养的"毫无事实根据,是严重的忘本思想,也是挑拨工人和农民关系的具体表现。

　　通过激烈争辩,基本上统一了认识。沈某还进行了自我批评,承认自己所说

---

① 上海团校短训第廿九期崇明班争辩工农关系的情况.1959年11月,上海市档案馆档案:C21-2-2968。

的话是忘恩负义,忘记了党对农民的支持,其原因完全是"由于个人主义的思想在作怪"①。其实工人与农民的收入并不能等同于工业品与农产品的差别,具有高附加值的工业产品并非仅是工人的贡献,工厂的机器、厂房、原料、资本由国家投入,这些前期投入相当部分是来自农业积累。

在 1959 年 11 月关于城乡关系的讨论中,反映了农民的不少真实想法,如城乡供应不平等、工农业产品价格差、工农收入差别大等。同时对农民的身份有自卑心理,认为农民生活苦没出息、工人开心②。

(1) 实际上当时工人的生活总体水平并不高,包括比较吃香的钢铁工人,劳动强度大,影响到身体健康。在 20 世纪 50 年代的上海第一钢铁厂,工人面对是恶劣的劳动环境,艰苦的劳动环境,较差的劳动保护,不必要的冒险蛮干,许多工人因此染上职业病,有的伤残甚至死亡。工伤如此之多,以至于《劳动报》将其作为一个典型的例子加以报道③。尤其是不少工人需要赡养的人口多,作为主心骨一旦有个闪失,全家生计甚至难以为继。

(2) 中华人民共和国成立后,工人阶级在经济生活中居于领导地位。同时国家的工业化,无论是劳动力还是生产原料来源,都离不开农村和农民,因此十分强调工农联盟的作用。随着 1949 年后工业的发展,工人生活水平有了较大的提高。然而,工人工资的提高、生活条件的改善,却加剧了工人与农民之间的分化。工农交往过程中,显示了不同人群关系的身份裂痕。有些工人在农村看到农民用落后的生产工具进行笨重的体力劳动,认为"种田没有出息",说农民落后④。

(3) 如前所述,为了推动工业化、合作化,当时还通过利用工人春节回乡的机会,给工人布置任务,大力宣传国家工业化、农村合作化来巩固工农联盟。但是根据当时报刊的报道,一些工人回乡却给工农关系带来了适得其反的效果。

① 上海团校短训第廿九期崇明班争辩工农关系的情况. 1959 年 11 月,上海市档案馆档案:C21 - 2 - 2968。
② 共青团上海团校短训第廿八、九期学员(农村基层干部)右倾思想排队. 1959 年 11 月,上海市档案馆档案:C24 - 2 - 81。
③ 代琇. 上钢一厂伤亡事故为啥这样严重?［N］. 劳动报,1955 - 06 - 16. 参见袁进等. 身份建构与物质生活——20 世纪 50 年代上海工人的社会文化生活［M］. 上海书店出版社,2008:19 - 20.
④ 袁进等. 身份建构与物质生活——20 世纪 50 年代上海工人的社会文化生活［M］. 上海书店出版社,2008:226.

上海船舶修造厂工人钱国权,春节回到太仓县乡下以后,看到家里经济情况不很宽裕,就对妻子说:"不要再等在农村了,还是跟我到上海去吧!"当时他跑到社里要求迁户口未果,还是带着妻子去了上海。另一个上海工人看到家里收入不多,就不问情由不满地说:"你们做死做活忙一年,还不及我在上海一两个月的工资多。我只要把吸双喜牌香烟改吸飞马牌,省下的钱就足够你们维持生活了。"还对妻子说:"种田总归没出息,还是趁早跟我到上海去吧!"①可以看到现金收入在城乡居民生活中的重要性。工人较高的收入及其回乡"摆阔",吸引了太仓浏新、桃源等乡的部分农民,要求政府开介绍信到上海去寻找工作,有的不听当地政府劝告,已经流入城市。

工农生活水平的差别引起的社会讨论,也引起了领导层的关注。1957 年 2 月 23 日,薄一波在全国农业劳动模范代表会议上谈到这一问题时,认为中华人民共和国成立后工农生活都比 1949 年前日益稳定,并且逐年提高。他还提供了 1936 年、1952 年、1956 年工农人均消费额的数据:1936 年农民人均消费额 61.2 元,职工人均 130 元,职工为农民的 2.12 倍;1952 年农民人均消费额 72 元,职工 151 元,职工为农民的 2.097 倍;1956 年农民人均消费额 81 元,职工 179.6 元,职工为农民的 2.217 倍。因而得出结论:①职工和农民的消费水平,都比抗战前有了很大的提高;②职工和农民消费水平提高的速度是比较接近的;③今天职工和农民按货币(不是按实物)计算的消费水平还有一定的差别,但比抗战前并未扩大②。不过从人均消费额绝对值差距来看,1936 年为 41.8 元,1952 年为 79 元,1956 年为 98.6 元,差额的增加较大,这是工农消费额的相对比率(2 倍左右)不能反映的。

---

① 上海个别工人在农村表现不好[N].劳动报,1957-02-14.转引自袁进等.身份建构与物质生活——20 世纪 50 年代上海工人的社会文化生活[M].上海书店出版社,2008:227.
② 工农生活都大有提高[N].劳动报,1957-02-24.转引自袁进等.身份建构与物质生活——20 世纪 50 年代上海工人的社会文化生活[M].上海书店出版社,2008:229.

第七章

结　语

中华人民共和国成立初期,基于工农分离、城乡分割的治理机制,一度形成了中央集中管理和地方条块分割的复杂格局。市场层级的错位使得要素流动存在较大的弹性,不同区域、单位的竞争则体现了趋利避害的理性。某种程度上,这也是当今长三角地区开放合作和协同发展的历史镜鉴。

一、要素流动与城乡关系重构

1949 年中华人民共和国的成立、大一统的恢复,带来了经济建设与强大动员能力的结合,国家通过与私人产权的博弈,逐步实现对市场的控制,奠定了中国经济运行与决策机制的基本格局。国民经济基本恢复以后,工业化成为整个国家集中力量要达到的首要目标。在这场有计划的大规模变革中,一方面要在土地改革完成后,发展农业生产解决农民的吃饭问题,另一方面要为工业提供积累,为中国的工业化开辟道路。然而经过多年战乱,彼时长江三角洲的农业生产水平虽有恢复但总体不高,生活消费超过生产消费支出,满足基本生存需求的衣食等又占支出的主体,这是当时中国作为一个农业大国的现实反映。由于要为优先发展重工业提供必要的资金、原料和劳动力,国家通过农业合作化急速地将农民组织进各类小生产共同体,通过资本主义工商业改造将商业纳入国家管理序列,加上手工业改造等方式,将工人纳入高度集中的计划工厂。

因此,高度政治化的城乡计划管理成为主导,市场的调节则越来越弱。国营商业和供销合作社逐渐一统天下,控制了商业网络、商品流动和价格机制。民营银行退出城市金融业和农村信用合作社的广泛建立,使得资金流动进入国家掌握之中。相应的农村市场(集市)、商贸中介与金融市场(组织)都受到削弱。农业合作化、工厂公营化,国家负责统筹调配劳动力资源,基本掌握了就业渠道和就业岗位。劳动力市场受到限制,这在减少失业人口的同时,也削弱了退出权和自由选择权。以行政单位来塑造生产和消费单位、市场结构,强制性的制度嵌入所构建的一个个单位,受到多重行政权力的统摄(劳动局、行业管理机构、公安局、工厂车间、市政府)。农业为工业服务,农村为城市服务,腹地为中心城市服务(通过高度集中而行政化的计划体制来实现)。基于工农分离、城乡分割的治理机制,一举改变了中国的工农关系和城乡关系。

但是当以单一公有制和计划经济为目标的社会主义改造完成以后,并没有出现原来设想的优越性。由于吃饭问题始终不能解决,为工业化提供的剩余也有限,导致国家对农村经济的控制不断强化,不仅多种经营不能发展,而且限制农村人口向城市流动,甚至城市人口倒流向农村,城市化非常缓慢①。赶超型重工业优先发展战略是城乡二元结构的经济根源。重工业是资本密集型产业,国家通过统购统销、压低农产品收购价格的剪刀差政策、税收转移等方式,来索取农业剩余和积累资本②。而重工业的劳动力吸纳能力较弱,特殊的部门结构使生产脱离消费行业、传统市场体系,不合理的生产循环不仅影响了居民的生活消费,还降低了经济运行效率。

以重工业为优先目标的资源配置,高度依赖行政力量与计划管理,通过自上而下的党委、政府及下辖部局及运动式治理(如生产竞赛、劳模评比),传统的市场形式、物质激励和流动途径受到限制,人口、商品、资金、企业、市镇、生活资料、教育医疗资源均被严格管理,导致活力不足。人民公社、统购统销、粮油供给、社会福利制度、城市就业制度、户籍制度,这些制度安排进一步巩固了计划体制下的城乡二元结构。杨美惠称之为国家再分配经济中的权力技术③,是基于阶级、单位的奖惩机制,涉及粮食、日用品、住房、就业、福利等。结果不仅城乡的收入

① 武力.中华人民共和国经济史[M]:增订版上卷.北京:中国时代经济出版社,2010:21.
② 徐同文,王郡华.城乡经济协调发展概论[M].济南:山东大学出版社,2006:30-32.
③ 杨美惠.礼物、关系学与国家:中国人际关系与主体性建构[M].南京:江苏人民出版社,2009:155.

和消费水平保持较大差距,连农民和工人的身份也逐渐被固定,进而造成社会心理的阶层分化。中国社会主义建设的初衷是消除城乡差别、工农差别乃至等级差别,然而这种差别依旧影响至今。

二、计划体制下的弹性和理性

近代的工业化通过市场体系的扩大,商人的增加,城镇交易场所的增多,交易规则的建立,供需关系的协调,产业布局的调整,来突破和跨越原先的行政区域,是一个市场试错和循序渐进的过程。中华人民共和国成立之初的1949—1966年,则通过消费转向生产的投资拉动,形成了由农业剩余来为工业化城市提供积累和降低成本的支持模式。此种模式导致了对农业劳动力和乡村资源进入城市的限制,构成城市国有经济、农村集体与个体所有制两大经济板块。行政调配强化了要素的条块分割,无法建立经济中心地和所属地区构成的社会经济层级,但日趋单一的城乡结构关系仍具有一定弹性。新时期的工业布局,也考虑到传统市场的供应关系,但是受制于行政化体系的条块分割,以及计划管理体制下的部门和地方利益。同时国家对工厂、农村地区并不能实现完全监督,计划之外的变通并不鲜见。城乡市场状况的千差万别与区域之间的不平衡,以及地方行政化对市场的分割形成的市场层级的错位使得要素流动更趋复杂。国有、集体等不同产权形式下的各级企业、单位、社队和个人,都有按各自利益变通的能动性。

不同利益主体的竞争形成了单位和个体趋利避害的理性。如许多工厂、企业、供销社之间的合同纠纷就是基于利益冲突,而在物资掌握上,既有地方保护和限制,又有跨区域的抢购,更别说那些"投机倒把"的个人。追逐利益的理性使得第二经济可作为"缺少的市场机制的局部代用品",它避免了指令经济的"僵硬、拖延、效率低下、失去平衡和不连贯"[1]。北京一位中型轻工业工厂的主管就

---

[1] 杨美惠.礼物、关系学与国家:中国人际关系与主体性建构[M].南京:江苏人民出版社,2009:173.第二经济包括三种类型:①平行经济——计划经济外的合法活动,如私人的小块农田;②地下经济——非法活动,如偷窃国家财产、黑市买卖、贪污和贿赂;③隐蔽经济——无法证明的活动,如家庭劳动,在亲戚、朋友和邻里之间货物和恩惠的交换以及送礼。

谈到工业企业之间关系交换的重要,以及工厂和供应商、买主之间的公共关系如何通过供销机构的私与半私人的媒介来联系。厂与厂的关系比工厂产品质量更重要,这种关系是每个厂的代表之间的个人关系,像采购员就很少更换①。

中华人民共和国成立初期城乡关系的变革对后来产权、身份、文化心理影响深远,特别是城市利用农村资源的社会成本、补偿机制和产业结构转变,因此城乡一体化并不仅仅是物质文明均等化,而更应建立在市场的自由流动和平等基础上。城乡关系的历史演进具有很强的实践性,政策的解读、变通与调适,对城乡形态塑造有重要意义。经济活动最突出的地理特征是集中。人口密集的城镇和生产的地理集中,使收益递增、运输成本减少和需求扩展,生产要素可以自由流动②。跨空间交易会带来成本,因此生产需要规模经济。而长三角地区基层政权与产业高度融合的能动性,既为后来地方主导型发展(地方政府公司化)奠定了基础,也留下了政府与市场博弈的空间障碍。

正如论者指出,城与乡是发达与不发达、先进与落后的隐喻③。今天,城市的多元异质性对乡村的一元趋同性的侵蚀日益明显,多元性和差异性被复制到了乡村。因此,城乡间的经济联系、社会流动及文化心理,城市与乡村(中心与腹地、沿海和内陆)的二重性分析,从乡村的城市因素、城市的乡村因素内部切入展开的微观分析,将成为城乡关系深入研究的进一步趋向。

---

① 杨美惠.礼物、关系学与国家:中国人际关系与主体性建构[M].南京:江苏人民出版社,2009:91.
② 保罗·克鲁格曼.地理和贸易[M].张兆杰,译.北京:北京大学出版社、中国人民大学出版社,2000年。
③ 童小溪."三农"的非空间化.从"城乡二元"走向"城乡二重性"[J].中国农业大学学报,2007(4):167-171.

参考文献

一、未刊档案

[1] 上海市档案馆馆藏档案

[2] 江苏省档案馆馆藏档案

[3] 浙江省档案馆馆藏档案

[4] 苏州市档案馆馆藏档案

[5] 无锡市档案馆馆藏档案

[6] 常州市武进区档案馆馆藏档案

二、调查报告、资料汇编、方志、文集

[1] 中国社会科学院,中央档案馆. 1949—1952 中华人民共和国经济档案资料选编·综合卷[M]. 北京：中国城市经济社会出版社,1990.

[2] 中国社会科学院,中央档案馆. 1949—1952 中华人民共和国经济档案资料选编·商业卷[M]. 北京：中国物资出版社,1995.

[3] 中国社会科学院,中央档案馆. 1949—1952 中华人民共和国经济档案资料选编·农村经济体制卷[M]. 北京：社会科学文献出版社,1992.

[4] 中国社会科学院,中央档案馆. 1953—1957 中华人民共和国经济档案资料选编·商业卷[M]. 北京：中国物资出版社,2000.

[5] 中国社会科学院,中央档案馆. 1958—1965 中华人民共和国经济档案资料选编·商业卷[M]. 北京：中国财政经济出版社,2011.

[6] 华东军政委员会土地改革委员会. 江苏省农村调查[M]. 内部本,1952.

[7] 列宁全集第 23 卷[M]. 北京：人民出版社,1990.

[8] 建国以来毛泽东文稿第 10 册[M]. 北京：中央文献出版社,1996.

[9] 毛泽东文集第 6 卷[M]. 北京：人民出版社,1999.

[10] 毛泽东著作选读·下册[M]. 北京：人民出版社,1986.

[11] 马克思恩格斯全集第 3 卷[M]. 北京：人民出版社,1974.

[12] 马克思恩格斯全集第 46 卷[M].北京：人民出版社,1979.

[13] 费孝通文集第 1 卷[M].北京：群言出版社,1999.

[14] 中央文献研究室.建国以来重要文献选编(第一册)[M].北京：中央文献出版社,1992.

[15] 江苏省地方志编纂委员会.江苏省志・商业志[M].南京：江苏人民出版社,1999.

[16] 江苏省地方志编纂委员会.江苏省志・供销合作社志[M].南京：江苏人民出版社,1994.

[17] 江苏省地方志编纂委员会.江苏省志・粮食志[M].南京：江苏人民出版社,1994.

[18] 无锡县统计局.无锡县国民经济统计资料汇编(1949—1963 年)[G].1964.

[19] 无锡市粮食局.无锡粮食志[M].长春：吉林科学技术出版社,1990.

[20]《无锡县土地志》编纂委员会.无锡县土地志[M].南京：江苏人民出版社,1998.

[21] 财政部农业财政司.新中国农业税史料丛编：第 5 册[M].北京：中国财政经济出版社,1986.

[22] 祝兆松.上海市计划志[M].上海：上海社会科学院出版社,2001.

[23]《上海劳动志》编纂委员会.上海劳动志[M].上海：上海社会科学院出版社,1998.

[24] 中共江苏省委农村工作委员会.江苏省农村经济调查资料[Z].1953.

三、著作

[1] 白凯.长江下游地区的地租、赋税与农民的反抗斗争 1840—1950[M].上海：上海书店出版社,2005.

[2] 薄一波.若干重大决策与事件的回顾[M].北京：中共中央党校出版社,1991.

[3] 曹幸穗.旧中国苏南农家经济研究[M].北京：中央编译出版社,1996 年.

[4] 陈其广.百年工农产品比价与农村经济[M].北京：社会科学文献出版社,2003.

[5] 蔡昉,都阳,王美艳.劳动力流动的政治经济学[M].上海：上海三联书店、上海人民出版社,2003.

[6] 丁长清,慈鸿飞.中国农业现代化之路——近代中国农业结构、商品经济与农村市场[M].北京：商务印书馆,2000.

[7] 董志凯,武力.中华人民共和国经济史(1953—1957)[M].北京：社会科学文献出版社,2011.

[8] 段本洛,单强.近代江南农村[M].南京：江苏人民出版社,1994.

[9] 戴鞍钢.港口・城市・腹地——上海与长江流域经济关系的历史考察[M].上海：复旦大学出版社,1998.

[10] 戴鞍钢.江浙沪近代经济地理[M].上海：华东师范大学出版社,2014.

[11] 方书生.长江三角洲经济区演进与绩效研究(1842—2012)[M].上海：上海社会科学院出版社,2016.

[12] 樊卫国.激活与生长——上海现代经济兴起之若干分析[M].上海：上海人民出版社,2002.

[13] 樊树志.江南市镇：传统的变革[M].上海：复旦大学出版社,2005.

[14] 范金民.明清江南商业的发展[M].南京：南京大学出版社,1998.

[15] 费孝通.江村经济——中国农民的生活[M].南京：江苏人民出版社,1986.

[16] 费孝通.中国士绅[M].上海:生活·读书·新知三联书店,2009.

[17] 费正清.剑桥中华人民共和国史(1949—1965)[M].上海:上海人民出版社,1990.

[18] 高王凌.经济发展与地区开发——中国传统经济的发展序列[M].北京:海洋出版社,1999.

[19] 高珮义.中外城市化比较研究[M].天津:南开大学出版社,2004.

[20] 顾朝林.中国城镇体系——历史·现状·展望[M].北京:商务印书馆,1992.

[21] 黄敬斌.民生与家计:清初至民国时期江南居民的消费[M].上海:复旦大学出版社,2009.

[22] 黄苇.城市与乡村间对立的形成、加深和消灭[M].上海:上海人民出版社,1958.

[23] 黄宗智.长江三角洲的小农家庭与乡村发展[M].北京:中华书局,2000.

[24] 何一民.近代中国城市发展与社会变迁(1840—1949年)[M].北京:科学出版社,2004.

[25] 纪良纲,刘东英.中国农村商品流通体制研究[M].北京:冶金工业出版社,2006.

[26] 靖学青.长江三角洲地区城市化与城市体系[M].上海:文汇出版社,2005.

[27] 孔飞力.中国现代国家的起源[M].香港:中文大学出版社,2014.

[28] 李学昌,董建波.近代江南农村经济研究[M].上海:华东师范大学出版社,2015.

[29] 林刚.长江三角洲近代大工业与小农经济[M].合肥:安徽教育出版社,2000.

[30] 林毅夫.制度、技术与中国农业发展[M].上海:上海人民出版社、上海三联书店,1994.

[31] 刘应杰.中国城乡关系与中国农民工[M].北京:中国社会科学出版社,2000.

[32] 马俊亚.混合与发展——江南地区传统社会经济的现代演变(1900—1950)[M].北京:社会科学文献出版社,2003.

[33] 彭慕兰.腹地的构建:华北内地的国家、社会和经济(1853—1937)[M].北京:社会科学文献出版社,2005.

[34] 帕金斯.中国农业的发展1368—1968[M].宋海文,等译.上海:上海译文出版社,1984.

[35] 邱国盛.城市化进程中上海市外来人口管理的历史演进(1840—2000)[M].北京:中国社会科学出版社,2010.

[36] 冉光和,等.财政金融政策与城乡协调发展[M].北京:科学出版社,2009.

[37] 施坚雅.中国农村的市场和社会结构[M].北京:中国社会科学出版社,1998.

[38] 施坚雅.中华帝国晚期的城市[M].叶光庭,等译.北京:中华书局,2000.

[39] 汤水清.上海粮食计划供应与市民生活(1953—1956)[M].上海:上海辞书出版社,2008.

[40] 万灵.常州的近代化道路[M].合肥:安徽教育出版社,2002.

[41] 王玉茹.近代中国物价、工资和生活水平研究[M].上海:上海财经大学出版社,2007.

[42] 王振亮.城乡空间融合论[M].上海:复旦大学出版社,2000.

[43] 王玉贵,娄胜华.当代中国农村社会经济变迁研究——以苏南地区为中心的考察[M].北京:群言出版社,2006.

[44] 武力.中华人民共和国经济史·上卷[M].北京:中国时代经济出版社,2010.

[45] 吴滔.清代江南市镇与农村关系的空间透视——以苏州地区为中心[M].上海:上海古籍出版社,2010.

[46] 新望.苏南模式的终结[M].北京:生活·读书·新知三联书店,2005.

[47] 熊月之.上海通史[M].上海:上海人民出版社,1999.

[48] 徐同文,王郡华.城乡经济协调发展概论[M].济南:山东大学出版社,2006.

[49] 杨美惠.礼物、关系学与国家:中国人际关系与主体性建构[M].南京:江苏人民出版社,2009.

[50] 袁进,等.身份建构与物质生活——20世纪50年代上海工人的社会文化生活[M].上海:上海书店出版社,2008.

[51] 俞德鹏.城乡社会:从隔离走向开放——中国户籍制度与户籍法研究[M].济南:山东人民出版社,2002.

[52] 张乐天.告别理想——人民公社制度研究[M].上海:上海人民出版社,2005.

[53] 张仲礼.东南沿海城市与中国近代化[M].上海:上海人民出版社,1996.

[54] 张忠民.近代上海城市发展与城市综合竞争力[M].上海:上海社会科学院出版社,2005.

[55] 张萍.地域环境与市场空间——明清陕西区域市场的历史地理学研究[M].北京:商务印书馆,2006.

[56] 邹依仁.旧上海人口变迁的研究[M].上海:上海人民出版社,1980.

[57] 周脉伏.农村信用社制度变迁与创新[M].北京:中国金融出版社,2006.

[58] 周晓虹.传统与变迁——江浙农民的社会心理及其近代以来的嬗变[M].北京:生活·读书·新知三联书店,1998.

[59] 仲伟志.江南转型:一个记者的十年江浙观察[M].青岛:青岛出版社,2012.

[60] 中国科学院国情分析研究小组.城市与乡村[M].北京:科学出版社,1994.

四、论文

[1] 崔晓黎.新中国城乡关系的经济基础与城市化问题研究[J].中国经济史研究,1997(4):1—22.

[2] 蔡云辉.论近代中国城乡关系与城市化发展的低速缓进[J].社会科学辑刊,2004(2):111—116.

[3] 陈廷煊.1953—1957年农村经济体制的变革和农业生产的发展[J].中国经济史研究,2001(1):11-20.

[4] 陈明.建国初期城乡关系研究(1949—1957)[D].成都:四川大学,2005.

[5] 慈鸿飞.近代中国镇、集发展的数量分析[J].中国社会科学,1996(2):27-39.

[6] 董志凯.工业化初期的固定资产投资与城乡关系——对1950—1980年代工业建设的反思[J].中国经济史研究,2007(1):12-22.

[7] 冯筱才.一九五八年至一九六三年中共自由市场政策研究[J].中共党史研究,2015(2):38-53.

[8] 宫玉松.中国近代城乡关系简论[J].文史哲,1994(6):31-36.

[9] 高伯文.一九五三年至一九七八年工业化战略的选择与城乡关系[J].中共党史研究,2010(9):36-44.

[10] 胡铁生.关于国家领导下的自由市场问题[J].财经研究,1957(1):1-4.

[11] 李迎生.我国城乡二元社会格局的动态考察[J].中国社会科学,1993(2):113-126.

[12] 刘石吉. 传统城市与通商口岸：特征、转型及比较[M]. 上海档案史料研究：第四辑. 上海：上海三联书店,2008.

[13] 邱国盛. 职工精简与 20 世纪 60 年代前期的上海城乡冲突及其协调[J]. 安徽史学,2011(6)：5－11.

[14] 施镇平. 解放以来的上海行政区划调整及城乡关系变动[J]. 上海行政学院学报,2005(2)：105－107.

[15] 孙圣民. 工农业关系与经济发展：计划经济时代的历史计量学再考察——兼与姚洋、郑东雅商榷[J]. 经济研究,2009(8)：135－147.

[16] 汤水清. 论新中国城乡二元社会制度的形成——从粮食计划供应制度的视角[J]. 江西社会科学,2006(8)：97－104.

[17] 童小溪. "三农"的非空间化：从"城乡二元"走向"城乡二重性"[J]. 中国农业大学学报,2007(4)：167－171.

[18] 吴滔. 明清江南基层区划的传统和市镇变迁——以苏州地区为中心的考察[J]. 历史研究,2006(5)：51－71.

[19] 武力. 1949—2006 年城乡关系演变的历史分析[J]. 中国经济史研究,2007(1)：23－31.

[20] 王挺之. 城市化与现代化的理论思考——论欧洲城市化与现代化的进程[J]. 四川大学学报(哲社版),2006(6)：115－123.

[21] 许檀. 明清时期城乡市场网络体系的形成及意义[J]. 中国社会科学,2000(3)：191－202.

[22] 夏林,董国强. 一九五六年至一九五七年有限开放自由市场政策述论[J]. 中共党史研究,2015(2)：27－37.

[23] 赵清心. 关于开放国家领导下的自由市场的初步研究[J]. 经济研究,1957(3)：78－99.

[24] 赵耀辉,刘启明. 中国城乡迁移的历史研究：1949—1985[J]. 中国人口科学,1997(2)：26－35.

[25] 赵入坤. 20 世纪五六十年代中国农村劳动力转移述论[J]. 中共党史研究,2009(1)：42－49.

[26] 张化. 建国后城乡关系演变刍议[J]. 中共党史研究,2000(2)：28－34.

[27] 张坤. 1949—1976 年上海市动员人口外迁与城市规模控制[J]. 当代中国史研究,2015(3)：40－52.

[28] 郑有贵. 重读毛泽东《论十大关系》中关于工农关系的论述[J]. 当代中国史研究,1996(5)：22－25.

[29] 朱高林,郭学勤. 1949—1956 年中国城乡居民消费水平总体考察[J]. 当代中国史研究,2011(1)：39－45.

[30] 周其仁. 中国农村改革：国家和所有权关系的变化——一个经济制度变迁史的回顾[J]. 管理世界,1995(4)：147－155.

索 引